VAIDADE,
VITALIDADE,
VIRILIDADE

JOHN EMSLEY

VAIDADE, VITALIDADE, VIRILIDADE

A CIÊNCIA POR TRÁS DOS PRODUTOS QUE VOCÊ ADORA CONSUMIR

Jorge ZAHAR Editor
Rio de Janeiro

Preparação de originais: Cristiane Pacanowski
Revisão tipográfica: Maria da Gloria Silva de Carvalho e Eduardo Faria
Capa: Guilherme Schneider
Ilustração da capa: Getty Image

Título original:
Vanity, Vitality, and Virility
(The Science Behind the Products You Love to Buy)

Tradução autorizada da primeira edição inglesa
publicada em 2004 por Oxford University Press,
de Oxford, Inglaterra

Jorge Zahar Editor Ltda.
rua México 31 sobreloja
20031-144 Rio de Janeiro, RJ
tel.: (21) 2240-0226 / fax: (21) 2262-5123
e-mail: jze@zahar.com.br
site: www.zahar.com.br

CIP-Brasil. Catalogação-na-fonte
Sindicato Nacional dos Editores de Livros, RJ.

E46v

Emsley, John, 1938-
Vaidade, vitalidade, virilidade: a ciência por trás dos produtos que você adora consumir/John Emsley; tradução, Maria Luiza X. de A. Borges.— Rio de Janeiro: Jorge Zahar, 2006

il.

Tradução de: Vanity, vitality, and virility: (the science behind the products you love to buy)
Contém glossário
Inclui bibliografia
ISBN 85-7110-902-8

1. Química analítica – Obras populares. 2. Produtos químicos – Obras populares. 3. Indústria química – Obras populares. I. Título.

06-0095

CDD 543
CDU 543

Sumário

4
A guerra contra os germes **119**

5
Está tudo na cabeça **153**

6
Polímeros disfarçados **185**

Posfácio:

Agradecimentos

Enquanto escrevia este livro, persuadi amigos, colegas e conhecidos que sabia serem versados nos vários tópicos aqui abrangidos a ler partes dele e fazer comentários. Eles me deram uma ajuda inestimável, e gostaria de lhes expressar meus mais sinceros agradecimentos.

Os que me ajudaram a rever o Capítulo 1 foram o autor de obras de divulgação científica Philip Ball, o consultor John Woodruff e John Ballington, que é o Diretor de Assuntos Corporativos & do Cliente da Lever Fabergé. John recrutou também a ajuda de outros membros dessa companhia, em especial os drs. Graham Catton, Martin Jones e Maria Labedzka, que teceram comentários úteis sobre os conteúdos do Capítulo 1. O dr. Tom Coultate, autor de *Food: The Chemistry of its Components*, e a dietista Helen Glyn-Davies, do Hospital Luton and Dunstable, deram conselhos úteis sobre o Capítulo 2. O escritor de livros sobre ciência e autor do best-seller *Oxygen*, dr. Nick Lane, de Maida Vale, Londres, verificou os Capítulos 3 e 5, e o mesmo fez sua mulher, Ana, que é médica. O dr. Dave Alker, da Pfizer, foi consultado com relação à seção sobre o Viagra, enquanto o dr. Tom Welton, do Imperial College, em Londres, reviu outras partes do Capítulo 3, e a dra. Margaret Rayman do Centro de Nutrição e Segurança Alimentar da Universidade de Surrey, em Guildford, leu a seção sobre o selênio e forneceu algumas informações muito recentes sobre o papel desse elemento na saúde humana. Angela Asieba, Gerente de Informações sobre Diamantes da De Beers, em Londres, esmiuçou a seção sobre diamantes no Capítulo 3. A dra. Claire La-Rosa, da Lever Fabergé, deu importante ajuda com o Capítulo 4, em particular no tocante à seção microbiológica. O dr. Friedrich Sosna, da Degussa AG, na Alemanha, aconselhou-me sobre polímeros antimicrobianos. A seção sobre absorventes descartáveis do Capítulo 6 foi lida pelo dr. Jac Lemmen, que trabalha para a Kimberly-Clark. Jo Hartop, da Wrigley em Plymouth, e Chris Perille, da Wrigley em Chicago, forneceram-me informação sobre goma de mascar. A sessão sobre o "asfalto sussurrante" foi lida por pessoas que trabalham para a Kraton Polymers: Roger Morgan, diretor global, que trabalha no Reino Unido, Stephen Evans, Diretor de Negócios Global, que trabalha em Londres e Willem Vonk, Diretor da Kraton Polymers Holding BV, escritório de Amsterdã. Agradeço também a Michael Berg por me chamar a atenção para as notícias sobre a goma de mascar de Viagra. Quanto ao posfácio e ao glossário, devo assumir plena responsabilidade por eles.

Alguns amigos próximos aceitaram a imposição de ler o texto completo, sobretudo Walter Saxon, de Nova York, que descobriu informações adicionais sobre água oxigenada e a fotografia pioneira de Nièpce, e o professor Steve e a sra. Rose Ley, da Universidade de Cambridge, que deram igualmente várias sugestões positivas.

Um obrigado especial ao dr. Michael Rodgers, meu editor na Oxford University Press, que me incentivou a escrever este livro e cuidou dele em seus vários estágios, inclusive o de negociações com meu agente Patrick Walsh, da Conville & Walsh, do Soho, em Londres, a quem sou também muito grato.

Por fim, devo agradecer à minha mulher, Joan, e a outros membros de minha família pela paciência e por terem me ouvido discorrer longamente sobre meu assunto favorito: o tão incompreendido papel da química e das substâncias químicas na vida cotidiana.

Introdução

Nada pior que conviver com a incerteza, e a complexidade da vida moderna gera crescente incerteza, sobretudo acerca de coisas que afetam nossas vidas e sobre as quais sentimos ter apenas um controle limitado. Vou conseguir um emprego? Vou perder meu emprego? Alguém será promovido antes de mim? Conseguirei pagar minhas dívidas? Serei roubado? E se meu sócio se associar a outra pessoa? Será que terei um câncer? Meus filhos estão em segurança? Perderei uma pessoa querida? Estas não são questões que *Vaidade, vitalidade, virilidade* pode resolver, mas há outras incertezas, que talvez já o tenham perturbado, das quais espero tratar. São as incertezas referentes a coisas que usamos todos os dias, como cosméticos e produtos de limpeza; que encontramos ocasionalmente, como remédios para disfunções sexuais; ou consumimos com preocupação, como os vários tipos de gordura. *Vaidade, vitalidade, virilidade* não foi escrito apenas para tranqüilizar seu espírito quanto às questões que envolvem esses vários produtos químicos, mas para ser apreciado por aqueles que simplesmente querem saber mais a respeito de aspectos que hoje são parte intrínseca de nossas vidas.

Atualmente muita gente considera preocupante qualquer coisa descrita como "produto químico" e, ao mesmo tempo, vê todos os materiais naturais como intrinsecamente preferíveis porque seriam isentos de risco. Como químico, acho essa comparação ilógica, mas infelizmente ela é dominante. Meu objetivo em *Vaidade, vitalidade, virilidade* não é provar que os produtos químicos são seguros, e os elementos naturais arriscados; de fato, muitos produtos químicos são extremamente perigosos, e a maior parte das substâncias naturais é perfeitamente segura. O que eu gostaria de mostrar é que muitas coisas que nos parecem naturais são produtos da química, que elas realmente tornam a vida melhor e que é um erro desconfiar delas.

Os dias em que a indústria química era imprudente e descuidada terminaram há muito, e o fato é que mesmo em seus primeiros anos ela foi responsável por salvar milhões de pessoas com vidas levadas em meio a sujeira, escassez, doença, monotonia e pobreza, e que o patamar alcançado no mundo ocidental há 50 anos hoje pode ser partilhado por todos. O desafio é expandir os benefícios sem danificar o ambiente, usando apenas recursos renováveis. Não há razão alguma para que isso não possa ser feito. Na verdade, posso prever a existência, até o fim deste século, de uma indústria química que converterá resíduos em produtos úteis, em fábricas químicas que ocuparão apenas uma fração do espaço atualmente necessário, talvez até situadas no subsolo, e nada será despejado no ambiente.

Enquanto isso, devemos ficar alertas para o que pode e o que não pode ser levado a cabo pela química, e *Vaidade, vitalidade, virilidade* realça o papel e as limitações dessa ciência em áreas como cosméticos, alimentos, sexo, higiene e saúde mental. Há também um capítulo, "Polímeros disfarçados", que mostra como ela invade áreas em que talvez não fosse esperada, ou em que talvez você não aprove sua presença. Por fim, há um posfácio em que exponho os perigos da atual oposição generalizada a tudo que é "químico" e tentarei convencer os "quimiocéticos" e os "quimiofóbicos" de que suas desconfianças e temores podem ser infundados.

Tentei tornar este livro de fácil leitura, e para isso evitei o máximo possível usar jargão técnico. Meu objetivo foi assegurar que qualquer pessoa seja capaz de compreender o que escrevo, quer tenha ou não formação em ciência. Usei nomes comuns para os produtos químicos, e espero que os graduados na disciplina, sobretudo os que ensinam química, compreendam minhas razões para fazê-lo e perdoem-me por não usar os nomes técnicos. Evitei também explicações técnicas no texto, mas o leitor que desejar mais informações pode consultar o "Glossário"; os termos ali definidos aparecem em cinza e sublinhado no texto.

Não peço desculpas por incluir algumas fórmulas químicas neste livro e por usá-las ocasionalmente no lugar dos nomes das substâncias. Admito que isso possa parecer aborrecido a alguns leitores, principalmente se faz muitos anos que estudaram química na escola. Devo confessar que um motivo adicional que me levou a usar fórmulas é que eu gostaria que as pessoas se familiarizassem com abreviaturas desse tipo, e não ficassem perturbadas ao encontrá-las fora de contexto. É verdade que a maioria das pessoas sabe que oxigênio é O_2, água é H_2O, NaCl é sal, e dióxido de carbono é CO_2, mas esse não deveria ser o limite de seu conhecimento. É provável que seus pais e até avós soubessem um número muito maior de fórmulas e que teriam reconhecido H_2S como sulfeto de hidrogênio, H_2SO_4 como ácido sulfúrico, HaOH como hidróxido de sódio (embora talvez chamassem isso de soda cáustica), e Pb como chumbo. Sem dúvida muitos de meus leitores serão cientistas e pensarão que este livro não deveria ter a pretensão de *ensinar* química, mas, numa época em que a barreira para a compreensão da química parece por vezes quase intransponível, estou disposto a tentar, e espero que eles sejam indulgentes comigo.

Seja bem-vindo, portanto, a *Vaidade, vitalidade, virilidade.* Nesta seleção de produtos químicos do cotidiano haverá alguns que você usa constantemente, alguns que você teme que sejam danosos, alguns de que você espera nunca precisar, alguns que existem para protegê-lo e à sua família das doenças, alguns em que talvez você possa encontrar conforto se as coisas ficarem difíceis, e outros que você não tinha a menor idéia de que são produzidos pela indústria química. Espero que, depois de ter lido este livro, você sinta que removi um pouco da incerteza existente em sua vida e o convenci de que as mensagens que vem recebendo dos "quimiofóbicos", e até de alguns anunciantes, estão longe de ser a verdade, toda a verdade, nada mais que a verdade.

Capítulo 1

Vaidade: adeus às rugas!

Poucos de nós temos o corpo perfeito que vemos em anúncios, revistas e filmes, e, mesmo sabendo que tal perfeição é mais o trabalho de artistas gráficos ou de maquiadores que um dom da natureza, procuramos imitá-la. Na vida real, temos de tirar o melhor partido possível do que nossos pais nos transmitiram, e nesse caso é na química que vamos buscar ajuda. Neste capítulo daremos uma olhada em alguns produtos químicos que nos tornam mais atraentes, protegendo nossa pele ou disfarçando seus defeitos.

Nossa pele é rija, de fato tão rija que bem poucas substâncias naturais são capazes de penetrá-la. É feita de várias camadas: a externa, a epiderme, consiste num estrato superior chamado camada córnea e num estrato mais profundo, a camada basal, que é onde as células da pele se formam.[1] As células são empurradas para cima da camada basal até se transformarem nas células mortas da camada córnea, de onde são removidas pela lavagem ou desprendem-se como pó. A vida de uma célula da pele, do berço ao túmulo, dura cerca de um mês, e, à medida que nossa pele começa a mostrar sinais de idade, temos de travar uma batalha constante para mantê-la com aparência jovem. Com a ajuda da química, podemos assegurar que alguns dos estragos do tempo sejam reduzidos, ou pelo menos disfarçados.

1 Abaixo da epiderme está a derme, que consiste numa variedade de células e estruturas, entre as quais folículos capilares, glândulas sudoríparas, terminações nervosas etc. As mudanças na derme são as principais responsáveis pelo envelhecimento da pele.

São muitos os produtos químicos usados nos cosméticos e outros produtos de beleza. As virtudes que lhes são atribuídas talvez provoquem apenas um sorriso irônico em seu rosto, por parecerem exageradas. São realmente capazes de apagar rugas e fazer-nos parecer jovens novamente? A resposta é não, mas um não com ressalvas; porque os ingredientes atualmente usados nos cosméticos podem deixar as rugas menos visíveis, mesmo que não as removam por completo. Daqui a 20 anos, talvez consigam até isso, e de fato avanços reais em direção a essa meta já foram feitos. Ao longo dos anos, a química transformou os cuidados com a pele e os cosméticos de algumas maneiras surpreendentes; conseguiu, por exemplo, tornar os batons quase indeléveis, e os cosméticos, sedosos na pele. O que é mais importante, os produtos químicos podem proteger sua pele contra os danos causados pelo sol, oferecer um bronzeado instantâneo ou mesmo fazer uma pele escura parecer mais clara.

Entre as moléculas que realizam esses pequenos milagres estão os alfa-hidroxiácidos (AHA), o ácido ricinoléico, a eosina, a diidroxiacetona (DHA), a hidroquinona, o metoxicinamato de etil-hexila, o dióxido de titânio, o nitreto de boro e os lipossomos. São estes os ingredientes que nos ajudam a combater os estragos do tempo.

Batom

O batom, o mais sensual dos cosméticos, logo depois de ser inventado, tornou-se item indispensável para a maioria das mulheres, apesar dos muitos inconvenientes das primeiras versões, que quebravam facilmente, não eram indeléveis e ficavam rançosos. Hoje ele está disponível sem esses defeitos e num sem-número de cores e texturas.

Os filmes em tecnicólor da década de 1930 provavelmente são a razão por que lábios coloridos tornaram-se um elemento aceitável da beleza feminina — durante séculos supôs-se que só deveriam ser vistos em prostitutas e atrizes. Mesmo que o processo tecnicólor tendesse a fazer os lábios parecerem artificialmente vermelhos, os filmes de Hollywood fixavam padrões que muitas mulheres desejaram imitar, e a melhor maneira de pintar os próprios lábios de vermelho era com batom. Isso criou a demanda para um produto que havia sido inventado 20 anos antes, e a popularidade do batom mantém-se até hoje.

De fato, a imagem do batom foi promovida por canções populares, como o sucesso romântico de Holt Marvell em 1935, *These foolish things remind me of you*, que começava com o verso: "Um cigarro com as marcas de um batom..." E a canção de 1959, *Lipstick on your collar*, de Edna Lewis e George Goehring, chegava a combiná-lo com um *frisson* de traição. Hoje, as mulheres norte-americanas gastam quase 700 milhões de dólares por ano em batom, e o total gasto no restante do mundo é provavelmente mais que o dobro dessa quantia.

Mulheres de outras épocas também costumavam realçar a cor de seus lábios. Provavelmente as primeiras a fazê-lo foram as antigas egípcias, que usavam para isso o corante vegetal hena. Um pigmento alternativo era um corante roxo-avermelhado chamado fuco, também feito de material vegetal. Ao que parece, algumas mulheres chegavam a lançar mão do vermelhão, o corante intensamente vermelho que os pintores usavam (inclusive os pintores de cavernas de 20 mil anos atrás), mas isso não era recomendável, porque se tratava de óxido de mercúrio venenoso.

Os primeiros batons vendidos em estojos que abriam foram fabricados em 1915 por Maurice Levy nos Estados Unidos. Eram coloridos com carmim, um corante natural extraído da cochonilha-do-carmim, ou *Dactylopus coccus*, pequeno inseto vermelho que cresce numa espécie de cacto nativo do México (é a fêmea da espécie que produz o corante). O problema com esses primeiros batons era o fato de não serem indeléveis; em outras palavras, manchavam tudo com que entravam em contato, deixando vestígios reveladores em copos, rostos, cigarros e colarinhos. A solução era usar agentes colorantes que *tingissem* a boca de vermelho; estes foram introduzidos em 1925 e continuaram apreciados por toda uma geração de mulheres, sendo abandonados apenas na década de 1950, quando suas filhas rejeitaram os lábios de um vermelho brilhante.

Um batom perfeito precisa atender a requisitos tecnicamente muito difíceis de alcançar. Deve produzir a cor e o efeito desejado, seja ele mate, brilhante, lustroso, fosco ou perolado. Deve proporcionar uma cobertura uniforme e não provocar a sensação de oleosidade, ter um gosto neutro, durar muito e, é claro, ser quase indelével. O bastão propriamente dito deve poder ser aplicado suavemente, quer faça frio ou calor; conservar a forma e não se quebrar; não ser afetado pela umidade ou pelo ar; não abrigar germes nem ser feito de materiais tóxicos ou perigosos para a saúde. Um conjunto de critérios bem exigente. Nem todos esses requisitos foram alcançados, mas a maioria sim.

Os lábios são uma parte bastante vulnerável do corpo humano. Sua pele é coberta por uma fina camada córnea que contém pouco tecido gorduroso, e por isso resseca facilmente. Em geral a umidade é recuperada pela simples ação de lamber os lábios, mas nem isso é eficaz em condições de secura particularmente severas como as encontradas em climas extremos. Nesse caso, é melhor cobrir os lábios com uma graxa oleosa produzida por uma planta, um animal ou uma empresa química. Pomadas para os lábios com esse objetivo contêm produtos como óleo de rícino, de origem vegetal, ou lanolina, originária da lã de carneiro, ou uma substância derivada do petróleo (por exemplo a vaselina, que é um subproduto do refino do petróleo), ou silicones, que são manufaturados pela indústria química.

Um batom típico poderia ter a seguinte composição:[2]

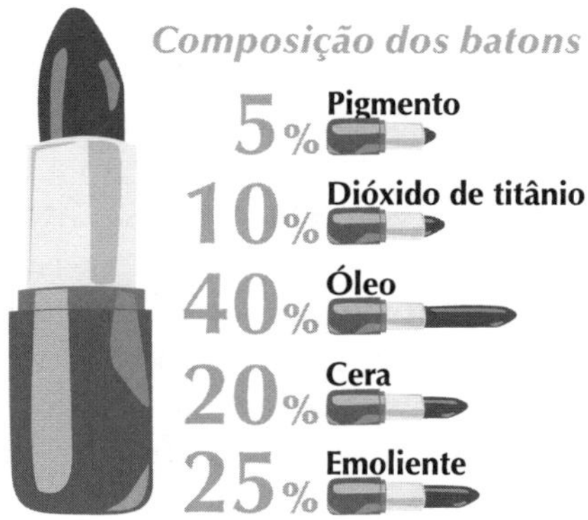

O óleo e a cera são escolhidos de modo a, juntos, proporcionarem um bálsamo que se deixa espalhar suavemente sobre os lábios, permitindo ao mesmo tempo que o batom permaneça firme dentro do estojo. Um batom deveria também permanecer sólido a temperaturas de até 50°. Todos os tipos de óleo foram usados em batons, até mesmo os óleos naturais, como o óleo de oliva e a manteiga de cacau, e o óleo mineral (também conhecido como parafina líquida), que provém da indústria petroquímica. Atualmente o óleo mais provável é o de rícino, que apresenta a vantagem adicional de formar uma película firme e lustrosa ao secar após a aplicação. Quase metade dos batons de algumas marcas pode ser óleo de rícino purificado. A indústria química produz óleos alternativos ao de rícino que são incolores, inodoros e não gordurosos.

A cera é necessária para dar forma ao batom; ceras típicas são de abelha, carnaúba e maleiteira. A cera de abelha, a preferida, é quimicamente uma mistura de ácido cerótico e miricina, e funde-se a 63°. Ao longo dos séculos, foi amplamente usada em lustra-móveis, velas e até remédios. A

2 Há também quantidades muito pequenas de outros componentes, alguns para proporcionar aroma agradável, um conservante para matar micróbios, vitamina E, filtros solares e por vezes até um agente de sabor.

cera de carnaúba, extraída da folha da palmeira sul-americana (*Copernicia prunifera*), é conhecida também como "cera do Brasil". É mais dura e se funde a 87°; ela também foi usada outrora em lustra-móveis, na fabricação de velas e como agente impermeabilizante, e continua sendo a base de algumas ceras para polimento de carros. Seu principal ingrediente é o álcool de cera de carnaúba. A cera de maleiteira, produzida no México, é extraída da planta maleiteira (*Pedilanthus macrocarpus*). Funde-se a 67° e tende a ser usada apenas quando as ceras de abelha e de carnaúba estão muito caras. Empregada antigamente como lacre, continua a selar documentos oficiais, porque conserva a impressão do carimbo.

Há algum tempo achava-se que a lanolina, extraída da lã de carneiro, provocava reação alérgica em algumas pessoas. Hoje já não se pensa assim, e ela voltou a se tornar ingrediente-chave em alguns produtos cosméticos, embora raramente seja mencionada, por causa dos alarmes que a mídia produziu a seu respeito. Alguns brilhos labiais podem conter mais de 70% de lanolina em sua composição, e batons, mais de 25%. Na verdade, atualmente uma pequena porcentagem de lanolina é acrescentada a vários cremes de limpeza, bases, cremes para a noite, xampus e filtros solares. Mas seu futuro não está assegurado, porque alguns ainda têm dúvidas quanto à sua segurança, e há indícios de que causa dermatite de contato em algumas pessoas.

A cor de um batom — em geral um tom de cor-de-rosa ou de vermelho — é fornecida por um pigmento ou por um corante. Os corantes mais comumente usados são D&C laranja nº 5 e D&C vermelho nº 22. O D&C refere-se à "lista de corantes paras drogas e cosméticos" aprovada pela Food and Drugs Administration (FDA) dos Estados Unidos. Os nomes químicos desses corantes são, respectivamente, 4',5' e, dibromo-fluoresceína, e 2',4',5',7'-tetrabromo-fluoresceína; no primeiro deles há dois átomos de bromo na molécula (é a isso que o prefixo "di" se refere), e no segundo, quatro átomos de bromo (ao que se refere o prefixo "tetra"). Esse segundo corante é também conhecido pelo nome um pouco mais simples de eosina.

Esses corantes são feitos de fluoresceína, ela própria um corante amarelo que, quando reage com o bromo, ganha dois átomos desse elemento e se torna laranja. Se acrescentarmos mais dois bromos ao laranja, ele torna-se eosina, que é o vermelho com um ligeiro matiz azulado. A cor pode ser intensificada se a eosina for convertida numa laca, termo técnico para um corante que foi absorvido pela superfície de materiais inorgânicos como o alumínio. A cor final que o corante assume é determinada por sua reação química com a proteína da pele. Os grupos amino da proteína ligam-se ao corante e não só o tornam quase indelével como o transformam num vermelho carregado.

O dióxido de titânio é usado em batons pela mesma razão pela qual é empregado nas tintas, por causa de sua excelente capacidade de recobrir;

no caso do batom, porém, sua brancura atende a um segundo propósito, pois serve para diluir a cor dos corantes vermelhos no intuito de obter os vários tons de cor-de-rosa. É claro que nem todos os batons são cor-de-rosa ou vermelhos. Na busca de chamar a atenção num mundo de diversões sem limite, talvez até para chocar, algumas mulheres — e homens — já pintaram seus lábios de todas as cores do arco-íris, até de preto.

Os químicos empregados por fabricantes de batons lutaram arduamente para superar a falta de novos corantes. De fato, há todo tipo de cores maravilhosas à disposição, o problema é conseguir que sejam aprovadas por órgãos como o FDA. Em vez de gastar anos fazendo testes para provar que um novo corante é absolutamente seguro, procedimento arriscado, caro e que pode fracassar, os químicos recorrem hoje à tecnologia para produzir os tons e os efeitos que a moda dita. Pigmentos de interferência podem ser usados para criar praticamente qualquer cor, dependendo da maneira como refletem a luz quando depositados na superfície de uma partícula de dióxido de titânio. A luz que atinge uma dessas partículas pode ser refletida, refratada e dispersada de maneiras que são determinadas por sua superfície, e não pela cor inerente à molécula corante.

A adição de minúsculas partículas esféricas, conhecidas como microsferas, também pode melhorar a textura do batom, tornando-a não só menos gordurosa como menos reflexiva. Essas esferas minúsculas são feitas do polímero polimetilmetacrilato, que armazena e libera lentamente outros ingredientes, como a vitamina E, o ácido fólico e fluoropolímeros, todos considerados benéficos para a pele. Os fluoropolímeros também oferecem benefícios durante o processo de fabricação, porque, além de proporcionar aos batons um aspecto acetinado e elegante, evita que colem nos moldes.

Na produção de um batom, os vários ingredientes são aquecidos e mesclados até se misturarem por completo; em seguida o líquido quente é derramado em moldes de metal que depois são congelados a fim de que os bastões se desprendam. O batom é flambado por meio segundo, o que lhe confere um acabamento homogêneo e brilhante, além de remover quaisquer imperfeições. Batons perolados incluem nitreto de boro (ver adiante), que confere uma cintilação e um lustro aos lábios. Alguns incluem partículas de mica ou sílica para uma cintilação extra. Batons mate contêm mais cera e pigmento, o que lhes proporciona melhor textura e menos brilho. Os batons lustrosos contêm mais óleo e menos cera, o que os deixa moles demais para formar um bastão sólido, sendo por isso vendidos em pequenos potes, como brilhos labiais. Batons que duram nos lábios em geral incluem óleo de silicone, que fixa a cor.

O batom sofreu grande transformação nos últimos 90 anos e, graças à química, é visto hoje como um item indispensável do encanto feminino, produzindo por vezes aquele outro tipo de química, que ocorre entre duas pessoas. Mas, enquanto os lábios de uma mulher falam uma linguagem, o restante de seu rosto pode contar uma história menos atraente, e, nesse caso, ela deve se voltar mais uma vez para a ciência da química.

Cremes antienvelhecimento: alfa-hidroxiácidos (AHA)

Os AHA, geralmente chamados de ácidos naturais de frutas pelos anunciantes de cosméticos anti-rugas, podem realmente melhorar a pele, penetrando na camada exterior e estimulando o crescimento de pele nova. Se de fato são capazes de eliminar as rugas, isso é discutível, mas podem, como o expressam prudentemente os anunciantes, "torná-las menos visíveis".

Se você sempre trabalhou ao ar livre, quando ficar velho terá uma pele extremamente enrugada, como é o caso de fazendeiros, trabalhadores da construção civil, jardineiros e outros. O mesmo pode ser dito dos que escolheram passar muito tempo ao sol, desfrutando atividades de lazer ou coisa parecida. Aquele corajoso bando de adoradores do sol das décadas de 1960 e 1970 talvez arrependa-se agora de seus dias de exposição despreocupada. Para eles não é o caso de dar adeus às rugas, mas de ter ainda mais rugas.

À medida que envelhecemos, o viço da juventude desaparece. Nossa pele torna-se mais fina, perde a elasticidade, torna-se mais seca e desenvolve rugas. O que desejamos é algo para esfregar nela que restaure sua maciez, sua firmeza e remova as linhas da idade. A cada ano são lançados novos produtos que afirmam fazer precisamente isso, e as vendas de cosméticos e artigos de toalete somam atualmente mais de 30 bilhões de dólares nos Estados Unidos — e provavelmente mais que o dobro disso no mundo inteiro. Com o envelhecimento da população mundial, essas vendas aumentam. Os cínicos diriam que a maior parte disso é dinheiro desperdiçado, que nada pode reverter a lenta deterioração da pele. Eles ficariam surpresos, no entanto, ao saber que alguns cremes antienvelhecimento realmente funcionam, embora numa medida limitada.

Os alfa-hidroxiácidos, que são os ingredientes ativos de muitos produtos, realmente ajudam na luta para manter o rosto jovem. Quanto às afirmações feitas pela propaganda de que eles *eliminarão* rugas, porém, trata-se menos de eliminar linhas que de ler o que está entre elas. Mesmo assim, não deveríamos permitir que a publicidade excessiva que envolve esses produtos nos cegue quanto à ajuda que podem fornecer.

Hoje os químicos dos cosméticos são bastante tolhidos em suas pesquisas pelas leis relativas a saúde, segurança e preservação ambiental que tornam proibitivamente cara a testagem de todos os novos produtos. Como no caso dos corantes para batons, eles procuram atualmente outras maneiras de tornar os materiais existentes mais eficazes. Apesar disso, na Europa, em breve eles ficarão com as mãos atadas por novas leis. Em 2003 o Parlamento Europeu aprovou uma proibição imediata de testes de produtos cosméticos em animais, e da venda de produtos assim testados vindos de fora da União Européia (UE). Em 2009, cosméticos que contenham qualquer ingrediente que algum dia tenha sido testado em animais terão também sua fabricação completamente proibida na UE.

Há outras maneiras, além do uso de produtos químicos, de eliminar os sinais do envelhecimento, como cirurgia plástica cosmética, tratamentos a *laser* ou injeções de botox. Na primeira, a pele indesejada é cortada; o segundo suprime rugas, sobretudo em volta do nariz, da boca e na testa; ao passo que o terceiro paralisa músculos faciais, e assim impede que a pele se vinque. Embora muito apreciados por celebridades e atores, cujas faces são instrumentos de trabalho, esses tratamentos dispendiosos não são algo de que a maioria das pessoas de fato sinta necessidade, se bem que tratamentos com botox sejam hoje facilmente acessíveis. Estes envolvem injeções com a substância química produzida por *Botulinum*, a bactéria que envenena alimentos, num tratamento que dura em geral vários meses. (Cirurgia, queima por *laser* e botox não são isentos de risco, mas como talvez os únicos testes feitos com esses tratamentos redutores de rugas tenham sido realizados em seres humanos, não há problema.)

O botox é usado também no tratamento de distúrbios médicos como a distonia cervical (que causa severas contrações do pescoço e do ombro), o suor excessivo e o estrabismo — esta última uma das primeiras aplicações para as quais recebeu aprovação oficial no Estados Unidos. Na verdade, o efeito do botox sobre as rugas foi notado pela primeira vez quando uma oftalmologista canadense, Jean Carruthers, empregou-o para aliviar as contrações que uma paciente tinha no olho e observou que suas rugas também haviam desaparecido. O botox parece prometer também um tratamento a longo prazo para a enxaqueca e para o controle dos espasmos associados ao mal de Parkinson. A substância atua bloqueando a liberação da acetilcolina, o neurotransmissor que faz os músculos se contraírem, mas seu uso pode provocar efeitos colaterais se ela migrar para tecidos vizinhos. Por exemplo, pode causar dificuldades para a deglutição nos que recebem injeções para distúrbios na região do pescoço.

Uma forma alternativa de parecer mais jovem é remover a camada superior de células mortas da pele; isso pode ser feito por meios químicos. Soluções alcalinas podem ser muito eficazes, mas como são perigosas demais para serem vendidas ao público, ou usadas por ele, é aos ácidos que a maioria das pessoas recorre. À medida que a camada superior da pele é removida, manchas superficiais e linhas finas desaparecem, pelo menos temporariamente. Quando feito sob supervisão médica, isso resulta na formação de uma crosta mais espessa de pele morta que leva cerca de um dia para se formar e é depois lavada com água e sabão, deixando aparecer o viço da pele nova. Isso deixa a face um tanto avermelhada, mas com o passar dos dias esse efeito vai desaparecendo, mostrando uma cútis renovada que durará várias semanas.

Um tratamento menos drástico com esses ácidos está disponível para uso em casa, e algumas pessoas consideram tranqüilizador saber que eles são produzidos por plantas, ou estão presentes no leite.

Dizem que leite faz a pele melhorar,
Mas é para beber, meu bem, não para esfregar!

Assim dizia o velho conselho, mas quem quer que tenha feito estes versinhos estava bancando o espertinho e zombando sem razão de um método tradicional de fazer a pele parecer mais jovem: banhá-la com leite. Antigamente, as mulheres que trabalhavam na ordenha eram renomadas pelo frescor de suas cútis, e diz-se que uma célebre beldade, Cleópatra (69-30 a.C.), rainha do Egito, costumava banhar-se em leite de jumenta. Ela não se comportava tolamente, como tampouco as pessoas que usavam suco de limão na pele. Leite e limões, assim como muitos outras substâncias naturais, contêm alfa-hidroxiácidos (AHA), e estes podem exercer um efeito benéfico ao ajudar a remover a camada superior da pele.

As fontes naturais mais abundantes dos AHA são a cana-de-açúcar, que contém ácido glicólico; e o leite, que contém ácido lático; as uvas fornecem ácido tartárico; os limões, ácido cítrico; as maçãs geram ácido málico e amêndoas amargas, ácido mandélico.

Em 1984, o dermatologista Eugene van Scott, da Pensilvânia, decidiu usar AHA concentrados e escolheu o mais simples deles, o ácido glicólico, para tratar a pele de 27 clientes do sexo feminino duas vezes ao dia durante três meses. Dois terços das mulheres relataram uma redução perceptível de rugas. Tratamentos posteriores conduzidos por Van Scott e assistentes foram relatados em *The Journal af the American Academy of Dermatology* em 1986, mostrando que após seis meses de tratamento a pele ficara mais espessa e sua elasticidade melhorara.

No início da década de 1990, outros ácidos de frutas começaram a ser usados em tratamentos anti-rugas e também a ser acrescentados a cremes para a pele. Alguns provinham realmente de fontes naturais, como o coquetel de AHA produzido pela fermentação de frutas. Uvas *chardonnay*, por exemplo, produzem uma mistura de alfa-hidroxiácidos lático, málico e tartárico, juntamente com os ácidos pirúvico e acético. Limões, toranjas, tomates e mirtilos fornecem outras misturas desses ácidos, ao passo que, para uma mistura mais exótica, alguns fabricantes voltaram-se para o abacaxi ou o maracujá, ou usaram frutas e bagas encontradas nos Alpes suíços no intuito de introduzir uma sugestão de ar puro da montanha — pelo menos em suas propagandas. Uma empresa vende um produto que contém AHA derivados da fermentação de algas marinhas. Ele é sobretudo ácido lático, com um pouco de ácido málico e ácido pirúvico, mas contém também carboidratos que deixam a pele mais sedosa.

Embora os ácidos de fruta possam ser extraídos de plantas cultivadas, sua melhor fonte parecem ser as fábricas de produtos químicos. Neste caso, não somente as matérias-primas são mais abundantes e mais baratas, como são mais puras e têm menor probabilidade de conter outros ingredientes que poderiam causar reações alérgicas em alguns indivíduos. Mas, seja qual for a fonte dos ácidos de frutos, e seja qual for seu ponto-de-venda exclusivo, o ingrediente ativo são os alfa-hidroxiácidos.

Quando se descobriu que os AHA tinham esse poder, houve uma corrida para vendê-los. Mas, embora os resultados que produzissem *parecessem* bons, seu uso não era isento de risco porque os cremes continham níveis muitos elevados desses ácidos, e, nas mãos de usuários inábeis, essas concentrações podiam lesionar a pele recém-exposta. Em 1989 o FDA começou a se interessar por esses produtos, depois de queixas de usuários de que causavam vermelhidão, inchaço em torno dos olhos, empolamento, erupções, coceiras e até sangramento.

Em 1997, o National Toxicology Program, do National Institute of Environmental Science dos Estados Unidos, também os investigou, e controles mais rigorosos foram introduzidos, limitando seu uso a concentrações de 10%; além disso, a acidez dos preparados tinha de se manter tamponada. Hoje admite-se que cremes vendidos ao público não devem ter mais de 8% de AHA, mas mesmo assim podem ser eficazes. Um estudo patrocinado pela indústria constatou que um grupo de pessoas que usou uma solução de 4% de ácido glicólico duas vezes por dia durante 12 semanas não apresentou quase nenhuma vermelhidão. Um sério alerta, no entanto, foi feito no verão de 2002 como resultado de pesquisas encomendadas pelo FDA, que mostraram que a pele tratada com AHA era mais sensível a queimaduras de sol.

Na Inglaterra, alguns usuários afirmaram que os AHA haviam lesionado suas peles. Um advogado de Liverpool juntou os pedidos de reparação e levou a queixa à mídia em 1995. Os alvos nesse caso foram duas companhias em particular, e de fato algumas marcas foram retiradas do mercado após queixas de que irritavam particularmente os olhos, causando visão embaçada em alguns casos. Nenhum processo judicial importante resultou desses alarmes dos meios de comunicação, embora alguns acordos tenham sido feitos fora dos tribunais.

Ácido glicólico

Quimicamente, este é o AHA mais simples e, além de ser abundante no caldo de cana-de-açúcar, está presente também na alcachofra, cebola, açúcar de beterraba, trigo, no suco de maçã, molho de soja e na uva *chardonnay*. Por ser comum em tantos alimentos, é considerado seguro. Não fosse isso, os testes de toxicidade realizados com ele poderiam ter suscitado preocupação. Por exemplo, quando ratos ingeriram ácido glicólico, tiveram seu desenvolvimento tolhido e apresentaram disfunção renal. É verdade que se tratava de ratos albinos, e que o ácido glicólico compôs 2% de sua dieta, e talvez por isso os tenha afetado adversamente. Seja como for, achados como estes excluiriam automaticamente uma nova substância destinada a uso humano, por mais benéfica que fosse na remoção de rugas.

O ácido glicólico é vendido por seus fabricantes como uma solução a 70%. Tem os mais diversos usos: é especialmente bom para a limpeza de cobre; previne a infestação por cochonilha no tratamento da água; é empregado no tingimento e usado na manufatura de vários compostos como os adesivos. Um derivado do ácido glicólico, o benzil glicolato, atua como repelente contra mosquitos.

Soluções com teor industrial de ácido glicólico já foram usadas na medicina com o prognóstico de reparar as lesões da acne e tratar o eczema, mas só podem ser ministradas por dermatologistas e médicos capacitados. O teor das soluções empregadas em salões de beleza costuma ser de 10 a 20%, ao passo que as que são vendidas ao público tendem a ter menor concentração que 10%.

Quando puro, o ácido glicólico existe na forma de cristais incolores, porém, dissolvido em água, produz uma solução acídica que é ajustada para alcançar um pH de cerca de 3. Quando aquecidos, os cristais de ácido glicólico fundem-se a 80°, e suas moléculas começam a reagir umas com as outras para formar o polímero poliglicólico. Este também tem seus usos, sobretudo em artigos médicos como linhas para suturas, porque se desintegra lentamente, transformando-se de novo no ácido, que é facilmente excretado do corpo. Pode-se tirar proveito dessa reversão ao ácido também quando é essencial manter um ambiente acídico durante longo tempo.

Há alguma *ciência* real por trás do uso do ácido glicólico para a redução de rugas? Talvez. Esse ácido é particularmente capaz de penetrar as paredes celulares porque é a menor molécula dos AHA. Uma vez dentro da célula, ele estimula o metabolismo da proteína, com a formação de colágeno e outros componentes, e isso dilata a célula e faz com que pareça menos envelhecida. Muito mais evidente é que o ácido estimula a perda da camada externa de pele morta, expondo com isso pele nova, de aparência mais jovem. Concentrações mais elevadas, como as usadas em tratamentos feitos por especialistas, podem até promover a síntese de colágeno novo.

Recomenda-se aos fabricantes de cremes cosméticos que contenham ácido glicólico que incluam não mais que 4%, ainda que a eficácia exija o dobro disso. Se você está tentado a usar cosméticos com níveis mais elevados que este, teste-os primeiro numa pequena área de pele. Se causarem vermelhidão, coceira ou ardência, não são adequados para você.

Ácido lático

O ácido lático é mais suave que o glicólico. Pode ser produzido a partir de qualquer carboidrato fermentável como soro, dextrose, amido ou melado, e fabricado a partir do produto químico industrial acrilonitrila, usado para fazer todo tipo de plásticos e fibras. O ácido lático, um dos primeiros ácidos orgânicos a serem descobertos, foi registrado, junto com os ácidos cítrico, oxálico e tartárico pelo químico sueco Carl Scheele (1742-86) na década de 1780. O ácido lático está presente no leite; seu nome vem de *lac*, a palavra latina para leite e outrora foi chamado de ácido do leite. Está presente também no pão, no queijo, nas carnes, nas cervejas e nos vinhos.

O ácido lático está no corpo humano em grandes quantidades como um subproduto perfeitamente natural do metabolismo dos carboidratos. (De fato, liberamos um pouco de ácido lático em nossa respiração, o que serve de pista para mosquitos, ajudando-os a nos localizarem.) Ele é também um componente da pele humana, sendo o principal ácido solúvel na água, na epiderme, e essencial para mantê-la em boas condições. Por isso é acrescentado a preparados para a pele, na crença de que compensará a falta natural da substância. O ácido lático ajuda a pele danificada pelo sol a se curar e reduz linhas finas, rugas e manchas senis (o nome popular das manchas marrons causadas pelo excesso do pigmento melanina, que ocorrem com a idade).[3] Por vezes é acrescentado a cremes de barbear e usado para clarear sardas.

3 O nome médico é lentigo senil.

O ácido lático atua penetrando na pele e enfraquecendo as ligações ou pontes de hidrogênio que mantêm as células juntas, tornando mais fácil remover a camada exterior de pele morta. Além disso, aumenta e mantém o nível de hidratação da camada superior da pele, melhorando sua capacidade de reter água e de se esticar, opondo-se assim à tendência a tornar-se seca, escamosa e rachada. O ácido lático pode ser aplicado para desentupir poros, amaciar a pele e em geral tonificá-la.

O ácido lático é ajustado para que seu pH se estabilize, de modo a não ser nem um ácido tão forte que atue como um irritante, nem fraco demais. A maior parte das formulações cosméticas de AHA tem um pH entre 3 e 4, considerado o mais benéfico. Para que o pH do ácido mantenha-se estável,

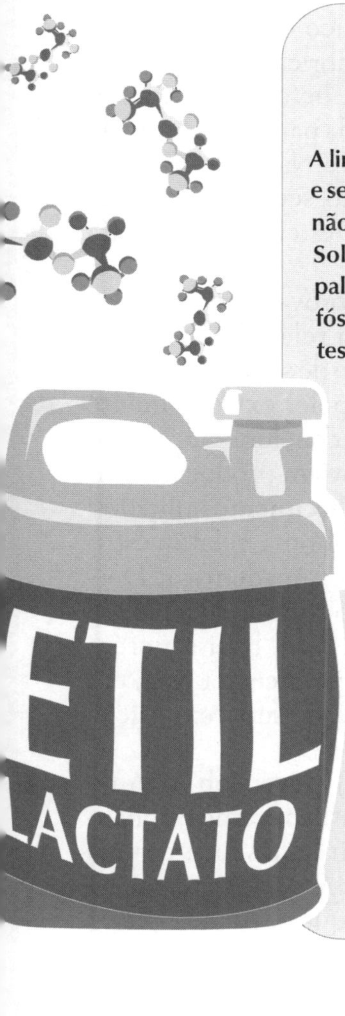

Etil lactato, um solvente renovável para a indústria

A limpeza industrial exige solventes e estes devem ser eficazes e seguros. Um solvente que evapore na atmosfera, e cujo vapor não se decomponha rapidamente, atuará como um gás estufa. Solventes deveriam provir de fontes renováveis; em outras palavras, os atualmente utilizados, derivados de combustíveis fósseis, terão um dia de ser substituídos por outros, provenientes da agricultura. O etil lactato preenche essas exigências.

Nos Estados Unidos, na Holanda e na Espanha, já existem fábricas que produzem etil lactato a partir de fontes agrícolas, e já há uma demanda mundial desse solvente de quase 20 mil toneladas por ano, embora ele custe cerca de 12 reais o litro, isto é, quatro vezes mais que outros solventes de limpeza. Nos Estados Unidos, o etil lactato é feito de maisena, ao passo que na Holanda e na Espanha é feito de açúcar de beterraba. Para produzi-lo, fermenta-se o amido ou o açúcar usando bactérias ou fungos.

O etil lactato é um líquido incolor, com um odor de fruta característico. Ferve a 145°, o que significa que não é muito volátil; por isso, menor quantidade dele é perdida para o ambiente, e o que evapora é rapidamente degradado. Tem capacidade de dissolver uma grande variedade de materiais e já substituiu solventes como o xilene, a acetona e a dimetilformamida.

ele é misturado com o sal lactato de sódio. (Ver "Glossário" para mais sobre substâncias que constituem solução tampão.)

Lactatos de sal também são usados em produtos de toalete: o lactato de potássio, por exemplo, aumenta a viscosidade e produz os chamados líquidos "espessos". O lactato de prata foi usado em xampus anticaspa, e o lactato de zircônio produz um bom desodorante.

Outros tipos de lactato são utilizados em cosméticos. São ésteres ácidos lácticos, como o butil lactato, o lauril lactato e o miristil lactato, que deixam a pele lisa e macia. (Ver "Glossário" para mais sobre ésteres.) Um éster, o etil lactato, é destinado a uso ainda mais amplo — ver quadro na p.25.

O ácido lático tem um futuro além desses preparados cosméticos. Está destinado a desempenhar um papel mais importante no curso deste século, à medida que a indústria química usar recursos renováveis. Entrará em nossas vidas na forma do ácido polilático (PLA), que está sendo produzido atualmente a partir de produtos agrícolas nos Estados Unidos. A empresa norte-americana Cargill e o gigante químico Dow Chemicals construíram uma fábrica em Blair, Nebraska, para fabricar ácido lático a partir de produtos agrícolas como milho ou açúcar de beterraba. Depois o ácido é convertido em sua forma polimérica, adequada para a produção de embalagens e produtos têxteis, e vendida sob a marca NatureWorks. Em sua forma sólida, o PLA assemelha-se ao poliestireno, seu filme transparente é parecido com o celofane, e sua fibra, com o poliéster, adequada para a confecção de camisetas e tapetes.

Então os AHA realmente funcionam? A resposta provavelmente é sim. Um teste duplo-cego feito por Matthew Stiller foi relatado na revista *Archives of Dermatology* em 1996. Considerava o efeito de soluções de AHA a 8% em 74 mulheres de 40 a 70 anos, todas com peles extremamente lesionadas por superexposição ao sol precoce. Stiller concluiu que aplicações diárias de AHA por um período de seis meses haviam produzido nítidos benefícios, embora tivessem tido efeitos antienvelhecimento limitados.

Em 1997, Lynn Drake, da Universidade de Oklahoma, relatou estudos sobre AHA no 55º Encontro Anual da American Academy of Dermatology. Relatou ter feito testes duplos-cegos tanto com ácido glicólico a 8% quanto com ácidos láticos e verificado que estes são "ligeira, porém significativamente" mais eficazes em melhorar a aparência da pele, em especial quando esta fora lesionada em decorrência de superexposição ao sol.

Por fim, há os ácidos beta-hidroxiácidos (BHA) — ver sob AHA no "Glossário" —, que, como seus primos alfa, também atuam como esfoliantes, mas diz-se que os BHA são melhores para reduzir linhas finas e rugas sem a irritação que às vezes acompanha o uso de AHA. Até agora, não há provas convincentes de que os BHA sejam melhores que os AHA.

Para uma pele aveludada: nitreto de boro

Ele pode ter sido desenvolvido para uso na indústria aeroespacial, e ser empregado hoje industrialmente na fabricação de cadinhos para conter metal fundido, mas em cosméticos comuns proporciona à pele uma maciez de seda.

Um dos mais espirituosos nomes de produto é sem dúvida *Très BN*, que não só brinca com o nome nitreto de boro (fórmula química BN), mas também sugere a elegância associada à reputação francesa no que diz respeito a estilo e elegância, e é com isso que o uso deste produto químico bastante curioso tem a ver. De maneira um tanto surpreendente, o nitreto de boro foi desenvolvido de início para atender às necessidade da indústria aeroespacial e às condições extremas que vôos de alta potência acarretam.

O nitreto de boro foi fabricado pela primeira vez em 1842, por um químico chamado Balmain, que aqueceu uma mistura de óxido de boro e cianureto de mercúrio. Logo se descobriram métodos melhores de produzi-lo, como aquecer borato de sódio (bórax) com cloreto de amônio, mas quando BN tornou-se um produto comercialmente vendável, passou a ser preparado pelo aquecimento de bórax e melamina num forno elétrico. O nitreto de boro consiste num arranjo tridimensional de átomos de boro e nitrogênio alternados, quimicamente ligados entre si, e pode existir em duas formas que imitam as formas do carbono puro, isto é, grafita e diamante. Para um químico, isso não é muito surpreendente, porque a combinação de boro (5 elétrons) com nitrogênio (7) tem o mesmo arranjo eletrônico que carbono (6) com carbono (6).

Na grafita, cada carbono está unido a três outros no mesmo plano, formando plaquetas, semelhantes a favos de mel, que se empilham. Elas podem deslizar umas sobre as outras, o que confere à grafita uma lubricidade que é explorada em algumas graxas industriais ou usadas na engenharia. A mesma propriedade pode ser encontrada na forma semelhante à grafita do BN, que é conhecida como BN hexagonal. Este também é um bom lubrificante, e é empregado em situações de alta temperatura, como prensagem a calor e produção mecanizada. Encontra uso também em isoladores e cadinhos, e até para a fabricação dos compostos para portas de fornos de microondas.

O diamante, por outro lado, está longe de ser macio e flocoso. Entre as substâncias que ocorrem na natureza, é a mais dura que se conhece.

Tem uma estrutura em que cada carbono está unido a quatro outros, num arranjo tridimensional piramidal, que lhe dá força e rigidez. Esse arranjo também está presente na forma semelhante a diamante do BN, conhecida como BN cúbico, que se aproxima muito do diamante em termos de dureza. Como o diamante, também é usado como abrasivo, em especial em ferramentas cortantes de ferro e aço. A forma cúbica de BN, obtida pela primeira vez em 1957, era feita pelo aquecimento do BN hexagonal a 1.800°C, sob uma pressão de 85 mil atmosferas.

Quando se prensa o BN hexagonal, é possível conferir-lhe formas complexas, e ele é impermeável à maioria dos metais fundidos, o que o torna ideal para cadinhos. É também um bom isolante elétrico, e nesse aspecto distingue-se da grafita, que conduz eletricidade. Embora quimicamente mais estável que a grafita, o BN hexagonal é suscetível a oxidação, e seu uso a temperaturas elevadas é um tanto restrito.

Neste pouco talvez você deva estar se perguntando o que o BN poderia oferecer como ingrediente de cosméticos, mas a verdade é que está presente em muitos deles. O BN hexagonal é branco, e quando moído e transformado, confere maciez, sedosidade e lisura, bem como um lustre perolado. É acrescentado a bases, batons e esmaltes para unhas. Tradicionalmente, para se produzir um efeito perolado usava-se oxicloreto de bismuto, BiOCl, mas o BN hexagonal é melhor, em especial quando se permite que seus cristais cresçam, o que os torna capazes de dispersar luz e dar um acabamento cintilante ou perolado. A quantidade de BN num cosmético situa-se em geral entre 1 e 10%, mas pode ser muito mais alta. A substância é completamente atóxica e em nada perigosa. É usada em bases para cobrir rugas porque reflete a luz, e é a falta desse reflexo, em contraste com a pele circundante, que faz as rugas chamarem tanta atenção.

O BN hexagonal tem um coeficiente de fricção mais baixo que o talco, que foi durante séculos o material básico da maioria dos cosméticos. Quando se relatou, porém, na década de 1990, que o talco poderia estar associado a câncer nos ovários, esse material caiu em desfavor junto aos fabricantes de cosméticos e artigos de toalete, que, para substituí-lo, voltaram-se para o BN hexagonal.

Bloqueadores solares, filtros solares e autobronzeadores[4]

Quando você quer proteger sua pele contra os raios ultravioleta do sol, que podem causar câncer, pode aplicar loções que conferem variados

4 O bloqueador solar é uma substância opaca que impede fisicamente que os raios de sol atinjam a pele. Óxido de zinco e dióxido de titânio são bloqueadores solares. Um filtro solar é transparente e absorve os raios de sol em virtude de sua natureza química.

graus de proteção. Há também produtos que lhe proporcionam um bronzeado instantâneo, e alguns que podem até tornar sua pele mais clara.

Atualmente, o ideal de corpo bonito é aquele com um bronzeado de leve a moderado. Ainda é moda considerar o bronzeado algo saudável, e não há dúvida de que é atraente. As pessoas em geral bronzeiam-se quando saem de férias, escolhendo deliberadamente visitar lugares ensolarados, em que se tem certeza de que o sol brilhará quase todos os dias, e partem em bandos para as regiões litorâneas do Mediterrâneo, Caribe, Austrália, Sudeste da Ásia, Califórnia e Flórida. Com isso, não só põem sua saúde em risco, expondo-se ao câncer de pele, como provocam lesões de longo prazo em sua pele, que acabará por assumir a textura do couro, sendo educadamente chamada de "curtida". Os culpados são os raios ultravioleta, sobretudo os denominados UV-B. Esses raios podem penetrar a pele profundamente e desencadear um câncer ao lesionar o DNA e o sistema imune.

A luz visível é composta de seis cores facilmente distinguíveis: vermelho, laranja, amarelo, verde, azul e violeta. (É possível, é claro, dividir o espectro de maneiras muito mais sofisticadas, mas estas cores parecem ser as principais categorias e as que fazem parte da linguagem do dia-a-dia.) A luz vermelha abarca os comprimentos de onda 740-620 nanômetros (nm), a laranja 620-585nm, a amarela 585-575nm, a verde 575-500nm, a azul 500-445nm, e a violeta 445-400nm. O olho humano em geral não registra comprimentos de onda mais curtos que 400nm, mas se fosse capaz disso, veria mais duas cores: o ultravioleta A, que tem comprimentos de onda 400-320 nm, e o ultravioleta B, 320-280nm. Há uma terceira cor ultravioleta, o ultravioleta C, de comprimentos de onda 280-100nm, mas essa praticamente não chega à superfície da Terra, porque é quase toda absorvida pelo ozônio na camada mais alta da atmosfera.

Apesar de não conseguirmos *ver* as cores UV-A e UV-B, nossos olhos podem ser danificados por elas, e nossa pele reage a elas: o UV-A a faz tornar-se castanha pouco a pouco; o UV-B produz uma resposta mais rápida e a torna de um vermelho vivo. Os raios UV-A são por vezes chamados os raios do envelhecimento, porque este é seu efeito final, ao passo que os UV-B são chamados os raios da queimadura, porque fazem os vasos próximos à superfície da pele dilatarem-se e transportarem mais sangue, o que deixa a pele quente e avermelhada.

As células da pele humana não têm cor e, para protegê-las contra a luz UV, desenvolveram um mecanismo que consiste na produção de moléculas especiais. Estas podem ser encontradas da camada exterior da pele, a camada córnea, e têm a capacidade de absorver raios UV. Moléculas típicas são os aminoácidos, como o triptofano e a tirosina, além do ácido urocânico, produzido a partir do aminoácido histidina. O ácido urocânico inibe o sistema imune, não sendo portanto muito desejável, apesar da proteção que fornece contra UV. Antes que isso fosse compreendido, acrescentava-se ácido urocânico aos cosméticos como agente umidificador, e na década de 1960 ele era considerado um bronzeador solar "natural", o que de fato não deixa de ser. Atualmente este uso é proibido.

O bloqueador UV mais eficaz é um pigmento químico chamado melanina, produzido nas camadas superiores da pele, em células chamadas melanócitos. (A melanina é também o pigmento que dá cor escura a cabelos, penas, peles e fungos.) Quando expostas a raios UV, essas células são induzidas a produzir esse pigmento preto, e o fazem a partir do aminoácido tirosina, que se combina com outras moléculas para formar o polímero melanina. Quanto mais UV-A é absorvido, mais melanina se forma e mais escura torna-se a cor da pele. Outras criaturas também contam com a melanina como proteção, inclusive mamíferos, insetos, várias plantas, fungos e até microorganismos. As pessoas de origem africana nascem com níveis naturalmente elevados de melanina e os mantêm a vida toda. Em indivíduos de pele clara, ela é produzida lentamente, por isso não pode proteger a pele deles contra a queimadura solar provocada por uma exposição súbita.

Segundo a pele as pessoas são classificadas em quatro tipos, sendo o tipo I o mais sensível à queimadura e o IV o menos sensível. As pessoas de ascendência celta, do norte da Europa, são tipos I e II — sua pele é facilmente queimada pelo sol e bronzeia-se pouco, porque elas não são capazes de produzir melanina suficiente para se proteger por completo, ao passo que as pessoas de origem mediterrânea são tipos III e IV, bronzeando-se com facilidade e queimando-se raramente. Os ruivos de pele clara correm invariavelmente o risco de se queimar, mesmo que sua pele também produza uma forma de melanina, porque esta fornece pouca proteção. Uma nova droga, o Melanotan, foi desenvolvida na Austrália e deverá chegar um dia ao mercado. Ela pode ser tomada oralmente e estimula a formação de melanina na pele, permitindo assim às pessoas obter um bronzeado natural e uma proteção natural da pele. O Melanotan é mil vezes mais potente para desencadear a formação de melanina que a enzima do próprio corpo, e sua ação é mais duradoura.

Alguns indivíduos têm tão poucos melanócitos que sua pele fica inflamada e vermelha quando exposta a níveis de luz solar que não afetariam outras pessoas, e precisam usar filtros solares artificiais regularmente quando têm de passar algum tempo ao ar livre. Eles são chamados de fotossensíveis, e esse distúrbio pode desenvolver-se como um efeito colateral da ingestão de certos remédios.

O câncer de pele é o aspecto desvantajoso dos banhos de sol prolongados, mas nem toda exposição ao sol é má, e passar algum tempo ao ar livre em geral traz benefícios. A ação dos raios UV sobre a pele proporciona ao corpo a muito necessária vitamina D, cuja carência em crianças leva a um esqueleto enfraquecido e, em conseqüência, a raquitismo, porque o corpo precisa da vitamina para fazer uso do cálcio, de que os ossos são feitos. Em adultos, a vitamina D ajuda a manter o esqueleto, previne a depressão clínica e protege também contra as doenças cardíacas. Alguns minutos de sol todos os dias nos fazem bem, e, segundo o pesquisador Michael Holick, da Universidade de Boston, em Massachusetts, podem até evitar formas de câncer como os do cólon, da mama e da próstata, elevando a quantidade de vitamina D no corpo. Embora possamos obter vitamina D em nossa alimentação, a que é produzida pela incidência da luz solar sobre a pele parece permanecer mais tempo no corpo, e talvez junto com ela sejam produzidas outras moléculas também benéficas.

Todos os anos, nos Estados Unidos, mais de meio milhão de pessoas desenvolve alguma forma de câncer da pele, e a Sociedade Norte-americana de Câncer afirma que uma pessoa em seis sofrerá essa doença em algum momento de sua vida. O tipo mais comum é o câncer da célula basal, que assume a forma de pontos salientes, duros e vermelhos nas partes mais expostas do corpo, isto é, no rosto, nas mãos e no pescoço. A segunda forma mais comum é o câncer da célula escamosa, que é um grumo de superfície dura que aparece geralmente nos lábios, orelhas e mãos. Nem o câncer da célula basal nem o da célula escamosa envolvem risco de vida, porque não se espalham para outros órgãos, e podem ser removidos facilmente.

O mesmo não pode ser dito da terceira forma de câncer de pele, o melanoma, que se espalha. Ele freqüentemente começa como um sinal de pele, que depois cresce de maneira fora do comum e adquire uma cor preto-azulada. Felizmente, o melanoma é muito raro. Mesmo assim, mata muita gente todos os anos, o que significa que, numa cidade de tamanho médio, de cem mil habitantes, haveria um ou dois casos de melanoma por ano, em contraste com cerca de 65 casos das outras formas de câncer de pele.

Mas a culpa seria realmente do UV-B? Talvez não. Tem-se a impressão hoje de que as pessoas que desenvolvem melanomas são predispostas a isso por causa de uma mutação genética, o que explica por que eles muitas vezes começam em partes do corpo que raramente vêem a luz do dia. O defeito genético foi descoberto por Richard Wooster e colaboradores no instituto Wellcome Trust Sanger em Cambridge, na Inglaterra, em 2002. Alguns anos antes, Marianne Berwick, do Memorial Sloan-Kettering Cancer Center, em Nova York, havia sugerido que talvez não houvesse ligação entre exposição à luz solar e melanoma. Após analisar os muitos estudos epidemiológicos feitos sobre a suposta relação entre bloqueadores solares e melanomas, concluiu haver poucos indícios de que esses produtos ofereciam proteção contra eles. Os filtros solares realmente previnem, no entanto, outras formas de câncer de pele, e atuam de diferentes maneiras, de tal modo que não deveríamos nos surpreender diante do fato de que o mercado total de produtos para tratar a pele exposta ao sol ultrapassa hoje um bilhão de dólares por ano.

Podemos proteger nossa pele contra raios UV de três maneiras: desviando-os do corpo; absorvendo-os, mas desativando-os; ou evitando-os e reparando o dano que causam. Há produtos químicos disponíveis para fazer essas três coisas. Nos Estados Unidos e na Europa, gastam-se cerca de 200 milhões de dólares por ano em filtros e bloqueadores solares, e a maioria das pessoas não está ciente de que aplicar um bloqueador solar na forma de óleo ou creme apenas no início do dia pode não ser o bastante, porque ele é removido pelo suor se o usuário fizer exercícios vigorosos, ou ser lavado, se ele nadar. Podemos nos sentir agradavelmente refrescados numa piscina, mas isso não significa que ficamos seguros contra raios UV, porque eles atravessam a água sem ser absorvidos. Óleos de silicone, que repelem a água por natureza e são acrescentados a alguns cremes, fornecem uma proteção mais duradoura para os que desejam se exercitar ao sol ou nadar.

Um bom filtro solar deveria incluir dióxido de titânio microfino ou óxido de zinco para proteger contra UV-A, e um composto orgânico para proteger contra UV-B. Deveria ser fácil de aplicar, proporcionando uma película contínua e ao mesmo tempo invisível. Não deveria ser pegajoso, nem sair facilmente na água, embora devesse ser facilmente removível quando se usa sabonete ou gel de banho. Não deveria abrigar germes e deveria ter um cheiro agradável. Finalmente, é claro, deveria ter o fator de proteção razoavelmente alto, de 15, que deveria permanecer elevado ao longo do dia inteiro.

O FPS, um indicador da medida em que um filtro solar bloqueará os raios UV, recebe um número numa escala que vai de 2 a 30, ou mesmo além. É calculado comparando-se o tempo necessário para registrar queimadura de sol na pele protegida com o tempo necessário para registrá-la na pele não protegida. Por exemplo, se uma queimadura de sol pode ser detectada depois de duas horas na ausência de proteção, mas apenas após 12 horas quando a pessoa está usando um filtro solar, esse produto tem um FPS de 12 dividido por dois, o que dá um valor de 6. O FPS é portanto uma medida do grau em que um filtro solar *reduz* os raios UV que atingem a superfície da pele. O fator 2 os diminui pela metade, isto é, em 50%, um fator 4 permite que apenas um quarto dos raios penetre a pele, absorvendo assim 75% do UV, ao passo que o fator 10 elimina 90% e o fator 25 elimina

96%, permitindo que apenas 4% a penetrem. Teoricamente, é possível ter-se um fator 50, que bloquearia 98% do UV, mas, embora cremes assim já tenham sido produzidos, em termos de proteção eles não oferecem muito mais que os que têm fator 30.

Originalmente, o FPS 10 era considerado proteção elevada, mas hoje alguns consumidores temerosos usam FPS 30, com o resultado de que duas semanas de férias, com esse filtro solar aplicado regularmente durante todo o dia, proporcionar-lhes-ia menos que um dia de exposição completa a raios UV. Mas os números dos FPS podem ser enganosos, levando algumas pessoas a suporem que um creme com FPS 30 lhe dará o *dobro* da proteção de um com FPS 15. Não é verdade. Ele só oferece 4% de proteção extra. Bloqueia 97% dos raios UV do sol, comparados aos 93% bloqueados pelo FPS 15.

Um filtro solar típico consiste de 5% de dióxido de titânio microfino, 5% de produtos químicos absorvedores de UV, 10% de óleos variados e 5% de um agente emulsificante; o resto é água destilada. O agente emulsificante impede que o óleo e a água separem-se em duas camadas. A loção precisará também de um conservante para mantê-la livre de microorganismos.

A melhor maneira de desviar raios UV é pôr uma camada de óxido de zinco (ZnO) ou de dióxido de titânio (TiO_2) sobre a pele, e esses pigmentos brancos são por vezes aplicados como uma pasta nas áreas mais sensíveis da face, como o nariz, as maçãs do rosto e os lábios. Os que são obrigados a passar muitas horas sob o sol, como os trabalhadores da agricultura, da construção civil e os esportistas, podem preferir usar essas pomadas protetoras. Formas mais discretas estão também disponíveis, graças à habilidade dos químicos, e é possível pôr esses pigmentos em suspensão num filtro solar de tal modo que pareçam invisíveis quando o produto é aplicado.

O truque com o dióxido de titânio é usar partículas microfinas, ou em nanoescala, que são invisíveis a olho nu; o tamanho ótimo é em torno de 50nm. Essa proteção pode também ser combinada com outros filtros UV, e de fato eles têm um efeito sinergístico, um intensificando o poder do outro, de modo que é necessária menos quantidade de ambos. Eles podem também, no entanto, atuar um contra o outro, caso em que o filtro solar orgânico faz as partículas microfinas se aglomerarem, reduzindo com isso seu efeito protetor e também tornando o filtro solar mais visível por lhe dar uma aparência esbranquiçada. O acréscimo de óleos de silicone ao filtro solar evita isso, mantendo os óxidos de titânio e zinco em sua forma microfina. Outra maneira de neutralizar o efeito branqueador do dióxido de titânio é cobri-lo com uma camada de partículas de mica, o que resulta num tom mais natural quando o produto é aplicado à pele.

A segunda maneira de proteger a pele é cobri-la com uma película transparente que, como vidro, filtrará os raios UV perigosos. Há vários tipos de absorvedores de UV, que podem tornar os raios menos perigosos de diferentes maneiras. Por exemplo, a orto hidroxi benzofenona absorve a radiação UV com um comprimento de onda de cerca de 330nm e, ao fazê-lo, um de seus átomos de hidrogênio desloca-se do átomo de oxigênio a que está quimicamente ligado para um átomo de oxigênio adjacente. Essa molécula de energia mais elevada reverte então à sua configuração original, e, ao fazê-lo, libera sua energia extra na forma de um suave aquecimento.

Outras moléculas podem fazer proeza semelhante, deslocando um elétron para uma órbita exterior, da qual ele pode retornar, fazendo a molécula vibrar ao liberar a energia absorvida; para realizar esse truque, a molécula precisa conter um arranjo de átomos conhecido como cromóforo.

Mas de seis mil toneladas de agentes de proteção contra UV são produzidos anualmente pela indústria química, e entre eles estão produtos à base de ácido aminobenzóico, cânfora e ácido cinâmico, que são particularmente eficazes contra UV-B, ao passo que os produtos à base de benzofenona e dibenzoilmetano filtram UV-A.

Os produtos químicos dos tipos mencionados são denominados filtros solares *orgânicos* por terem moléculas baseadas no carbono. Como tal, geralmente são óleos solúveis, embora por vezes não o bastante para preparados comerciais, caso em que é preciso "solubilizá-los", ligando a eles grupos de hidrocarboneto. Mesmo que isso seja feito, contudo, alguns filtros solares orgânicos são inadequados porque descolorem ao serem expostos à luz do sol, enquanto outros dissipam-se no plástico dos recipientes.

O terceiro método de proteção consiste em reparar as lesões causadas por raios UV usando uma "varredura" de radicais. Os raios UV têm o poder de romper ligações químicas e, ao fazê-lo, produzem fragmentos moleculares chamados radicais livres. Um radical livre reagirá violentamente com quase qualquer outra molécula que encontre, até mesmo as que compõem o DNA. A molécula que produz os radicais livres mais fatais é o oxigênio (O_2), e a combinação desse gás com a luz UV forma o chamado singleto oxigênio, uma espécie altamente ativada e extremamente perigosa.

Os males causados por radicais livres ao DNA podem ser facilmente reparados pelo corpo, mas a luz UV afeta também o sistema imunológico, cuja função é detectá-los e corrigi-los. A chance de uma variedade mutante de DNA escapar à detecção é portanto aumentada. As células do corpo produzem "varredores" de radicais livres para sua defesa. Enzimas especiais liquidam os radicais livres, e há antioxidantes, como as vitaminas C e E, que podem também fazer o serviço. Não é de surpreender, portanto, que estas sejam acrescentadas como ingredientes a loções de filtros solares, junto com outros antioxidantes como os polifenóis, substâncias que ocorrem na natureza e podem ser extraídas, por exemplo, das sementes de uva.

Há quem afirme que se pode obter proteção contra o sol ingerindo BioAstin, um suplemento alimentar que deve sua atividade à substância química astaxantina, um poderoso antioxidante que confere aos camarões e ao salmão silvestre sua cor avermelhada; diz-se que ela é 500 vezes mais forte como antioxidante que a vitamina E. Segundo consta, testes teriam mostrado que o BioAstin reduziu a sensibilidade a queimaduras de sol em metade de um grupo de 21 pessoas que o tomou regularmente. Testes em grande escala estão em andamento agora.

O caminho percorrido até os filtros solares atuais não ficou livre de falsas esperanças e controvérsias. O primeiro filtro solar em creme foi lançado nos Estados Unidos em 1928, e continha benzil-salicilato e benzil-cinamato, nenhum dos quais atua como um agente particularmente eficaz. Outros cremes e loções tinham o objetivo de aliviar os efeitos dolorosos do excesso de sol. Foi o crescimento, na década de 1960, dos pacotes de férias em climas ensolarados que fez com que se começassem a associar os perigos do excesso de exposição ao sol à crescente incidência de câncer de pele.

Os filtros solares devem atender a certos critérios, e há listas de ingredientes prescritos e proscritos para eles. As restrições surgiram por causa das possíveis reações alérgicas provocadas em alguns indivíduos, e certos produtos usados antes, como o outrora popular PABA (ácido para-aminobenzóico), foram retirados do mercado por essa razão. Esse agente particular foi usado nos primeiros filtros solares realmente bem-sucedidos, mas descobriu-se mais tarde que eles deixavam a pele de 1% das pessoas que os utilizavam mais fotossensível. Testes em células humanas mostraram que, embora por si mesmo não causasse câncer, o PABA aumentava a formação de precursores de câncer. Originalmente, supôs-se que o PABA fosse uma vitamina, uma das vitaminas do complexo B, de que farelo de trigo, rim, fígado e iogurte seriam boas fontes. Mas quando estudos mais aprofundados revelaram que não era possível produzir os sintomas de carência excluindo-o da alimentação, ele perdeu seu status de vitamina.

O filtro solar químico mais comum é o octilmetoxicinamato (seu código é OMC), ao qual praticamente ninguém parece ser alérgico. No entanto, quando misturado com alguns agentes tradicionais para o tratamento de doenças de pele, como bálsamo-do-peru, pode reagir quimicamente formando um composto capaz de produzir uma reação alérgica. O OMC e outro filtro solar comumente usado, o 4-MBC (abreviatura de 4-metilbenzilideno cânfora), foram criticados por toxicologistas ambientais como substâncias capazes de afetar o sistema endócrino. A origem disso foi a pesquisa realizada em 2001 por Margaret Schlumpf, da Universidade de Zurique, na Suíça, que mostrou que ratas sem pêlo imersas numa solução desses componentes em óleo de oliva tiveram aumento do peso do útero. No ano anterior, Terje Christsen, da Agência Norueguesa de Proteção contra a Radiação, que fica perto de Oslo, mostrara que o OMC matava tecidos de camundongos em proporções muito menores do que se pensava antes. Considera-se que esses agentes representam um risco mínimo para seres humanos porque não penetram a camada exterior de células mortas da pele humana, à qual são aplicados. A companhia química Merck encontrou uma maneira de encerrar agentes de OMC dentro de um polímero, de modo que eles nunca entram realmente em contato nem mesmo com as camadas mais superficiais das células da pele.

Os filtros solares podem ser muito caros. Um levantamento feito em 2001 pela Associação de Consumidores no Reino Unido mostrou que a proteção completa para férias de duas semanas ao sol poderia custar nada menos que 63 libras (cerca de 120 reais) usando-se o filtro solar mais famoso (Ambre Solaire), ou apenas 31 (cerca de 60 reais) libras usando-se uma marca genérica.

Que deveríamos então fazer para proteger nossa pele dos estragos causados pelos raios UV? O melhor conselho é evitar sair ao sol entre 11h da manhã e 3h da tarde. Fora desse horário, use um filtro solar com FPS 15 se quiser expor seu corpo na praia ou nadar ao ar livre. Melhor ainda, se prevê que passará um longo tempo ao sol, seja caminhando ou praticando algum esporte, use algum tipo de roupa leve e chapéu. A melhor proteção para a pele continua sendo a roupa, e a companhia química alemã BASF chegou mesmo a desenvolver uma fibra de náilon que incorpora partículas de dióxido de titânio. Tecidos de trama bem fechada feitos com essa fibra podem realmente oferecer uma proteção completa.

Bronzeamento no escuro: diidroxiacetona

Quando cozinhamos certos alimentos ou os deixamos fermentar, eles ganham uma bela cor castanho-dourada porque sofrem a chamada reação de Maillard, em que o hidrato de carbono reage com a proteína.[5] Como a camada exterior de nossa pele é formada sobretudo de proteína, deveria ser capaz de reagir com um carboidrato e amorenar. Um produto químico que pode promover isso é a diidroxiacetona (DHA), um pó branco e cristalino de gosto doce. Aplique uma solução desse produto à sua pele e ela parecerá bronzeada. Quando produtos desse tipo começaram a ser vendidos, porém, tendiam a provocar um efeito desigual, irregular, mais embaraçoso que a pele pálida que pretendiam colorir. Para piorar a situação, não

5 A reação de Maillard é assim chamada em homenagem ao químico francês Louis-Camille Maillard, o primeiro a descrevê-la em 1912.

podiam ser lavados; o infeliz usuário tinha de esperar que a camada exterior de sua pele se desgastasse.

O DHA surgiu como um auxiliar para o bronzeamento artificial no hospital infantil da Universidade de Cincinnati em meados da década de 1950. Lá, Eva Wittgenstein estava investigando crianças que sofriam de incapacidade de armazenar glicogênio, o carboidrato essencial que o corpo usa como uma reserva prontamente disponível de glicose. Ela acreditava que essa doença podia ser tratada com grandes doses de DHA. Essa molécula, que é produzida em plantas e animais como um intermediário no metabolismo dos carboidratos, é mais rapidamente assimilada que a própria glicose. Lamentavelmente, algumas das crianças vomitaram a DHA, e percebeu-se que quando a substância caíra sobre pele exposta, esta ficava morena depois de algumas horas. Wittgenstein ficou intrigada e fez testes em sua própria pele com soluções aquosas de DHA, constatando que realmente ela também ficava morena.

O DHA é preparado industrialmente pela fermentação de glicerina por acetobactéria suboxidante. Esse microorganismo remove dois átomos de hidrogênio da molécula, convertendo-a assim em DHA. Esta combina-se com grupos amino livres nas proteínas da camada córnea e torna-as castanhas em 30 minutos; os compostos que se formam são conhecidos como melanoidinas. Esse tipo de bronzeamento limita-se à camada mais exterior da pele.

Há várias loções e cremes que promovem o autobronzeamento no mercado, contendo entre 2 e 5% de DHA. Precisam ser ligeiramente ácidicos e são tamponados (ver "Glossário") pela adição de fosfato para alcançar um pH de 5. As loções autobronzeadoras comumente disponíveis são desse tipo. O problema com o DHA é que, embora misture-se facilmente à água, tende a formar um gel que não se espalha de maneira fácil e uniforme na pele, razão por que pode levar a uma aparência irregular. É possível superar isso adicionando outros produtos químicos, seja para manter a loção fluida, seja para formar um creme em que o DHA fique apropriadamente disperso. Em alguns salões de beleza, agentes autobronzeadores são também aplicados em forma de *spray*, com a ajuda de um nebulizador.

Os autobronzeadores não são realmente filtros solares, embora proporcionem alguma proteção; têm um FPS de cerca de 2. Destinam-se basicamente a dar às pessoas a cor bronzeada que desejam sem que elas precisem se expor a raios UV. É claro que se você quiser enganar os que estão na praia com um bronzeado instantâneo e ficar também devidamente protegida contra o sol, há preparados que combinam DHA com dióxido de titânio; estes podem ter FPS 15 ou até 30.

Cremes para clarear a pele

Assim como é possível usar produtos químicos para simular um bronzeado, há também produtos químicos que fazem a pele parecer mais clara. Um dos sinais de envelhecimento é a aparição de pequenas manchas de melanina conhecidas como manchas senis. Para deter a formação delas, é preciso bloquear o metabolismo que as produz, e isso significa inibir a enzima tirosinase (também conhecida como polifenol oxidase), que converte a tirosina em melanina. A tirosinase encontra-se amplamente distribuída na natureza, estando presente em plantas, animais e no ser humano. É ela que faz uma maçã cortada ficar marrom rapidamente. A tirosinase contém um átomo de cobre, e se este puder ser desativado de alguma maneira, a enzima perde sua função oxidante. É por isso que quando umedecemos uma maçã recém-cortada com limão ela permanece clara — a vitamina C do suco desativa a enzima. Por essa razão o suco de limão foi tradicionalmente empregado como agente para o clareamento da pele.

Outras condições que podem levar uma pessoa a usar uma loção que clareia a pele são sardas excessivas, marcas de gravidez e até um bronzeado exgerado. A pele escura está também associada a algumas doenças.

Um creme para clarear a pele típico contém inibidores conhecidos da tirosinase, como o ácido kójico e a hidroquinona, junto com o ácido glicólico, que remove camadas superficiais da pele, permitindo aos agentes ativos atingirem as células-alvo. Contém também um conservante e vários outros ingredientes como solventes, vitaminas e fragrâncias.

No passado, a pele escura podia ser facilmente clareada com a aplicação de hidroquinona, um produto químico usado em fotografia, mas hoje seu uso para clarear a pele é desencorajado porque algumas pessoas são adversamente afetadas por ela. Também conhecida pelo nome mais antigo de quinol, foi comercializada sob várias marcas.

A hidroquinona apresenta-se na forma de cristais brancos que se fundem a 171° e são solúveis em água e em álcool. Em baixas concentrações, suas soluções clareiam a pele, mas ela provocava dermatite em algumas pessoas, e hoje é ilegal em vários países do mundo. Ainda pode ser usada em outros, mas a quantidade não deve exceder 2%, e numa concentração tão baixa ela é praticamente ineficaz. Produtos químicos semelhantes, mais seguros, como THPOP (abreviatura de 4-(tetraidropirano-2-il)oxifenil) foram patenteados como agentes de clareamento da pele, mas ainda não estão no mercado.

Várias substâncias químicas naturais também clareiam a pele: ácido kójico, extrato de alcaçuz, extrato de *Scutellaria* e amora; elas também inibem a tirosinase. O ácido kójico,[6] produzido pelo micróbio *Aspergillus oryzae*, além de clarear a pele é antibiótico. Também manufaturado industrialmente para ser convertido em maltol, confere um cheiro de "saído do forno" a pães e bolos. Este e os outros agentes para o branqueamento da pele são quase tão bons quanto a hidroquinona, ou mesmo melhores que ela, pelo que se constata comparando suas capacidades relativas de desativar a enzima. Uma solução de hidroquinona a 5% inibe a atividade da tirosinase em 50%, ao passo que é necessária uma solução de 10% de ácido kójico para promover essa redução, mas apenas uma solução de 0,5% de ácido de amora.

Com todas essas substâncias químicas naturais, o tratamento deve ser administrado durante várias semanas a fim de produzir um efeito perceptível, e, para serem eficazes, elas demandam a presença de uma substância que as ajude a penetrar na pele. Além disso, é necessário um agente tamponador para manter o pH da solução em torno de 4, e um antioxidante, como metabissulfito de sódio, a fim de impedir a deterioração da mistura.

Em regiões da África, pessoas com peles muito escuras usam por vezes sabão de iodeto de mercúrio para clarear a pele ou esconder manchas e marcas escuras (a pele escura forma cicatrizes facilmente). As pessoas que usam esses sabões são aconselhadas a deixar sua espuma sobre a pele durante toda a noite. A razão para a proibição desses produtos é o perigo que o mercúrio representa para a saúde de seus usuários, bem como para a de seus fabricantes. Testes feitos na década de 1970 com trabalhadores dessas fábricas mostraram níveis elevados de mercúrio no sangue, e testes feitos na Universidade de Lausanne, na Suíça, com usuários desses sabões revelaram que eles também tinham níveis elevados de mercúrio no sangue e na urina, indicando que o metal havia sido absorvido através da pele.

Lipossomos

A elasticidade da pele depende de uma substância chamada colágeno. A pele envelhecida e estragada pelo sol perde colágeno e torna-se mais frouxa e menos elástica. Outras substâncias também começam a ser inadequadamente produzidas, e a pele fica mais seca e desprovida de óleos naturais, vitaminas e até minerais. É possível obter ajuda na forma de cremes e loções que repõem alguns dos componentes que faltam; eles atuam por meio dos lipossomos.

6 Nome químico: 5-hidroxi-2-(hidroxmetil)-4-pirodona; fórmula elementar: $C_6H_6O_4$.

Um hidratante típico contém o seguinte: água (geralmente listada sob seu nome latino de *aqua*), umectantes, substâncias oclusivas, lipossomos, antioxidantes e conservantes. A água está presente porque é dela que sua pele sempre precisa, e os hidratantes ajudam a retê-la. Hidratantes comuns são a tradicional glicerina, e um mais moderno, o sorbitol. As substâncias oclusivas atuam como uma barreira para impedir a perda de água, e bons oclusores são a lanolina, que provém da lã virgem de carneiro, e a geléia, que provém das refinarias de petróleo e é mais conhecida sob o nome de vaselina.

Os lipossomos são a maneira preferida de levar moléculas aos estratos abaixo da superfície da pele, sobretudo o inferior à camada córnea. Eles são esferas minúsculas que contêm um ingrediente ativo que os conduzem para o lugar em que é necessário, em especial as partes da epiderme em que, de outro modo, o ingrediente não poderia penetrar. Dessa maneira, torna-se possível levar anestésicos, vitaminas, hormônios e esteróides às camadas inferiores da pele. Os lipossomos têm uma camada exterior de moléculas fosfolipídicas do tipo que forma as membranas das células de nosso corpo. O fosfolipídio consiste numa molécula de glicerina a que estão ligados dois ácidos graxos de cadeia longa e um grupo fosfato. Um grupo colina, que tem um nitrogênio positivo como parte de sua estrutura, está também ligado ao fosfato, que carrega um átomo de oxigênio negativamente carregado. Esses átomos carregados dão ao fosfolipídio a capacidade de interagir para formar uma película de material no interior da qual eles se encontram; do lado de fora estão os ácidos graxos; forma-se assim uma membrana impermeável de cerca de 4nm de espessura. O fosfolipídio mais bem conhecido é a lecitina, produzida em grande escala por plantas e animais, e extraída da gema do ovo e dos grãos da soja. É amplamente usada na indústria alimentar.

Os lipossomos são gotículas em nanoescala que têm tipicamente 100nm (isto é, cem bilionésimos de metro) de diâmetro, sendo portanto invisíveis a olho nu, embora cada um transporte bilhões de moléculas do agente ativo. Eles penetram pelas camadas superficiais da pele e depois liberam os agentes ativos através de sua membrana de maneira lenta, ou rápida, se a membrana estiver rompida, e são ideais para transportar materiais de difícil dissolução para os locais onde são necessários.

A capacidade que têm os lipossomos de capturar moléculas e íons foi relatada pela primeira vez por Alec Bangham do Instituto de Fisiologia Animal, em Babraham, perto de Cambridge, na Inglaterra, no início da década de 1960. De fato, os lipossomos tornaram-se modelos científicos para membranas celulares. São entidades notavelmente estáveis e ideais para conter outras substâncias químicas. Fosfolipídios podem arranjar-se em esferas cujo diâmetro varia de 20nm a 100 mícrons, isto é, cinco mil vezes mais. Os menores são por vezes chamados nanossomos.

Produzem-se lipossomos evaporando uma solução do lipídio num solvente, como clorofórmio e metanol, para formar uma película. Em seguida, quando é posta na água e vigorosamente agitado, a película se dilata e rompe-se, e os fragmentos enrolam-se em esferas que capturam as moléculas desejadas em seu interior. É possível ajustar as esferas ao tamanho desejado bombardeando-as com ultra-som, ou forçando-as sob alta pressão a passar por minúsculos poros, transformando assim os lipossomos maiores em esferas menores.

A indústria cosmética faz seus lipossomos mais com lipídios não carregados do que com fosfolipídios naturais. Chamados lipídios "não-polares", eles são dissolvidos em etanol e homogeneizados antes de serem filtrados através de poros de tamanho decrescente até ficarem com cerca de 200nm de diâmetro, o tamanho ideal para a penetração na pele.

Mesmo que levassem apenas água aos estratos inferiores, os lipossomos já produziriam benefícios notáveis, hidratando a pele e tornando-a assim menos seca e mais elástica. Se transportarem vitaminas antioxidantes como A, C e E, tanto melhor, porque elas neutralizam os radicais livres que são considerados particularmente prejudiciais. Entre elas, foi a vitamina A (também chamada retinol) que recebeu mais atenção como agente anti-rugas, e é realmente capaz de fazer a pele parecer mais jovem reduzindo rugas grandes, manchas escuras e asperezas.

No passado, moléculas relacionadas com a vitamina A, como a tretinoína, foram usadas com algum sucesso no tratamento da acne, e agora são mais amplamente empregadas para adiar o envelhecimento da pele. A tretinoína foi introduzida na década de 1970 como o tratamento-padrão para a acne, mas os que o utilizaram observaram que também promovia o desaparecimento de rugas. Há versões para venda livre nas farmácias, e elas geralmente fazem manchas senis e as rugas desaparecerem após dois meses e reduzem-nas significativamente após seis meses. Os benefícios da tretinoína, que atua estimulando a produção de colágeno e evitando que ele seja destruído, podem durar vários anos.

Naturalmente os lipossomos atraíram a atenção dos químicos de cosmética das grandes companhias, que introduziram fórmulas antienvelhecimento da pele com lipossomos em 1987. De início, eram produtos exclusivos e muito caros, mas logo juntaram-se a eles outros competidores, que foram capazes de estender os benefícios dos lipossomos aos que compram cosméticos em supermercados.

Os preços não são bons indicadores da eficácia...

Em 2001, a revista *Which?* do Reino Unido, dedicada aos consumidores, promoveu um levantamento no intuito de verificar se os hidratantes melhoravam a textura da pele. Participaram 32 mulheres, com idades entre 25 e 54 anos, e todas elas experimentaram 12 produtos, cada qual por um período de cinco dias. A conclusão desse teste um tanto limitado foi que os produtos geralmente de fato melhoravam a pele, embora houvesse pouca relação entre sua eficácia e o custo. Um frasco típico de hidratante contém 50 ml e seus preços variam de 3 a 26 libras (cerca de 6 a 52 reais). Os mais apontados como os melhores foram o mais barato, um produto de preço intermediário, e um dos mais caros. Nem é preciso dizer que os ingredientes desses produtos raramente justificam um preço elevado, embora a intensa propaganda e as embalagens caras talvez o façam.

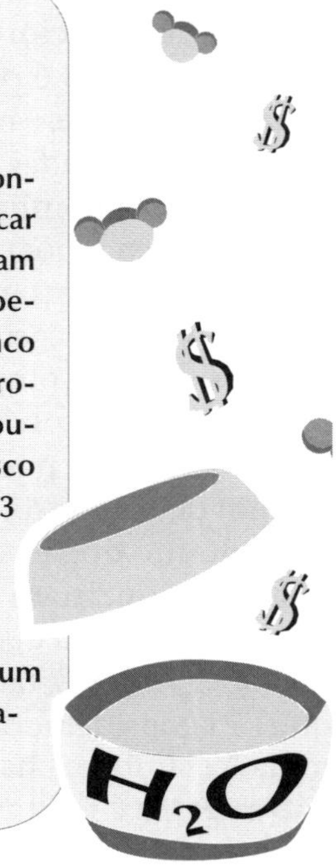

... nem noções populares infundadas

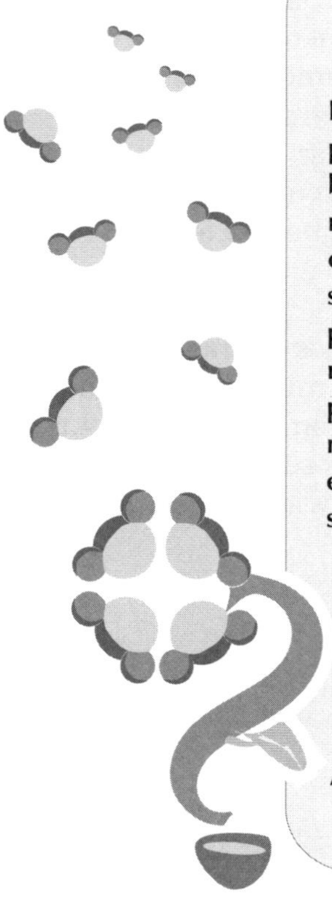

Existem aqueles que combatem tudo que é químico como potencialmente perigoso, ao mesmo tempo que exaltam os benefícios de todas as coisas que qualificam como naturais, querendo dizer com isso que elas provêm de uma fonte biológica, como uma planta. Quimicamente, essa diferença é irrelevante, e sua pele é indiferente à fonte dos cremes e loções que você usa para rejuvenescê-la ou protegê-la. Sob alguns aspectos, os materiais provenientes da indústria química tendem a ser melhores porque têm qualidade controlada e são isentos de traços de materiais estranhos dos quais você poderia ser alérgico. Por exemplo, a borracha natural contém enzimas a que algumas pessoas são particularmente sensíveis, e esta é a razão por que as luvas dos cirurgiões são feitas atualmente de látex artificial. Seja como for, a moda hoje é preferir produtos que afirmam conter somente "ingredientes naturais" e pagar muito mais por ele. De fato, embora ele possa afirmar ser "natural", muitas vezes isso significa que os ingredientes podem ser encontrados na natureza, não que provenham realmente dessa fonte. A maior parte deles vem da indústria química.

Capítulo 2

Vitalidade: tema para reflexão

No mundo de hoje, as pessoas sabem que morrerão mais provavelmente de uma doença cardíaca ou de câncer, e em conseqüência disso estão dispostas a seguir conselhos que lhes permitam evitá-los. Talvez um dia essas doenças tornem-se coisa do passado, ou pelo menos uma raridade, como tantas outras que afligiram nossos pais e avós. Até lá, o melhor que temos a fazer é ouvir o conselho dos que defendem medidas preventivas, e estas em geral exigem que mudemos nossos estilos de vida: parar de fumar, fazer exercícios diários e comer de maneira mais sensata. Para muitos, o caminho mais fácil é uma mudança da alimentação, e há inúmeros nutricionistas prontos a oferecer conselhos bem fundamentados, como emagrecer se você tem excesso de peso, e comer mais frutas e verduras.

Pode a visita da implacável ceifeira ser realmente adiada por mudanças em nossa dieta? A resposta parece ser sim, e neste capítulo examinaremos três coisas que tiveram muita publicidade nos últimos anos: algo que somos aconselhados a ingerir em menor quantidade, algo que deveríamos ingerir em maior quantidade e algo que dizem que deveríamos evitar por completo. A primeira dessas coisas é a gordura, a segunda é a vitamina C, e a terceira, a ser totalmente evitada, é o nitrato. Vamos considerá-las sobretudo do ponto de vista da química, porque, digam o que disserem sobre esses ingredientes de nossa alimentação, todos eles são substâncias químicas. As mensagens simples que a maioria das pessoas assimilou sobre eles são as seguintes: as gorduras, principalmente as saturadas e as trans, causam doenças cardíacas; a vitamina C é um antioxidante, capaz de evitar o câncer (talvez até curá-lo). Estas mensagens, no entanto, são bastante simplistas, e em parte surpreendentemente errôneas.

Revelações sobre nossos alimentos resultaram em melhorias da saúde humana e, na primeira metade do século XX, fizeram-se muitas descobertas sobre as coisas que comemos, como a necessidade das várias vitaminas. Na segunda metade desse século houve novas revelações, embora estas tenham sido muitas vezes menos bem pesquisadas. Assim, tivemos livros defendendo dietas ricas em zinco, magnésio, selênio, germânio aminoácidos, e as ubíquas fibras. Outros livros advertiram contra componentes perigosos, como gorduras insaturadas, açúcar, sal, glutamato monossódico, resíduos de pesticidas e colesterol. Alguns desses conselhos de fato mereciam ser levados a sério, mas outros eram inúteis.

Gerações anteriores estavam presas ao ciclo das estações, com abundância de alimentos após a colheita, no outono, e escassez na primavera. Podiam ter uma dieta "natural" e "orgânica", mas sabemos por seus restos que levavam vidas pouco saudáveis. Como não é de surpreender, sofriam de doenças de carência, como escorbuto por falta de vitamina C e raquitismo por falta de vitamina D. Os avanços na ciência dos alimentos no século XX puseram fim a esse tipo de desnutrição, embora os dietistas continuem recebendo casos de raquitismo para tratamento mesmo nas sociedades ocidentais.

O corpo humano é basicamente uma usina de processamento químico, que ingere matérias-primas e converte-as em milhares de produtos, fazendo reservas de material que não pode usar imediatamente, mas que será útil se houver escassez de alimentos, e descartando aquilo que não pode mais utilizar junto com outros resíduos. As principais matérias-primas de que a fábrica do corpo precisa são carboidrato, gordura e proteína, mas elas não são suficientes; a fábrica precisa também de quantidades moderadas de alguns metais, como sódio, potássio e cálcio, e pequenas quantidades de muitos outros, como ferro, zinco e magnésio. Mas nem estes são suficientes; temos ainda necessidade de várias vitaminas e de quantidades mínimas de elementos. Por fim, para assegurar que nossos intestinos funcionem facilmente, precisamos ingerir muita água e fibras, que consistem em materiais vegetais indigeríveis, como celulose.

É inútil fazer mudanças em sua alimentação se você não compreende o que está se passando; é mais ou menos como tentar encaixar as peças de um quebra-cabeça no escuro. Contudo, a chave para uma alimentação bem-sucedida é a química, e nada ilustra isso melhor que a energia. A energia como tal não é um nutriente, mas é da energia contida nos alimentos que nosso corpo precisa para nos manter aquecidos, em movimento e pensando. É a reação dos componentes dos alimentos com o oxigênio que libera energia, e nós liberamos dentro de nosso corpo a mesma quantidade de energia que produziríamos queimando o alimento com fogo. Os componentes que podem liberar energia dessa maneira são: os carboidratos (que liberam quatro calorias por grama) o álcool (que libera sete calorias por grama), e as gorduras e óleos (que liberam nove calorias por grama).[1] A parte de celulose da fibra também é um carboidrato, quimicamente semelhante a algodão ou papel, que também libera quatro calorias de energia por grama se for queimada. Mas nosso corpo não é capaz de liberar essa energia porque não possuímos as enzimas capazes de decompor as moléculas de glicose de que ela é feita.

Elucidação dos fatos

As gorduras e os óleos são qualificados de várias maneiras, como saturados, monoinsaturados, poliinsaturados, ômega-3, ômega-6, trans e ALC. Todos esses termos relacionam-se a apenas um tipo de ligação química, a ligação dupla. Compreendendo-se essa simples ligação, tudo fica claro.

"Gordura" é uma palavra feia, e qualificar uma pessoa de "gorda" é quase um insulto. Mesmo quando falamos sobre os alimentos, "gordo" continua tendo conotações de reprovação, porque sabemos que comer muita comida gorda pode nos engordar. Mas as coisas não param por aí, e chega-se mesmo a afirmar que alguns tipos de gordura, a saber, as saturadas e as trans, ameaçam nossa saúde.

Apesar de tudo que se fala sobre as gorduras dietéticas e do que elas fazem conosco, há pouca compreensão do que são quimicamente e de como agem no corpo. Muitas pessoas parecem pensar que a gordura que comem torna-se imediatamente parte de sua gordura corporal, mas antes de ser absorvida pelo corpo ela deve ser digerida no intestino, isto é, decomposta em seus componentes moleculares. Estes são apenas uma série de moléculas menores que o corpo pode usar das mais variadas maneiras, principalmente para extrair energia, mas também para fazer

1 Uma caloria é o calor necessário para elevar a temperatura de um grama de água em 1°; como esta é uma quantidade pequena demais para ser útil quando se fala do corpo humano, dizemos em quilocaloria, que é o calor necessário para elevar a temperatura de um quilo de água em 1°. Em geral usa-se apenas a palavra caloria para designar quilocaloria, e é o que fazemos aqui.

novas moléculas. O problema é a quantidade de energia que as gorduras podem liberar. Um corpo com excesso de energia alimentar começa a fabricar sua própria gordura corporal e a armazena em toda a parte, sobretudo naquelas em que mais chamará atenção.

A maneira óbvia de evitar engordar é comer menor quantidade dos alimentos altamente energéticos, e pode-se fazer isso ingerindo maior

O duelo das margarinas

Em 2001, a agência regulamentada da publicidade (ASA, sigla em inglês) do Reino Unido, que controla a veracidade das propagandas, emitiu um parecer sobre um tipo de margarina. Ela havia sido lançada em 1999 com a afirmação de que podia reduzir os níveis de colesterol no sangue numa média de 14%, sobretudo o colesterol associado às lipoproteínas de baixa densidade (LDL), que é o tipo perigoso. Alguns pensaram que valia a pena pagar muito por isso, e essa margarina viu-se em condições de cobrar de seus consumidores três vezes o preço das margarinas comuns.

Os fabricantes competidores queixaram-se à ASA de que os anúncios da margarina eram enganosos. A ASA concordou. O que os anúncios deixavam de mencionar era que os 14% de redução exigiam que uma pessoa comesse 32g por dia (em geral ingerem-se apenas 20g por dia de produtos desse tipo) e ter entre 50 e 59 anos. Testes haviam mostrado que pessoas mais jovens teriam uma redução muito menor do colesterol. A ASA ordenou ao fabricante parar de veicular esses anúncios.

Mas a história sofreu uma reviravolta. A ASA pronunciou-se também sobre as outras margarinas e as afirmações que seus fabricantes vinham fazendo. Eles diziam que comer 20g por dia de seu próprio produto (também mais caro que os comuns) permitiria uma redução de 10 a 15% do colesterol perigoso em três semanas. Embora essa fosse uma afirmação mais realista, também foi contestada pela ASA, que declarou que as pessoas mostradas nos anúncios claramente já tinham um estilo de vida saudável, e o efeito sobre o colesterol delas teria sido muito menor; aquela propaganda, portanto, também era enganosa.

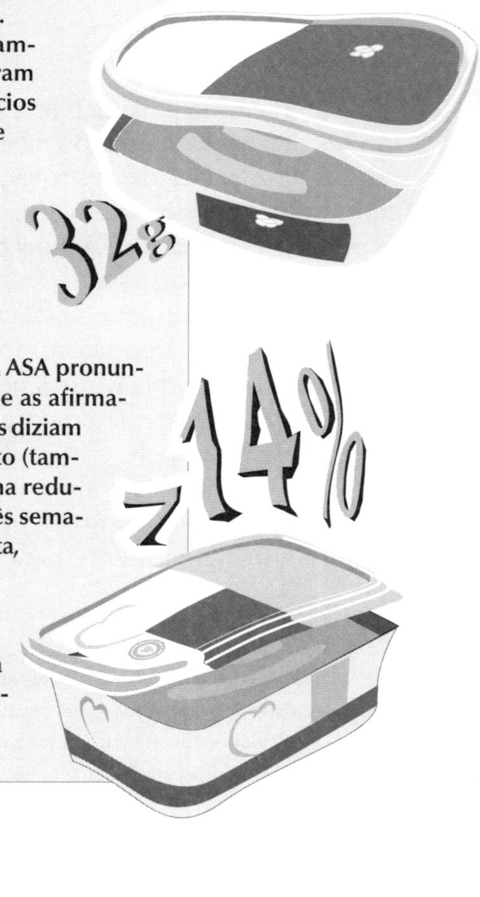

quantidade daqueles que contêm pouca gordura. Os fabricantes estão perfeitamente dispostos a fornecer esses alimentos, como mostram as prateleiras dos supermercados, e fazem até margarinas à base de gordura, mas que teriam, segundo seus rótulos, "calorias reduzidas" ou mesmo "baixo teor de gordura". A razão é que contêm muita água, mas mesmo assim parecem gordas porque a água é mantida suspensa na gordura pelo acréscimo de agentes emulsificantes. Essas margarinas normalmente contêm cerca de 40% de gordura, e as de teor de gordura muito reduzido não contém mais que cerca de 25%. Bastante curiosamente, os produtores de óleos vegetais gozaram de publicidade favorável durante muitos anos, embora esses produtos tenham alto teor de gorduras integrais. É verdade que nem sempre as coisas correram lá muito bem, como mostra o boxe.

A pessoa média ingere comida gordurosa demais: consome cerca de 100g de gordura por dia, que fornecem 900 calorias, quando poderia se arranjar com apenas dez gramas, que forneceriam somente 90 calorias, embora isso talvez não garantisse uma ingestão adequada de vitaminas solúveis em gordura e óleos essenciais. (Em geral, demandam-se 25 gramas, quantidade que forneceria 225 calorias.) A gordura que ingerimos em geral vem das seguintes origens: produtos de carne respondem por 25%; bolos, biscoitos, bolachas e doces por 20%; pastas, 15%; leite e laticínios como queijo e iogurte, 15%; vegetais, 10% (destes, batatas fritas representam a maior parte); peixe, 5%; ovos, 5%; o restante vem de coisas como castanhas e molhos.

Os nutricionistas nos aconselham a comer menos gordura, e claramente a maneira mais fácil de fazê-lo é reduzir o consumo de produtos de carne,[2] bolos, biscoitos e frituras. Quando possível, deveríamos comer peixe em vez de carne e usar margarinas com baixo teor de gordura. Esses sacrifícios não precisam ser terríveis; em termos de prazer, você perderá pouco, mas poderá perder algum peso, e talvez isso seja em si mesmo a melhor maneira de prolongar sua vida e melhorar a qualidade dela. Não podemos, no entanto, exigir uma dieta inteiramente livre de gorduras, porque algumas vitaminas só ocorrem nelas, a saber, as vitaminas solúveis em gordura A, D, E e K. Das gorduras que comemos, o ideal seria que as insaturadas fossem o dobro das saturadas. Os alimentos com maior teor de gor-

2 Os dietistas dizem também que é melhor comer peixes gordurosos, como cavalinha, arenque, salmão e truta. O consumo mínimo de peixe sugerido por autoridades em alimentação são duas porções por semana, uma das quais deveria ser de peixe gorduroso.

duras insaturadas são os óleos vegetais, como os de oliva, girassol, milho, colza, soja e alguns óleos de castanhas (mas não óleo de coco, o mais saturado de todos). Os alimentos com maior teor de gorduras saturadas são os laticínios, sebo e gordura de carne bovina.

Óleos e gorduras são o mesmo tipo de substância química: ácidos graxos derivados de glicerina, conhecidos como triglicerídios. Os triglicerídios são também chamados lipídios, mas em geral nos referimos a eles como gorduras ou óleos. Na realidade, o fato de algo ser gordura sólida ou óleo líquido depende do ponto de fusão do triglicerídio. A estrutura molecular de um triglicerídio é bastante parecida com uma letra "E" maiúscula com os traços horizontais alongados. O traço vertical do E representa a molécula glicerina e os traços horizontais são os ácidos graxos; eles é que são qualificados como insaturados, monoinsaturados, poliinsaturados, trans, ômega-3, ômega-6 e ácido linoléico conjugado (ALC).

Os triglicerídios presentes nos alimentos contêm vários tipos de ácido graxo: um ovo de galinha, por exemplo, contém 11% de gordura, 3% da qual saturados, 4,5% monoinsaturados e 3,5% poliinsaturados. Do conteúdo de ácidos graxos poliinsaturados, 1,6% é ômega-6 e 1% é ômegra-3. Ácidos graxos trans correspondem a mero 0,1% e ALC a menos ainda. Os ovos têm a mesma composição de gorduras, quer sejam postos por galinhas criadas em granja ou soltas.

Todos os termos químicos usados para descrever os ácidos graxos relacionam-se com o conceito de ligação dupla carbono-com-carbono; se isso for compreendido, tudo ficará claro. Mas primeiro consideremos os ácidos graxos que não têm ligações duplas, os ácidos graxos saturados.

Os ácidos graxos consistem numa cadeia de átomos de carbono, disposta de tal modo que o carbono que está numa extremidade faz parte de um grupo ácido; este é um grupo ácido carboxílico, CO_2H. Num ácido graxo saturado, todos os outros carbonos ao longo da cadeia têm dois átomos de hidrogênio ligados (o que é representado em fórmulas químicas como $CH_2—CH_2$, com um traço único mostrando uma ligação simples). As cadeias quase sempre têm um número par de átomos de carbono, sendo que o ácido palmítico, com 16 carbonos, e o ácido esteárico, com 18, são as mais comuns. Os nomes dos ácidos graxos saturados encontrados nos alimentos são os seguintes:

Ácidos graxos saturados presentes em alimentos

Nome comum[3]	Número de átomos de carbono na cadeia
Ácido butírico	4
Ácido capróico	6
Ácido caprílico	8
Ácido cáprico	10
Ácido láurico	12
Ácido mirístico	14
Ácido palmítico	16
Ácido esteárico	18

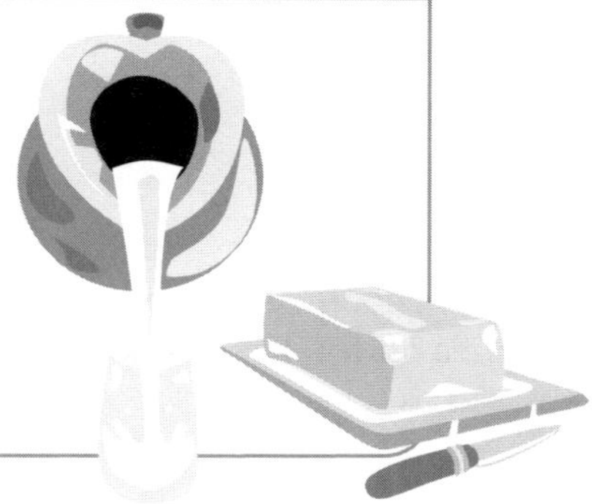

Há ácidos graxos saturados com cadeias ainda maiores, mas estas não desempenham nenhum papel na química dos alimentos, e há alguns com um número ímpar de átomos de carbono, mas são raros, embora não desconhecidos. Por exemplo, há traços de ácido pentadecanóico, com 15 carbonos, e heptadecanóico, com 17 carbonos, no leite e em alguns óleos vegetais, ao passo que o ácido valérico (cinco carbonos) e o ácido enântico (sete carbonos) fazem parte dos odores característicos de alimentos como os queijos, nos quais são formados por microrganismos.

As gorduras saturadas geralmente são sólidas porque as cadeias tendem a se alinhar muito bem umas com as outras, comprimindo-se melhor como moléculas, e é isso que eleva seu ponto de fusão. Por outro lado, se uma ou mais cadeias de ácidos graxos forem insaturadas, a compactação torna-se desigual, os pontos de fusão diminuem, e o resultado é um óleo em condições normais de temperatura.

Quando removemos um átomo de hidrogênio de cada um de dois átomos de carbono vizinhos numa cadeia de ácidos graxos saturados, ficamos com uma ligação dupla carbono-com-carbono; a cadeia torna-se "insaturada" nesse ponto porque tem menos átomos de hidrogênio do que é teoricamente possível. Os químicos representam uma ligação dupla assim: CH=CH. As ligações que os dois carbonos formavam anteriormente para se separarem dos átomos de hidrogênio agora formam uma segunda ligação entre eles. Os ácidos graxos insaturados mais comuns nos alimentos são o oléico e o linoléico, ambos com 18 átomos

3 Estes são os nomes comuns para os ácidos, estabelecidos por longo uso, mas eles têm também nomes químicos mais sistemáticos, baseados no número de átomos de carbono na cadeia; por exemplo, o ácido palmítico é o ácido hexadecanóico (de hexa = 6 e deca = 10), e o ácido esteárico é o ácido octadecanóico (de octa = 8 e deca = 10).

de carbono. Eles diferem entre si porque o primeiro tem uma ligação dupla, e o segundo, duas; em outras palavras, um é *mono*insaturado (*mono* é a palavra grega para "único"), e o outro, *poli*insaturado (*poli* é a palavra grega para "muitos").

Ácidos graxos monoinsaturados

Os ácidos encontrados nos alimentos, junto com sua designação ômega, que indica onde a ligação dupla se situa ao longo da cadeia de hidrocarbonetos, são os seguintes:

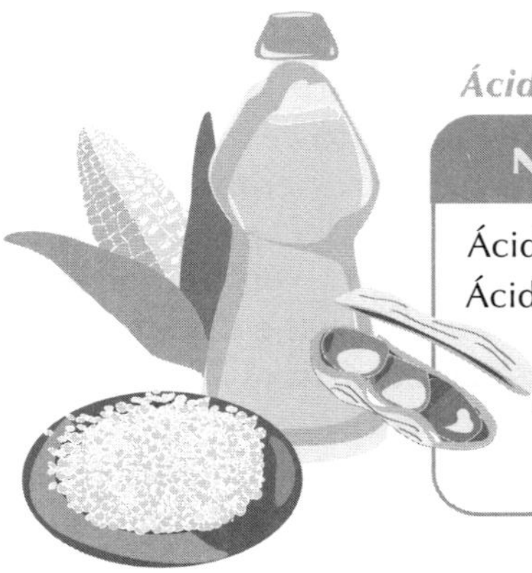

Ácidos graxos monoinsaturados nos alimentos

Nome comum	Número de carbonos	Designação ômega
Ácido miristotélico	**14**	**ômega-5**
Ácido palmitoléico	**16**	**ômega-7**
Ácido oléico	**18**	**ômega-9**
Ácido elaídico	**18**	**ômega-9**
Ácido erúcico	**22**	**ômega-9**

Na notação ômega, os átomos de carbono são numerados a partir do carbono mais distante do grupo ácido; em outras palavras, o último carbono da cadeia (ômega é a última letra do alfabeto grego). Assim, o ácido oléico, que é um óleo ômega-9 e o mais comum, tem sua ligação dupla entre os carbonos 9 e 10. Como foi mencionado antes, há também ácidos graxos ômega-3 e ômega-6, mas eles são poliinsaturados e serão discutidos mais detalhadamente adiante.

Em teoria, a ligação dupla de um ácido graxo com uma cadeia de 18 carbonos, como o ácido oléico, poderia estar entre qualquer par de átomos de carbono, mas a natureza produz apenas uma variedade, o ácido oléico ômega-9, que ocorre em produtos como o óleo de oliva (do qual constitui 75%), o de colza (63%) e o de amendoim (55%). Até toucinho contém 43% de ácido oléico ômega-9.

Nem todos os óleos monoinsaturados são considerados saudáveis; o ácido erúcico é um que deve ser evitado, embora tenha seus defensores. O óleo de semente de colza contém nada menos que 25% de ácido erúcico e, quando se ministram altos níveis desse óleo a ratos, eles desenvolvem

O óleo de Lorenzo

O filme de 1992 com este título foi dirigido por George Miller e estrelado por Nick Nolte, Susan Sarandon e Peter Ustinov. Nolte e Sarandon foram indicados ao Oscar por seus desempenhos. O filme baseava-se na história real de um garoto, Lorenzo Odone, que desenvolve uma adrenoleucodistrofia (ALD), é confinado ao leito e fica cego e sujeito a convulsões. A ALD é uma doença genética que impede o corpo de lidar corretamente com ácidos graxos de cadeias muito longas, e resulta em dano para a bainha de mielina que envolve e isola as células nervosas no cérebro, impedindo-o de processar informações adequadamente. A doença afeta apenas meninos, e o gene defeituoso é transmitido pela mãe.

Os pais de Lorenzo, Augusto e Michaela Odone, recusaram-se a aceitar que nada podesse ser feito por ele, e a mãe, em especial, devotou a vida ao seu cuidado e tratamento, tornando-se uma especialista na doença. Um sintoma dos que sofrem de ALD é um alto nível de ácidos graxos saturados de cadeias muito longas no sangue. Poderiam eles ser realmente a causa da doença? Seus pais pensavam que sim, e acreditavam que o filho se beneficiaria se recebesse grandes quantidades de um ácido fático insaturado de cadeia muito longa. Para esse fim, escolheram o ácido erúcico, e conseguiram obtê-lo da companhia química Croda, com sede em Hull, na Inglaterra. Um dos químicos da fábrica, Don Suddaby, aceitou o desafio de extrair esse óleo.

Quando Lorenzo ingeriu o ácido erúcico, a quantidade de ácidos saturados de cadeia muito longa em seu sangue caiu a níveis normais. Mas foi uma falsa esperança. No momento em que o filme foi lançado, várias pessoas já haviam feito o teste com muitos outros meninos com ALD e sabiam que o tratamento com ácido erúcico era ineficaz. À maneira característica de Hollywood, o filme termina com indícios de que Lorenzo poderia estar respondendo ao tratamento, mas, ao dar destaque à doença do menino, pode ter contribuído para aumentar o conhecimento público acerca de uma doença genética que atinge um menino em 25 mil. Infelizmente, o Lorenzo da vida real não teve nenhuma melhora espetacular da ALD e continuou confinado ao leito e sem esperança até os vinte e poucos anos.

distúrbios em seu metabolismo dos lipídios. A implicação é que seres humanos também poderiam ser afetados, e um programa intensivo de reprodução vegetal foi iniciado para produzir óleo de colza com baixo teor de ácido erúcico. O programa foi bem-sucedido, e o óleo de colza destinado ao consumo humano contém menos de 2% de ácido erúcido — esse óleo é conhecido como óleo de canola. O óleo de "canola" — nome que é a sigla de Canadian oil low acid — pode conter não mais que 0,5% de ácido erúcico. O óleo de colza para usos industriais, como lubrificante e fluido hidráulico ainda consiste em variedade com elevado teor de ácido erúcico, o que é essencial para que atue como um lubrificante em alta temperatura.

É possível, contudo, que o ácido erúcico não seja tão perigoso para seres humanos como sugerem os testes com animais, sobretudo porque é muito improvável que o consumamos em níveis próximos aos que foram ministrados aos infelizes roedores. Na verdade, em alguns casos uma dieta rica em ácido erúcico foi usada como forma de tratamento médico, e ganhou grande projeção graças a um filme famoso, *O óleo de Lorenzo*

Em geral, no entanto, a tendência ainda é produzir óleo de colza sem ácido erúcico, o que poderia ser obtido mediante modificação genética. Os cultivares de canola foram desenvolvidos para crescer no Canadá, e não florescem em alguns países do mundo. Na Índia, onde a semente de colza é o segundo produto agrícola mais importante para a extração de óleo, os cientistas adotaram uma abordagem diferente. Em 1998 os biotecnólogos indianos A. Agnihotri e N. Kaushik desenvolveram por engenharia genética uma variedade de colza que não contém ácido erúcico. Seu óleo tem sobretudo ácidos oléico e linoléico, presentes num nível duas vezes maior que na colza normal.

Ácidos graxos poliinsaturados

Quando há mais de uma ligação dupla numa cadeia de ácido graxo, diz-se que ele é poliinsaturado; os dois ácidos mais comuns desse tipo são o linoléico, com 18 carbonos e duas ligações duplas (entre os carbonos 6 e 7, e 9 e 10), e o ácido linolênico, também com 18 carbonos mas com *três* ligações duplas (entre os carbonos 3 e 4, 6 e 7, e 9 e 10). No que diz respeito ao nosso corpo, a primeira ligação dupla ao longo da cadeia é a mais importante; é por isso que os nutricionistas falam de ácidos graxos ômega-3 e ômega-6, sendo o ácido linolênico do primeiro tipo, e o linoléico do segundo.[4] Os ácidos fáticos poliinsaturados comuns são:

4 Os leitores provavelmente notarão a estreita semelhança entre as palavras linoléico e linolênico, mas elas designam ácidos graxos muito diferentes.

Ácidos fáticos poliinsaturados nos alimentos

Nome comum	Número de carbonos	Nº de ligações duplas na cadeia	Designação ômega
Linoléico	18	2	ômega-6
Linolênico	18	3	ômega-3
Araquidônico	20	4	ômega-6
EPA (eicosapentaenóico)	20	5	ômega-3
DHA (decosahexaenócio)	22	6	ômega-3

As gorduras poliinsaturadas têm uma desvantagem inerente às ligações duplas. Enquanto as gorduras saturadas resistem à oxidação, as ligações duplas das gorduras insaturadas as tornam suscetíveis a ela. Não que este seja um processo rápido, mas o perigo está sempre lá, e, por essa razão, é preciso tomar precauções para assegurar que isso não ocorra, porque tornaria o óleo ou o alimento rançosos. A oxidação pode até produzir uma "pele" sólida sobre um óleo, como costumava ocorrer com tintas e vernizes quando eram feitos à base de óleo de linhaça, composto em 95% de ácidos graxos insaturados.

Os mesmos processos oxidativos ocorrem no corpo, o que poderia explicar por que animais que têm vidas longas tendem a ter mais gorduras saturadas, pois isso reduz danos oxidativos e o estresse. Em 1998, Reinald Pamplona e colegas, na Universidade de Lleida, na Espanha, publicaram suas pesquisas sobre os ácidos graxos presentes no fígado dos animais. Descobriram uma relação entre o tempo de vida máximo de um animal e a quantidade de ácido graxo saturado nas células de seu fígado. Quanto mais longa a vida de um animal, mais saturados eram os ácidos graxos em sua carne. Nós, seres humanos, somos criaturas de vida longa e conseqüentemente deve-se esperar que tenhamos um nível elevado de gorduras saturadas em nossa carne; isso não é intrinsecamente nocivo. Na verdade, se essa teoria estiver correta, é um benefício.

Cada molécula de triglicerídio contém três ácidos graxos, que podem ser todos iguais ou todos diferentes. De fato, não se trata de escolhas e combinações simples, e é possível (em teoria) haver milhares de triglicerídios diferentes. A natureza contenta-se com um pequeno número deles; por exemplo, óleo de oliva é principalmente oléico-oléico-oléico (O-O-O), embora 15 diferentes triglicerídios tenham sido identificados nele. O óleo de soja e o de girassol, por outro lado, têm muito pouco oléico-oléico-oléico; seus principais óleos são linoléico-linoléico-linoléico (L-L-L) e linoléico-linoléico-oléico (L-L-O). Ao todo, o óleo de soja tem cerca de 14 triglicerídios diferentes, ao passo que o de girassol tem 20 ou mais.

A análise do toucinho, que é um produto da gordura do porco, mostra que é composto sobretudo de gorduras insaturadas, ao contrário do que pensa a maioria das pessoas, que supõe que, por ser sólido e de origem animal, deve ser principalmente gordura saturada. O toucinho é muito usado para cozinhar. Sua composição molecular mostra que se compõe em 18% de oléico-palmítico-oléico (O-P-O), com 13% de esteárico-palmítico-oléico (S-P-O) e 12% de O-O-O; mais de 30 outras combinações respondem pelo restante.

Alguns triglicerídios são feitos predominantemente de uma única variedade, que na manteiga de cacau é S-P-O. É por causa dessa composição que o chocolate se derrete numa faixa de temperatura relativamente baixa, correspondente à do interior da boca humana.

Ácidos graxos essenciais

Pesquisas feitas com ratos no início do século XX mostraram definitivamente que há dois ácidos graxos que não podem ser eliminados da dieta, sob pena de os animais sofrerem uma série de distúrbios. Eles são necessários para a produção de um grupo de substâncias químicas conhecidas como prostaglandinas, consideradas "essenciais"; em outras palavras, elas devem ser parte da alimentação porque não podem ser sintetizadas de maneira alguma dentro do corpo de um animal. O corpo humano é capaz de produzir todos os ácidos graxos saturados e monoinsaturados de que precisa a partir de outros componentes da dieta, a saber, carboidratos, álcool e até proteínas. Não é capaz, no entanto, de produzir os ácidos graxos ômega-3 e ômega-6, que são necessários para nossos processos metabólicos. Em particular, precisamos deles para gerar ácido araquidônico, fonte de muitas outras substâncias químicas envolvidas nas defesas do corpo, como na coagulação do sangue, além de serem responsáveis pela inflamação local que alerta o corpo para lesões de tecidos.

Como outros animais, o ser humano é capaz de sintetizar ácidos graxos de até 18 carbonos de comprimento, e pode mesmo sintetizar ácidos graxos insaturados removendo átomos de hidrogênio das cadeias saturadas, mas só pode fazer isso em certos pontos ao longo da cadeia. Assim, embora sejamos capazes de converter ácido esteárico em ácido oléico pela remoção de átomos de hidrogênio nos carbonos 8 e 9, não conseguimos convertê-lo em ácido linoléico (ômega-6) removendo átomos de hidrogênio nos carbonos 6 e 7; é por isso que o ácido linoléico é um dos considerados essenciais. O mesmo pode ser dito dos ácidos graxos ômega-3, e isso significa que precisamos de fontes externas para que nosso corpo funcione apropriadamente.

O livro *The Omega 3 Phenomenon: The Nutrition Breakthrough of the '80s*, da autoria de Donald Rudin, Clara Felix e Constance Schrader (publicado em 1987), baseou-se na teoria de que as dietas atuais eram deficientes em ácidos graxos essenciais e afirmou que essa carência era a causa de muitos problemas de saúde contemporâneos. Segundo Rudin, os ácidos graxos regulam praticamente todas as funções do corpo humano, em especial os óleos ômega-3. Era preciso reintroduzi-los em nossa alimentação, pois promoveriam o desaparecimento de grande número de males: cardiopatias, artrite, problemas de pele, distúrbios alérgicos, envelhecimento, problemas de comportamento em crianças, doenças mentais como a esquizofrenia e a agorafobia (medo de lugares abertos), diabetes e, claro, várias formas de câncer. Parecia bom demais para ser verdade, e era. Apesar disso, a mensagem subjacente do livro tinha fundamentos: em outras palavras, os ácidos graxos essenciais devem ser sempre uma parte importante de nossa dieta.

Que alimentos são ricos em óleos ômega-6 e ômega-3? Óleo de peixe é uma resposta, e em particular do arenque, cavalinha, salmão e truta. Os ácidos graxos ômega-3 são produzidos nas algas e passam ao longo da cadeia alimentar marinha até chegar aos peixes e por fim ao homem. Os esquimós, embora provavelmente tivessem uma alimentação mais rica em gordura que a de qualquer grupo humano, na prática não apresentavam doenças cardíacas, e afirmou-se que isso se devia a sua elevada ingestão de ácidos graxos essenciais. *Ipso facto*, deveríamos seguir seu exemplo e suplementar nossa dieta com uma fonte de ácidos graxos ômega-6 e ômega-3, como o linoléico e o linolênico, o que se pode fazer facilmente tomando óleo de fígado de bacalhau, óleo de fígado de halibute, óleo de milho ou óleo de enotera.

O óleo de enotera, extraído das sementes de *Oenothera biennis*, é uma rica fonte de ácido linolênico, de que contém cerca de 10%. Esse ácido graxo é ainda mais abundante no óleo da semente da borragem, que contém cerca de 20% dele. O óleo de enotera foi prescrito para o tratamento do eczema — 250mg é uma dose diária típica —, mas testes duplo-cego não confirmaram as hipóteses de que ele alivia os sintomas do estresse pós-menopausa e da artrite reumatóide. Afirmações de que evita a doença cardíaca, a pressão arterial alta e a asma parecem igualmente equivocadas.

A ingestão diária recomendada de ácidos graxos essenciais para um adulto é de cerca de quatro gramas de ácidos fáticos ômega-6 e pelo menos um grama de ômega-3 por dia. Felizmente, eles são abundantes em nossa alimentação. Tanto o ácido linoléico (ômega-6) quanto o linolênico (ômega-3) estão presentes em todo tipo de alimento e são particularmente abundantes em óleos de peixe e óleos vegetais. Sardinhas, arenques, cavalinha e salmão são fontes ricas, assim como os óleos vegetais de soja e colza, e as nozes.

Gordura humana

Somos alimentados com gordura desde o instante em que nascemos, e nosso organismo produz enzimas lipase para digerir os ácidos graxos presentes em nossa comida; para essas enzimas, não importa quão seguros os ácidos graxos possam ser: decompõem todos em seus menores elementos. Eles não são imediatamente armazenados como parte de nossa própria gordura, de modo que comer grande quantidade de ácidos graxos monoinsaturados não significa que eles serão armazenados em nossos próprios depósitos de gordura, modificando sua composição. A gordura humana é constituída da seguinte maneira: ácido oléico, 49%; ácido palmítico, 27%; ácido linoléico, 9%; ácido palmitoléico, 8%, e ácido esteárico, 7%. Isso representa uma proporção de saturados (palmítico, esteárico) para insaturados (oléico, linoléico, palmitoléico) de 34% para 66%; e as gorduras insaturadas consistem em 57% de monoinsaturadas (oléico, palmitoléico) e em 9% de poliinsaturadas (linoléico). Os ácidos ômega-6 correspondem a 9%, ao passo que os ômega-3 estão ausentes.

No início de nossas vidas, não temos nenhum controle sobre a gordura que ingerimos. Após ter filhos, as mulheres produzem leite do peito, que é um alimento completo em si mesmo. Ele fornece cerca de 750 calorias por litro, e um bebê geralmente precisa de cerca desse volume por dia. Sua composição varia ao longo das duas primeiras semanas: o conteúdo de proteína cai pela metade (de 23 para 11 gramas por litro), ao passo que o de carboidrato aumenta (de 57 gramas para 70 gramas de lactose por litro), assim como o conteúdo de gordura (de 30 para 45 gramas por litro). Na verdade, o conteúdo de gordura aumenta enquanto o bebê está mamando, podendo se elevar de meros 10 gramas no início da mamada para 60 gramas por litro no final. A explicação disso está na maneira como o leite é produzido. O que está primeiro no seio é mais pobre em gordura e mais rico em lactose e água, e é isso que o bebê mama primeiro. O leite que vem depois, produzido por células do tecido da parte posterior do seio, é mais rico em gordura, e é ingerido mais tarde.

No leite do peito humano, 50% da gordura é saturada e 50% insaturada. As gorduras saturadas são o ácido palmítico (26%), esteárico (8%), mirístico (8%), láurico (5%) e araquídico (1%), além de traços de outros ácidos. As gorduras monoinsaturadas são ácido oléico (35%) e palmitoléico (3%), enquanto as poliinsaturadas são principalmente o ácido linoléico ômega-6 (10%), com traços de outros. Os ácidos ômega-3 são linolênico e araquidônico, e correspondem respectivamente a 0,9% e 0,6% do conteúdo do leite.

Os leites artificiais para bebês foram aperfeiçoados ao longo dos anos com a adição de ácidos graxos poliinsaturados, a fim de torná-lo mais semelhante ao leite do peito. Uma pesquisa feita no Reino Unido chegou a afirmar ter constatado que crianças criadas com essas fórmulas aperfeiçoadas eram mais inteligentes que as criadas com as fórmulas tradicionais. Parece improvável.

Nos últimos anos, muitos conselhos dietéticos têm sido dados sobre dois tipos de triglicerídios: as gorduras trans e o ácido linoléico conjugado (ALC).

Ácidos graxos trans

A hidrogenação de óleos vegetais transforma-os em gorduras, mas não exatamente do tipo que a natureza prefere. Ainda não se sabe ao certo se esse novo tipo de gordura é nocivo.

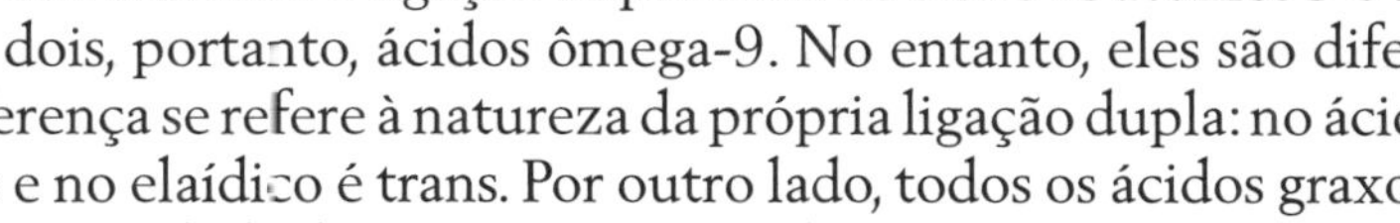

Na tabela dos ácidos graxos monoinsaturados na página **50** há dois ácidos, o oléico e o muito mais raro elaídico, que parecem iguais: ambos têm 18 átomos de carbono e a ligação dupla situa-se entre os átomos 9 e 10, o que faz dos dois, portanto, ácidos ômega-9. No entanto, eles são diferentes, e essa diferença se refere à natureza da própria ligação dupla: no ácido oléico ela é cis e no elaídico é trans. Por outro lado, todos os ácidos graxos poliinsaturados na tabela da página 53 são ácidos graxos cis.

Numa ligação dupla cis, os dois átomos de hidrogênio, CH=CH, estão um diante do outro e no mesmo lado da ligação, como as pontas da letra C. Numa ligação dupla trans, estão em lados diagonalmente opostos da ligação, como as pontas da letra S.[5] Segundo alguns, os ácidos graxos cis são melhores para nós que o ácidos trans, embora as provas de que os ácidos

5 Os químicos usam também uma notação mais curta, chamando o arranjo cis de *z* (do alemão *zusammen*, que quer dizer "junto"), e o arranjo trans de *e* (do alemão *entgegen*, que quer dizer "oposto").

trans sejam realmente nocivos permaneçam inconclusivas. Nos Estados Unidos a ingestão média diária de ácidos graxos trans é de cerca de oito gramas, e na Grã-Bretanha de cerca de sete gramas; destes, dois gramas são de origem animal, e o restante vem de óleos vegetais modificados.

Sempre que há uma ligação dupla cis ao longo de uma cadeia de ácido graxo, ela gera uma curvatura nesse ponto, e a cadeia forma um ângulo. Por outro lado, quando há uma ligação dupla trans na cadeia, isso causa apenas uma ligeira torção nela, e suas duas metades maiores continuam a se estender na mesma direção. O resultado final disso é que as cadeias cis rompem o arranjo molecular segundo o qual ácidos graxos saturados e saturados trans podem se comprimir.

Embora seja possível usar óleos para fritar e cozinhar, as gorduras são um pouco mais versáteis e podem também ser empregadas como substitutos da manteiga. Além disso, são mais práticas quando se trata de embalá-las e queremos servi-las à mesa. É possível transformar óleos em gordura facilmente, fazendo-os reagir com o gás hidrogênio a temperaturas e pressões elevadas, o que converte ligações duplas em ligações simples. Esse processo de hidrogenação requer um catalisador de níquel para funcionar de maneira eficiente. (Nada resta do níquel no produto final.) O grau em que se devem saturar os ácidos graxos depende da dureza que se quer atribuir ao produto final; quanto mais se satura a cadeia, mais elevado será o ponto de fusão do produto, e mais provável que seja uma gordura dura. A adição de dois hidrogênios a uma ligação dupla ocorre geralmente na cadeia que mais tem ligações duplas, e na ligação dupla mais próxima do fim da cadeia. A medida da hidrogenação é controlada para assegurar que não se produzam triglicerídios inteiramente saturados.

O que também ocorre durante a hidrogenação, e os primeiros fabricantes de margarina ignoravam, é que se formam ligações duplas trans nas cadeias de ácidos graxos. A quantidade total de ácidos graxos trans pode não passar de 5%, ou menos, em margarinas de qualidade superior, mas pode chegar a 40% ou mais em margarinas comuns usadas para frituras. A conseqüência é que, nos países ocidentais, a maioria das pessoas ingere cerca de cinco gramas de ácidos trans, que provêm em sua maior parte de óleos hidrogenados. Alguns dos ácidos trans, no entanto, vêm de animais criados em pastos, como vacas e carneiros: as bactérias de que a digestão desses animais depende também são capazes de produzir ácidos graxos trans, que passam para a carne deles e portanto para a alimentação humana. Pequenas quantidades de ácidos graxos trans estão presentes até em algumas plantas, entre as quais ervilhas e repolho.

Na década de 1930, um grupo liderado pelo bioquímico canadense R.G. Sinclair começou a investigar se os ácidos graxos trans eram metabolizados da mesma maneira que os ácidos graxos cis, e concluiu que sim. Na década de 1980, porém, foi demonstrado que eles podem afetar certos sistemas de enzimas de maneira diferente, pelo menos em animais experimentais, e possivelmente no homem. A pesquisa com seres humanos mostrou também que os ácidos graxos trans aumentavam o nível das lipoproteínas de baixa densidade (LDL), nas quais se encontra a maior parte do colesterol do sangue. Por causa disso, os ácidos graxos trans foram acusados, na década de 1990, de causar doença cardíaca; para alguns eram ainda muito mais ameaçadores, estando ligados ao diabetes, ao câncer do seio e ao da próstata. Outros foram ainda mais longe e afirmaram que eram potencialmente perigosos para o feto (lesando seu sistema endócrino). O mais renomado pesquisador dos efeitos dos ácidos graxos trans sobre a saúde foi Walter Willett, da Escola de Saúde Pública de Harvard, nos Estados Unidos. Seu trabalho levou as gorduras trans à atenção da mídia e do público em geral. A partir de 1994, Willett e colaboradores encontraram provas epidemiológicas que associavam os ácidos graxos trans a doença cardíaca em homens e mulheres. As opiniões do grupo disseminaram-se amplamente, graças em parte ao *New England Journal of Medicine*, o influente periódico médico que o apoiou num editorial, expressando a opinião de que os ácidos graxos trans na alimentação aumentavam indiscutivelmente o risco de doenças cardíacas coronarianas. A posição acadêmica de Willett e o endosso aparentemente independente dado a seu trabalho por esse periódico da classe médica levou a questão à atenção dos meios de comunicação, e as gorduras trans passaram a ser vistas como um problema tão grave que o FDA chegou a sugerir que os rótulos dos alimentos indicassem seu conteúdo de ácidos graxos trans.

Nem todos, porém, concordaram com Willett, e seus achados estimularam outros pesquisadores a investigar a questão. Eles chegaram a conclusões muito diferentes. Por exemplo, um estudo realizado na Escócia, onde a população é particularmente propensa à morte prematura por doença cardíaca, não encontrou nenhuma ligação entre isso e os ácidos graxos trans, e um estudo semelhante abrangendo nove países europeus e Israel chegou à mesma conclusão. (Outro trabalho mostrou que nosso corpo é tão capaz de digerir ácidos graxos trans quanto ácidos graxos cis.) Com base em dados tão contraditórios, os achados de Willett têm sido criticados por alguns como pouco mais que pseudociência, embora isso pareça um pouco drástico. Não há dúvida de que Willett tinha boas intenções, ainda que talvez fosse um pouco apressado ao tirar as suas conclusões.

Parte do problema de avaliar os ácidos graxos trans decorre do fato de que é muito difícil analisar um alimento no tocante a seu componente dessa gordura. Em geral isso requer uma combinação de duas técnicas analíticas: espectroscopia infravermelha e cromatografia gasosa. Teoricamente, cada um desses métodos deveria ser capaz por si só de medir os ácidos graxos trans, mas um estudo feito pelo Laboratório Químico do Governo, no Reino Unido, mostrou que, quando usados isoladamente, davam resultados que discrepavam em até 20%.

A testagem dos efeitos dos ácidos graxos trans geralmente é feita com os três ácidos que contêm 18 átomos de carbono em sua cadeia: o ácido esteárico, que é saturado; o oléico, que tem uma ligação dupla cis na metade de sua cadeia; e o elaídico, que tem uma ligação dupla trans na metade de sua cadeia. O ácido elaídico é o principal componente dos ácidos graxos trans produzidos pela hidrogenação de óleos vegetais.

Em 1990, Ronald Mensink e Martijn Katan, da Universidade Agrícola de Wageningen, na Holanda, ministrou essas três gorduras a três diferentes grupos de pessoas; todas concordaram em manter exatamente a mesma alimentação que tinham antes, exceto pela inclusão desses diferentes ácidos graxos. No final do estudo, constatou-se que as pessoas que haviam recebido o ácido graxo trans estavam com níveis mais elevados de lipoproteínas de baixa densidade (LDL), além de níveis mais baixos de lipotreínas de alta densidade (HDL), o colesterol "bom". Como o número de pessoas que participou do estudo foi pequeno, não deveríamos dar excessivo valor a esses resultados.

Nesse meio tempo, um grupo da Universidade Harvard efetuava uma análise de oito anos de duração com nove mil mulheres enfermeiras, cujos resultados foram divulgados em 1993. Nesse estudo, a análise da ingestão de ácidos graxos trans baseou-se no que as enfermeiras informavam que comiam, mas o resultado foi que pareceu haver um risco apenas ligeiramente maior de doença cardíaca entre as que ingeriam maior quantidade desses ácidos.

Outros relatórios sobre ácidos trans apareceram ao longo da década de 1990, dos quais talvez o mais prestigioso tenha sido um comunicado conjunto emitido em 1996 pelo Instituto Norte-americano de Nutrição e a Sociedade Norte-americana de Nutrição Clínica. Esta declarava que, nos níveis correntes de ingestão, os ácidos graxos trans representavam nenhum risco para a saúde. Isto estava em conformidade com a observação de que, embora a ingestão de ácido graxo trans entre a população dos Estados Unidos tivesse permanecido em torno de oito gramas por pessoa durante mais de meio século, a taxa de morte por doença cardíaca caíra em mais de um terço. Em 1999, John Stanley, da Universidade de Oxford, chegou à mesma conclusão de que os ácidos graxos não causavam doenças do coração e apontou as falhas de alguns dos estudos anteriores que haviam encontrado uma associação entre eles; ao mesmo tempo, ressaltou que compreendia as dificuldades que esses investigadores haviam enfrentado ao tentar avaliar as conseqüências da ingestão dietética de ácidos graxos trans.

A Fundação Britânica de Nutrição também relatou que "estudos com animais não indicaram efeitos adversos dos ácidos graxos trans sobre a longevidade, o desempenho reprodutivo ou o crescimento. Além disso, não indicaram potencial teratogênico, carcinogênico ou mutagênico,[6] nem revelaram quaisquer anormalidades específicas em órgãos examinados". Os estudos tampouco encontraram qualquer prova real de que os ácidos graxos trans causavam doença cardíaca, o que havia sido a causa original de preocupação. Talvez esses achados posteriores, de que não havia associação alguma, não sejam estranhos, porque os ácidos graxos trans não são produtos químicos artificiais formados durante o processamento de alimentos — eles ocorrem também na natureza, e o homem os come desde que começou a criar ovelhas e comer sua carne.

A gordura de carneiro contém 5% de ácidos graxos trans, o que poderia sugerir que as populações dos países do Oriente Médio, onde essa carne é amplamente consumida, apresentariam também maiores incidências de doença cardíaca que as de países que consomem carne de vaca ou de porco. Não há nenhum indício de que isso ocorra. Outras gorduras animais têm menor componente trans; a gordura da carne bovina contém somente 2% de ácidos graxos trans, enquanto a de porco tem menos de 0,5%. Sebo,[7] que é a gordura dura que envolve o lombo na carne bovina e de carneiro, contém quase 6% de ácidos graxos trans, embora o substituto derivado de óleos vegetais contenha duas vezes mais. Manteiga contém em torno de 3% de ácidos graxos trans, margarinas cremosas têm cerca do dobro disso, e margarinas duras mais uma vez o dobro, ao passo que os óleos vegetais de que as margarinas são feitas contêm apenas quantidades traço, menos de 0,1%.

A quantidade de ácidos graxos trans nas margarinas usadas para substituir a manteiga e para cozinhar foi significativamente reduzida ao longo dos anos, à medida que as companhias que produzem óleos hidrogenados pesquisaram a química por trás de sua formação e descobriram meios de reduzir a quantidade formada. Em certa época, alguns alimentos processados, como produtos de pastelaria, batatas fritas e frango frito, tinham um terço de sua gordura formada por ácidos trans. Os fabricantes de margarinas cremosas, no entanto, reduziram o conteúdo de ácido graxo trans desse produto de cerca de 10% em meados da década de 1990 para menos de 1% hoje.

6 Teratogênico é o que causa deformação no feto; carcinogênico é o que causa câncer; mutagênico é o que causa algo como um dano do cromossomo que pode resultar numa mutação.

7 Sebo é a "carne" da *mincemeat* e das tortas de carne picada. É também a parte desses animais que fornecia antigamente o material para a fabricação de velas e sabão. Sebo é 90% gordura, da qual metade é saturada e metade insaturada, e a maior parte desta última é monoinsaturada.

Ácidos graxos conjugados

Eles são relativamente raros, mas um em particular, o ácido linoléico conjugado (ALC), vem sendo aclamado como um componente da alimentação benéfico para a saúde, e há alguma razão para se acreditar que talvez possa até evitar o câncer de mama.

Quando duas ligações duplas ao longo de uma cadeia de 18 átomos de carbono estão em pares adjacentes de átomos de carbono, digamos, entre os átomos 6 e 7 e os átomos 8 e 9, elas se influenciam mutuamente em certa medida, e fazem também com que a ligação simples que as vincula (neste caso, entre os átomos 7 e 8) assuma também certo caráter de ligação dupla.[8] Esses ácidos graxos conjugados estão presentes nas gorduras da carne bovina e de ovelha; são produzidos nos estômagos desses animais por bactérias anaeróbicas que vivem neles e de que o animal precisa para auxiliá-lo a digerir sua comida.

O ácido linoléico normal tem duas ligações duplas, a ligação ômega-6 entre os átomos 6 e 7, e uma segunda ligação dupla entre os átomos 9 e 10; em outras palavras, há duas ligações simples separando as duas ligações duplas, e portanto não há nenhuma conjugação entre elas, que são ambas ligações duplas cis. No ALC, contudo, a primeira das ligações duplas é uma ligação dupla trans, ao passo que a segunda é cis. Há também uma outra forma de ácido linoléico conjugado, em que as ligações duplas estão entre os átomos 6 e 7 e os átomos 8 e 9; a primeira é cis e a segunda é trans, mas isso é menos comum nos produtos naturais em geral.

As bactérias são capazes de converter ácido linoléico em ácido esteárico acrescentando quatro átomos de hidrogênio às moléculas. Fazem isso de uma maneira bastante complicada, mas que envolve a formação intermediária de ALC que depois termina nos alimentos derivados desses animais, a saber carne de cordeiro, carne bovina, leite, creme, manteiga, iogurte e queijo. Além disso, a quantidade de ALC depende de sua fonte; testes feitos na Escócia mostraram que vacas que se alimentam no pasto

---

8 Se numerarmos os átomos de carbono a partir da outra extremidade de uma cadeia como essa, como fazem os químicos dos alimentos, essas ligações duplas estarão entre os átomos 9 e 10, e 11 e 12. A primeira delas é uma ligação dupla cis, a segunda é uma ligação dupla trans. ALC é às vezes referido como cis9.trans11.

produzem duas vezes mais que as alimentadas com forragem. O nível de ALC não é alto, mas pode ser mais importante do que imaginamos. Gordura de cordeiro pode ter 12% de ALC, gordura de carne bovina, 0,6%, a gordura do leite integral 1%, do creme 0,8%, da manteiga 0,9%, e a gordura do queijo nada menos que 1,7%. A pessoa média ingere cerca de 0,4 grama (400mg) de ALC por dia.

A história do ALC começou com o trabalho de Michael Pariza, no Instituto de Pesquisas Alimentares da Universidade de Wisconsin-Madison; ele estava investigando os efeitos do calor sobre a carne cozida picada e descobriu que ela continha algo que protegia genes contra mutação. Não só isso, como carne bovina crua continha também o mesmo agente. Isso foi nos idos de 1979. Novas pesquisas realizadas no início da década de 1980 por Pariza e colaboradores revelaram que o agente ativo era o ALC.

O ALC é um dos mais poderosos agentes na prevenção do câncer — pelo menos em ratos. Ainda não está claro como age, ou em que etapa do processo do câncer atua: isto é, no início, no desenvolvimento, ou progressão, ou durante a disseminação da doença para outros órgãos do corpo. É possível que proteja ao longo de todos esses processos. Mostrou-se também que protege coelhos e *hamsters* contra o estreitamento das artérias, e reforça o sistema imune de camundongos, ratos e galinhas. É até mesmo um fator de crescimento para ratos jovens, e é capaz de estimular o corpo a liberar energia de suas reservas de gordura. Considera-se que a ingestão de doses elevadas de ALC oferece proteção porque ele é escolhido preferencialmente por certas enzimas, em lugar do ácido linoléico, que foi associado a um maior risco de câncer em roedores. Além disso, estudos realizados na Noruega constataram que pessoas obesas submetidas a uma dieta de alto ALC (mais de três gramas por dia) realmente perderam peso.

Pode-se fabricar ALC como um suplemento dietético tratando óleos que contêm grande quantidade de ácido linoléico, como o óleo de girassol, com um álcali. Embora esse processo converta isso principalmente em ALC, forma também outros ácidos conjugados com as duas ligações duplas em várias posições ao longo da cadeia de carbono. Outros testes confirmaram que todos os tipos de ALC podiam ser digeridos pelos animais investigados e usados como fonte de energia alimentar, sem nenhuma diferença observável em relação aos tipos normais de gorduras e óleos dietéticos. Provavelmente, contudo, é um tanto prematuro pôr em prática as sugestões dessas pesquisas e voltar a comer grandes quantidades de gorduras de laticínios como creme, manteiga e queijos integrais, sobretudo se eles tomarem o lugar, na dieta, de alimentos pouco calóricos, como frutas, legumes e vegetais.

Vitamina C

Sem vitamina C, sofreríamos de escorbuto, como muitos no passado. Com os alimentos adequados podemos obter toda a vitamina C de que precisamos para uma vida saudável. Alguns acreditam que megadoses de vitamina C nos permitem evitar o câncer. Essa foi a teoria de uma pessoa que ganhou dois prêmios Nobel, mas provavelmente estava errada.

Doenças de carência dietética são raras porque uma alimentação equilibrada fornece tudo de que nosso corpo precisa; provavelmente, nem mesmo uma dieta de pouco valor nutricional as causaria. Por definição, uma doença dietética ocorre por falta de um nutriente pequeno mas essencial e que, invariavelmente, só pode ser encontrado num número relativamente pequeno de alimentos.

Um bom exemplo é o iodo, cuja falta ocasiona o bócio, doença de carência caracterizada por uma dilatação no pescoço. Antes comum em regiões nas quais a presença de iodo do solo é baixa, a doença foi mais ou menos erradicada pela adição de pequenas quantidades de iodeto de potássio ao sal comum. O raquitismo, doença infantil causada pela falta de vitamina D e cálcio, resulta na deformidade das pernas, que ficam arqueadas. A carência de vitamina B_1 produz beribéri, que causa a inflamação dos nervos e tende a ocorrer em tempos de fome. A doença de carência mais conhecida é o escorbuto; hoje felizmente muito raro, afligiu gerações passadas e era causado pela falta de vitamina C.

Precisamos de cerca de 2.000mg de vitamina C em nosso corpo para seu desempenho ótimo, e absorvermos até 500mg por dia, embora talvez não precisemos usá-la, e o excesso é excretado pelos rins. Teoricamente, podemos passar com um mínimo básico de apenas 10mg de vitamina C por dia, o que é precisamente o bastante para evitar o escorbuto, mas há hoje várias razões para acreditar que uma quantidade dez vezes maior que essa proporciona benefícios a longo prazo, e há quem tome uma dose diária cem vezes maior na crença de evitar com isso o envelhecimento, a doença cardíaca e até o câncer.

A vitamina C é necessária para a fabricação de hormônios, e as maiores concentrações dela são encontradas nas glândulas supra-renal e pituitária. Protege também as células contra a oxidação, e todas as células de nosso corpo têm de lutar com milhares de radicais livres danosos, oxidantes, todos os dias. Em sua maior parte, esses radicais livres são subprodutos de processos naturais, mas a vitamina C os neutraliza. Ela está envolvida também na absorção de ferro por nosso organismo e por nossa capacidade de tolerar o frio. É essencial para a metabolização dos aminoácidos triptofano, fenilalanina e tirosina, e para a síntese de polissacarídios e colágeno. A vitamina C é necessária para a produção de cartilagem, dentina, ossos e dentes. Protege também o corpo quando ele está sob estresse ou exposto a radiação ionizante. Ferimentos graves aumentam a utilização de vitamina C pelo organismo, porque ela tem um papel a desempenhar na formação de tecido novo, sendo portanto essencial nos processos de cicatrização e formação óssea. Em suma, a vitamina C é verdadeiramente extraordinária, e sua falta, verdadeiramente desastrosa.

Quase todos os animais produzem sua própria vitamina C, as exceções sendo peixes, morcegos, abelhas, cobaias — e os seres humanos. Há 25 milhões de anos nossos ancestrais primatas perderam um gene para a produção da enzima L-gulono-lactona oxidase, sem a qual não podemos produzir vitamina C. Isso levou todas as espécies que descenderam desse ramo evolucionário, inclusive o ser humano, a uma dieta sobretudo vegetal, capaz de lhes assegurar sua dose diária da vitamina (embora, como veremos, seja possível obter a quantidade necessária de carne fresca).

Relativamente poucos alimentos contêm vitamina C, e muitas vezes destruímos a que está presente neles pelo cozimento, porque ela é sensível ao calor, ou pelo longo armazenamento, porque é sensível também ao oxigênio. Depois que se cozinha repolho por dez minutos, um quarto da vitamina C que ele continha foi destruído, e a maior parte do que resta está na água.

No Reino Unido, a dose diária recomendada (DDR) ou ingestão nutricional de referência (INR)[9] de vitamina C é 40mg, nos Estados Unidos é 60mg, ao passo que na Rússia é 90mg — mas talvez todas sejam subestimações. Em alguns momentos precisamos de muito mais que em outros — como durante a gravidez, o aleitamento, quando nosso corpo foi ferido, na velhice e quando estamos doentes. Balz Frei, da Universidade da Califórnia em Berkeley, relatou em 1989 que quando toda a vitamina C do sangue foi usada, gorduras e proteínas sofrem danos, sendo oxidados, e sugeriu uma ingestão diária mínima de 150mg. Pesquisa posterior de Bruce Ames, também de Berkeley, sugeriu que mesmo isso pode ser pouco. Ames acredita que a vitamina C tem um papel especial a desempenhar na proteção do esperma, por causa de seu nível relativamente alto no sêmen, e mostrou que quanto mais vitamina C havia, menos o DNA do esperma era afe-

9 RDA, de *recommended daily amount*, ou dose diária recomendada, foi substituído pelo mais científico RNI, de *reference nutrient intake*, ou ingestão nutricional de referência. A razão da mudança é que a RDA estava sendo interpretada como o mínimo necessário para uma vida saudável. O RNI representa a melhor estimativa da quantidade necessária, e, ao evitar a palavra "recomendado", não sugere um mínimo básico.

tado pela oxidação. Concluiu que os homens precisam de pelo menos 250mg por dia para que seu esperma fique inteiramente protegido. (Retornaremos à fertilidade masculina no Capítulo 3.)

No que diz respeito ao ser humano, o problema é que os alimentos mais comuns e saborosos não contêm absolutamente nenhuma vitamina C, entre eles manteiga, queijo, ovos, margarina, carne bovina, peixe, aves, pão, bolos, biscoitos, chocolate, cereais matinais, massas, arroz, castanhas e feijões. As frutas e verduras contêm um pouco, e algumas, grande quantidade. A humilde batata é uma boa fonte, e essa raiz foi a principal responsável pelo desaparecimento do escorbuto no século XIX.

Precisamos saber quais são os alimentos ricos em vitamina C e tratar de ingerir um pouco diariamente. A seguir, algumas fontes naturais particularmente boas:

Fontes de Vitamina C

Copo de suco de groselha	**95mg**
Uma laranja	**90mg**
Prato de Morangos	**60mg**
Porção de couve-flor-de bruxelas	**45mg**
Porção de brócolis	**30mg**
Meia Toranja	**30mg**
Batatas recém fritas*	**30mg**
Fatia de limão	**20mg**
Um tomate	**15mg**

* A batata cortada e frita, não a "reconstituída" a partir da batata cozida e amassada

Outros alimentos que têm pelo menos 50mg de vitamina C por 100g são pimentas vermelha e verde, repolho e espinafre; as ervilhas contêm um teor menor, mas como são consumidas em grande quantidade, constituem uma fonte importante. Mangas e melões (*Cucumis melo*) são particularmente ricos. O leite humano contém 50-70mg de vitamina C por litro, e uma criança alimentada com leite materno praticamente nunca corre risco, pois os cerca de 750ml de leite que toma por dia fornecem cerca de 50mg. Por outro lado, leite fresco de vaca contém apenas cerca de 10mg por litro; a quantidade varia segundo a época do ano, sendo menor no início da primavera.

Se as pessoas dessem ouvidos ao conselho nutricional de comer cinco porções de frutas ou verduras todos os dias, provavelmente jamais precisariam ingerir vitamina C como suplemento dietético. De todo modo, atualmente ela é acrescentada a muitos alimentos e bebidas, em especial alimentos processados, em que o processamento pode ter removido a pequena quantidade de vitamina C natural presente. Apesar de todas essas fontes nutricionais, ainda pode ser aconselhável, se você come muita comida de lanchonete, tomar uma dose diária de vitamina C em comprimido, o que pode lhe fornecer até 1.000mg.

A vitamina C é acrescentada à farinha de trigo para melhorá-la porque torna a massa mais elástica e permite que os pães cresçam mais, porém ela é destruída quando o alimento é assado. É usada em fazendas de peixe para evitar doenças causadas por carência de vitamina C. É acrescentada a frutas e legumes fatiados no intuito de evitar que escureçam e a alguns alimentos, como conservante, por causa de suas propriedades antioxidantes. Quando usada como aditivo alimentar, tem até seu próprio número: E300.

As plantas produzem vitamina C pela mesma razão pela qual a maioria dos animais a produzem: para se proteger contra os danos da oxidação, nesse caso provocado pelo ozônio do ar bem como pelos radicais livres que se formam como subprodutos da fotossíntese. As plantas precisam dela também para melhor resistir a estresses ambientais, como períodos de seca, frio e poluição do ar. Elas necessitam de vitamina C para seu próprio processo de crescimento, e as que têm folhas que vivem por um longo tempo, como os pinheiros com suas agulhas, precisam particularmente de vitamina C para protegê-las.

Até há pouco tempo, os cientistas não conseguiam entender como as plantas realmente produzem vitamina C. O problema foi resolvido somente em 1998, quando Nicholas Smirnoff e colaboradores, no Departamento de Ciências Biológicas da Universidade de Exeter, na Inglaterra, descobriram a resposta. Eles fizeram a vitamina a partir da glicose, por intermédio de um outro açúcar chamado galactose, e mostraram que se folhas fossem alimentadas diretamente com essa segunda substância química podiam produzir vitamina C muito rapidamente. O grupo de Exeter conseguiu até isolar a enzima responsável por essa conversão, a L-galactose deidrogenase.

Escorbuto, a doença dos marinheiros

Talvez não precisemos mais nos preocupar com o escorbuto, mas ele foi uma ameaça constante para gerações anteriores, sobretudo entre os que tinham acesso limitado a frutas e verduras frescas, como os marinheiros em viagens longas e os moradores das cidades. De fato, todos os que habitavam os países nórdicos corriam risco no final do inverno, quando não havia mais alimentos frescos disponíveis.

Não há dúvida de que casos de escorbuto ocorriam no mundo antigo, mas a doença só passou a se manifestar de forma significativa quando os marinheiros europeus começaram a fazer longas viagens. Em 1497, quando dobrou pela primeira vez o cabo da Boa Esperança, o navegador português Vasco da Gama (c.1460-1524) perdeu cem homens de um contingente total de 160 para o escorbuto. Fernão de Magalhães (c.1480-1521), que contornou o extremo da América do Sul em 1520, viu seus homens igualmente afligidos. O francês Jacques Cartier (1491-1557), que partiu em 1535 para explorar as regiões do noroeste da Terra Nova, teve de enfrentar um surto de escorbuto, mas felizmente o remédio estava à mão. Ele aprendeu com os nativos que a doença responderia a uma decocção de folhas, e isso de fato ocorreu. Em menos de uma semana o surto estava debelado e seus homens melhoravam. Não sabemos que folhas eram essas — ele se referiu a elas pelo nome norte-americano nativo de Hanneda —, mas agitar agulhas novas de pinheiro em água quente produz uma bebida rica em vitamina C, e pode ter sido esta a bebida usada.

No final do século XVI, o escorbuto era uma doença reconhecida, e várias ervas medicinais foram sugeridas para tratá-lo. John Gerard (1545-1612), em seu *Herball*, publicado em 1597, sugeriu um tipo de agrião do gênero *Barbarea* e *Cochlearia officinalis*, erva semelhante ao agrião que cresce perto do mar (mais tarde chamada cocleária). O comandante de frota James Lancaster, que liderou uma expedição às Índias Orientais em fevereiro de 1600, levou em seu navio laranjas e limões e, embora tenha havido muitos casos de escorbuto a bordo das outras embarcações da frota, não houve nenhum caso na sua, onde ele insistiu em que fosse dada a cada homem uma cota de três colheres de suco de limão todas as manhãs. A crença no poder dos frutos cítricos firmou-se na Companhia das Índias Orientais, cujo médico John Woodall (1556-1643) exaltou suas virtudes no seu livro *The Surgeon's Mate*, publicado em 1612. Esse tratamento era eficaz, mas atribuía-se o benefício à acidez da bebida, e não à sua fonte. Como não era fácil preservar sucos de fruta em climas quentes, recorria-se, em lugar deles, a outras bebidas ácidas, como vinagre ou algumas gotas de óleo de vitríolo dissolvido em água (ácido sulfúrico). Essa fé equivocada no ácido sulfúrico como remédio perdurou por cem anos.

No estágio avançado do escorbuto, braços e pernas da vítima inchavam, principalmente as pernas e os pés, que muitas vezes ficavam escuros e descoloridos como se violentamente contundidos; isso era causado por hemorragias subcutâneas. O hálito era fétido por causa das gengivas ulceradas e sangrentas, e com freqüência perdiam-se os dentes. Condenados mantidos em velhos navios encostados nos estaleiros, e aqueles transportados para as colônias ficavam bastante sujeitos ao escorbuto, agravado pelas punições severas que recebiam.

Alguns médicos deram conselhos que finalmente puseram fim à ameaça do escorbuto: em 1734, um certo dr. Johannes Bachstrom, de Leyden, na Holanda, aconselhou os responsáveis pelo provimento dos navios a abastecê-los de vegetais como forma de prevenir o escorbuto no mar. Lamentavelmente, esse conselho, que teria salvado muitas vidas, não foi ouvido. Por outro lado, outro médico, o dr. Mead, disse simplesmente que os pacientes deveriam aspirar vapor de terra fria. Foi mais um conselho não ouvido, mas este, caso posto em prática, não teria salvado vida alguma.

Em 1753, James Lind (1716-94) escreveu a obra clássica *A Treatise of the Scurvy*, e distinguiu três tipos de manifestação do escorbuto. O primeiro, e mais sério, ocorria quando "ele grassa com grande e difusa virulência ... como uma calamidade epidêmica ou universal", como os marinheiros experimentavam nas viagens longas, ou entre pessoas em cidades sob cerco, ou mesmo entre populações inteiras, como no surto generalizado ocorrido na Holanda em 1562. O segundo tipo, menos grave, era endêmico, em outras palavras, havia sempre alguns casos, e a população nunca estava completamente livre da doença. Lind pensava que as populações que viviam no extremo norte, como as da Islândia, Groenlândia, Escandinávia e norte da Rússia, eram as mais vulneráveis. O terceiro tipo de manifestação, e menos grave, era o adoecimento esporádico de uma pessoa, como acontecia em países como a Grã-Bretanha, sobretudo em Londres.

Lind, um grande defensor das frutas cítricas como preventivos, baseou suas afirmações num estudo que realizou com 12 vítimas com escorbuto a bordo do navio *Salisbury*. Em maio de 1747, ele dividiu os doentes em seis pares e deu a cada par um remédio diferente: cidra, vitríolo, vinagre, água do mar, um medicamento registrado ou fruta cítrica. (O medicamento registrado consistia em alho, semente de mostarda, raiz-forte e mirra.) O tratamento com fruta cítrica consistia em duas laranjas e um limão diariamente e os homens que o receberam curaram-se em uma semana, ao passo que os demais debilitavam-se com a doença. Infelizmente, os achados de Lind não foram postos em prática de imediato, e na Guerra de Sete Anos (1756-63) entre a Grã-Bretanha e a França mais de cem mil marinheiros da Real Marinha Britânica morreram de escorbuto. Em 1781, outros 1.600 homens foram vitimados pela doença numa frota britânica de 12 mil.

Mas alguns capitães de navio começaram a levar em conta os achados de Lind. Por exemplo, o navegador inglês capitão James Cook (1728-79) levou chucrute em sua viagem de volta ao mundo, de três anos de duração (1772-75), e não perdeu um só homem. Mas se o repolho em conserva deve ter ajudado a prevenir o escorbuto, foi a política de Cook de levar grandes quantidades de frutas e verduras frescas a bordo sempre que possível que mais forneceu proteção.

O progresso na eliminação da doença foi penosamente lento, e até medidas que poderiam ter sucesso eram anuladas pela ignorância. Em 1793, o médico vienense Mertens observou que verduras cozidas eram inferiores a verduras frescas na prevenção do escorbuto, mas estas não eram realmente uma opção para viagens longas. Marinheiros e viajantes alimentavam-se sobretudo com mingau de aveia, toucinho defumado, biscoitos, queijo e carne salgada, nenhum dos quais continha qualquer vitamina C. Estava claro, contudo, que era preciso fazer alguma coisa, e em meados da década de 1790 o Almirantado britânico finalmente estipulou que todo marinheiro em serviço ativo na Marinha Real deveria receber uma dose diária de suco de lima. Isso teria pelo menos evitado o escorbuto, embora essa fruta cítrica contivesse menos vitamina C que laranjas ou limões, mas o pouco que tinha via-se consideravelmente reduzido quando o suco era fervido para se conservar. Não surpreende que o escorbuto tenha continuado a atormentar os navios de Sua Majestade, embora não fazendo tantas vítimas quanto antes.

A Lei de Embracações de 1845 estabeleceu que os navios que fossem passar mais de dez dias sem tocar um porto deviam ter artigos antiescorbúticos, como suco de lima ou de limão, como parte das provisões dos marinheiros (foi prescrita uma onça por dia, o que conteria 5mg de vitamina C, se fosse suco de lima, e 10mg se fosse suco de limão); suco de lima conservado com rum foi a solução preferida. Os marinheiros britânicos tornaram-se conhecidos nos Estados Unidos como *"limeys"* em conseqüência desses regulamentos do Ministério do Comércio. Em 1927, o ministério autorizou os capitães de navio a ministrar meia onça de suco de laranja concentrado por dia, o que forneceria 30mg de vitamina C. Com isso, não houve mais casos de escorbuto entre os marinheiros britânicos, mas os soldados não tiveram a mesma sorte.

O escorbuto apareceu no exército britânico na Guerra da Criméia, de 1854-56, e na Primeira Guerra Mundial, em 1915. Na primeira, a doença surgiu rapidamente, e em outubro de 1854 já devastava as fileiras. O comandante-em-chefe, lorde Raglan (1788-1855), tentou obter verduras frescas localmente; não tendo sucesso, escreveu ao gabinete da Guerra em Londres pedindo o fornecimento de suco de lima. Dois mil galões foram enviados e chegaram à base em Balaclava em dezembro de 1854. Mas Raglan, que era um homem doente, morreu em junho de 1855, e o suco de lima ficou ali, esquecido, até o fim da guerra. A reformadora britânica dos hospitais, Florence Nightingale (1820-1910), que foi à Criméia, observou que o escorbuto fez mais vítimas durante essa guerra do que os combates. Relatou que, dos 1.200 homens que chegaram doentes a Scutari em janeiro de 1855, cerca de mil tinham escorbuto. A situação do exército francês aliado não era melhor, e estima-se que perdeu 20 mil homens para a doença.

Por volta dessa época, houve também um surto de escorbuto nos Estados Unidos, durante a corrida do ouro de 1849, na Califórnia. Para chegar à riqueza lendária os homens viajavam por terra ou de barco, passando pelo cabo Horn, vivendo sobretudo de uma dieta de farinha de trigo, biscoitos, porco salgado e carne bovina. Estimou-se que cerca de dez mil garimpeiros morreram da doença.

No início do século XX, o escorbuto raramente manifestou-se nas forças armadas, mas em dezembro de 1915 voltou a atingir o exército britânico. O general Townshend e as forças do império britânico estavam em retirada após a tentativa de capturar Ctesifonte, fortaleza turca às margens do rio Tigre, cerca de 32km a sudeste de Bagdá. Townshend decidiu fazer uma parada em Kut-el-Amara, onde os turcos que o perseguiam logo o cercaram. Um racionamento rigoroso começou no dia de Natal, e com o decorrer das semanas a alimentação foi sendo ainda mais reduzida, até que, na primeira semana de março, os soldados britânicos recebiam 20 onças (cerca de 560g) de carne de cavalo e dez onças (cerca de 280g) de pão por dia e os indianos, dez onças de farinha de cevada, quatro onças de cevada integral, um pouco de manteiga *ghee* e algumas tâmaras. Essas dietas resultaram em dois tipos de doença de carência: os soldados britânicos começaram a adoecer de beribéri, por falta de vitamina B_1, e os indianos de escorbuto, por falta de vitamina C.

Carne de cavalo contém um pouco de vitamina C, que foi o bastante para evitar o escorbuto entre os britânicos, ao passo que a cevada integral contém uma quantidade de vitamina B_1 que foi suficiente para evitar o beribéri entre os indianos, o que explica a natureza exclusiva dos dois surtos de doenças de carência. Quando Townshend finalmente se rendeu, no fim de abril, havia 1.100 casos de escorbuto severo e 150 de beribéri em sua força de 900 homens. O escorbuto atormentaria as forças do império britânico na Mesopotâmia, como o Iraque era chamado então, durante toda a Primeira Guerra Mundial (mais de dez mil homens foram afligidos pela doença num momento ou noutro), e nem suco de lima foi capaz de preveni-lo por completo. Isso levou a uma reavaliação desse suco e à sua substituição por suco de limão, que se tornou o item-padrão distribuído para forças do império no Oriente.

A descoberta da vitamina C

Ao longo dos séculos houve muita especulação quanto à causa do escorbuto e muitas sugestões quanto às maneiras de preveni-lo e tratá-lo. A culpa pela doença foi lançada sobre: manteiga rançosa, panelas de cobre, rum, açúcar, tabaco, umidade, tempo frio, ar marítimo, fatores hereditários, moral baixo, falta de frutas, infecção, exercício físico insuficiente e o início da primavera. Algumas dessas sugestões eram aleatórias, mas outras se mostraram indiretamente relacionadas à causa real. Por exemplo, o final do inverno e o início da primavera representavam o fim de vários meses sem frutas e verduras frescas, e o índice de escorbuto tendia naturalmente a atingir seu pico por volta dessa época. O uso de panelas de cobre para cozinhar também se aproximava do alvo, porque esse metal age como catalisador da reação da vitamina C com o oxigênio, o que a inutiliza.

A primeira peça de prova científica quanto à verdadeira causa do escorbuto surgiu em 1907, quando o governo norueguês financiou algumas pesquisas sobre o beribéri. Os doutores Axel Holst e Theodor Frölich iniciaram uma série de experimentos com cobaias em que tentaram induzir essa doença ministrando aos animais uma dieta restrita. O resultado foi que algumas cobaias adoeceram não com beribéri, mas com escorbuto, mostrando que essa era de fato uma doença de carência. Como era comum em testes de laboratório na época, eles trabalhavam com cobaias, animais também desprovidos do gene necessário para a produção de vitamina C.

Em seguida a doença foi investigada por Harriette Chick, no Instituto Lister, em Londres. Em 1918, Chick identificou vários alimentos que evitavam o escorbuto em cobaias. Um ano depois, Jack Drummond chamou o agente antiescorbútico de "vitamina C", embora sua identificação permanecesse um mistério. A substância química foi isolada pela primeira vez da páprica em 1928, pelo bioquímico húngaro Albert Szent-Györgyi[11] (1893-1986), que quis chamá-la de "ignose", da palavra latina para ignorar, *ignorare*, já ele que não sabia o que era. O editor do *Biochemical Journal*, para o qual enviou seu artigo, não achou graça e rejeitou o nome, alegando que não publicavam piadas.

Szent-Györgyi inventou um nome ainda melhor: "godnose". Como o editor tampouco achou graça nele, acabou por chamar a substância de ácido hexurônico e mostrou que sua fórmula química era $C_6H_8O_6$. Em seu artigo, sugeriu que esse poderia ser o agente que prevenia o escorbuto, mas não foi capaz de prová-lo. Foi Charles King, da Universidade de Pittsburgh, nos Estados Unidos, que mostrou que o ácido hexurônico, que havia extraído de repolho e suco de limão, era de fato a vitamina C. Foi Szent-Györgyi, no entanto, o contemplado com o prêmio Nobel de Medicina em 1937 por essa descoberta, que fez enquanto trabalhava na Clínica Mayo, na cidade de Rochester, em Minnesota. Szent-Györgyi havia voltado para a Hungria em 1931 e era professor de química médica na Universidade de Szeged, onde permaneceu até 1945. Emigrou para os Estados Unidos em 1947 para assumir o cargo de diretor do Instituto de Pesquisa Muscular, em Woods Hole, no estado de Massachusetts.

11 Pronuncia-se como em "Saint-George".

A produção de vitamina C e os enormes lucros que gera

Em 1933, Norman Haworth lecionava química orgânica na Universidade de Birmingham, na Inglaterra, e era um eminente especialista em açúcares. Enviaram-lhe uma amostra de vitamina C, e seu grupo conseguiu deduzir sua estrutura molecular. Além disso, confirmaram a correção de sua análise sintetizando quimicamente a substância no laboratório. Foi mais ou menos nessa época que a vitamina C tomou o nome de ácido ascórbico, a partir das palavras gregas para "não" e "escorbútico". Haworth recebeu parte do prêmio Nobel de Química de 1937 por esse trabalho.[12]

O ácido ascórbico tem um anel de átomos de cinco membros que consiste em um oxigênio e quatro carbonos, dois dos quais estão unidos por uma ligação dupla (isso explica por que a vitamina C é propensa a oxidação pelo oxigênio do ar, mas explica também em parte por que constitui um bom antioxidante). Depois que sua estrutura tornou-se conhecida, ficou claro que ela podia ser feita a partir de açúcares comuns, sobretudo glicose. Na verdade, em 1933, Tadeus Reichstein foi capaz de produzi-la sinteticamente usando glicose como matéria-prima. Companhias químicas logo começaram a fabricar vitamina C em escala mais ampla, a primeira delas em 1934. Atualmente, produzem-se mais de 50 mil toneladas por ano no mundo todo, grande parte disso numa fábrica situada em Dalry, no norte de Ayrshire, na Escócia, que exporta 90% de sua produção.

O processo de fabricação de vitamina C envolve vários estágios, o primeiro dos quais é a conversão de glicose em sorbitol fazendo-a reagir com hidrogênio. Este é então fermentado com *Acetobacter suboxydans*, que o converte em sorbose. Esta é oxidada por permanganato de potássio, ou outros agentes oxidantes, transformando-se num derivado do ácido gulônico que é facilmente convertido em ácido ascórbico por tratamento com ácido hidroclórico. Em 1985, a companhia de biotecnologia Genetech criou um processo mais simples, em apenas duas etapas, em que uma bactéria geneticamente modificada foi projetada para converter glicose diretamente em ácido gulônico.

Os lucros gerados pela fabricação de vitamina C e outras vitaminas tornaram-se verdadeiramente gigantescos, sobretudo porque os principais fabricantes formaram um cartel ilegal para manter os preços artificialmente elevados. O cartel das companhias suíças, francesas, alemãs, norte-americanas e japonesas foi estabelecido em 1989. Na década de 1990, suas atividades foram denunciadas e tornaram-se objeto de processos nos Estados Unidos e na Europa. Nos Estados Unidos, os integrantes do cartel concordaram em pagar uma compensação de 1,2 bilhão

12 Partilhou o prêmio com o químico suíço Paul Karrer (1889-1971) que havia deduzido as estruturas químicas das vitaminas E, K e B_2.

de dólares. Enquanto isso, a Comissão Européia impôs multas de 860 milhões de euros às companhias. As multas foram estipuladas como uma porcentagem dos rendimentos anuais das companhias. Como não é de surpreender, em seguida as receitas com a fabricação de vitamina C baixaram subitamente; na Europa, caíram de 250 milhões de euros para menos de 120 milhões em 1998.

Linus Pauling (1901-94)

Linus Pauling ganhou dois Prêmios Nobel: o de Química, em 1954, e o da Paz, em 1962. Embora nenhuma razão oficial tenha sido dada para a concessão do Prêmio Nobel da Paz, admite-se em geral que foi pelo seu esforço para alertar o mundo para os perigos dos testes com armas nucleares na atmosfera. Seu livro *No More War!* (1958) e a petição que apresentou às Nações Unidas, assinada por 11.021 cientistas do mundo inteiro, contribuíram para a aprovação do Tratado da Proibição dos Testes, assinado exatamente no dia em que ele recebeu o prêmio.

O Prêmio Nobel de Química de Pauling foi concedido por seu trabalho original e inovador sobre ligação química e estrutura molecular. Sua maior façanha foi a compreensão de como os átomos reúnem-se para formar moléculas e de como a estrutura destas podia ser explicada. Seu livro-texto, *The Nature of the Chemical Bond*, lançado em 1939, é considerado um clássico do gênero.

Pauling percebeu que a química era a chave para a compreensão das moléculas biológicas, como anticorpos, hemoglobina e proteínas, e do modo como elas desempenham suas funções. Descobriu que as proteínas podem se enroscar numa hélice em forma de mola e chegou perto de provar a estrutura do DNA. Num artigo publicado com E.J. Corey em 1953, propôs uma tríplice hélice para ela, em lugar da hélice dupla que valeu a Maurice Wilkins, Francis Crick e James Watson seus prêmios Nobel em 1962.

Em seu país natal, Pauling foi visto como impatriota e esquerdista demais; na década de 1950, ele entrou em conflito com o governo dos Estados Unidos a tal ponto que este chegou a lhe negar passaporte. Em 1960 correu o risco de ser preso por se recusar a revelar a um subcomitê os nomes das pessoas que o haviam ajudado a colher assinaturas para sua petição antinuclear.

Embora Linus Pauling (ver boxe) tenha defendido os benefícios das megadoses de vitamina C, quem concebeu esse controverso tratamento foi Irwin Stone. Seu livro *The Healing Factor*, publicado em 1974, baseava-se na crença de que o ácido ascórbico tinha um papel muito maior a desempenhar no organismo do que anteriormente se suspeitara. A opinião de Stone não foi muito levada em conta até que, um belo dia, ele e Pauling tomaram o mesmo elevador e começaram a conversar. Conta-se que quando saíram do elevador Pauling estava convertido à teoria de que o ácido ascórbico é capaz de proteger o organismo humano contra praticamente qualquer doença.

Desse momento em diante, Pauling assumiu a causa da vitamina C, defendendo doses de no mínimo 1.000mg por dia para enfermidades que iam desde as relativamente pouco importantes, como o resfriado comum, até as fatalmente graves, como o câncer. Na década de 1970, ele fundou o Instituto Linus Pauling de Ciência e Medicina, com o intuito de embasar suas afirmações. A classe médica permaneceu cética; atualmente, porém, suas idéias parecem encontrar algum apoio, porque estamos avaliando os danos causados pelos radicais livres, e os antioxidantes, como a vitamina C, são essenciais para combatê-los.

A noção popular de que vitamina C é um bom tratamento para o resfriado comum recebeu apoio em 1987, quando Elliot Dick, chefe do Laboratório de Pesquisa Virótica da Universidade de Wisconsin, mostrou que ela tanto aliviava os sintomas como reduzia a transmissão do vírus. Em 1992, pesquisadores na Unidade de Pesquisa Cardiovascular, da Universidade de Edimburgo, na Escócia, relataram que o risco de angina é mais alto em homens com baixos níveis de vitamina C.

Pauling publicou suas opiniões sobre vitamina C nos *best-sellers Vitamin C and the Common Cold* e *How to Live Longer and Feel Better.* Aconselhava a ingestão de uma dose diária total de 10.000mg da vitamina, afirmando que ela promovia uma vida mais longa, favorecia a saúde mental e curava infecções. Salientava que nossos ancestrais primatas eram principalmente vegetarianos e, estudando a alimentação dos gorilas, estimou que esses primatas consomem cerca de 10.000mg de vitamina C por dia. Raciocinou que primatas humanos também se beneficiariam de uma quantidade equivalente.

Pauling contribuiu também para um livro escrito pelo cirurgião escocês Ewan Cameron, intitulado *Cancer and Vitamin C*, que promoveu a idéia de que o ácido ascórbico tem um importante papel a desempenhar na prevenção do câncer, embora não afirmasse que cura um câncer já estabelecido. Na década de 1970, Cameron tratou cem pacientes com câncer avançado no Hospital Vale of Leven, em Loch Lomondside, com doses de 10.000mg de vitamina C, e constatou que haviam vivido pelo menos o dobro que pacientes semelhantes num grupo de controle que não haviam recebido o mesmo tratamento. Os dois homens publicaram seus achados em 1976 na influente revista norte-americana *Proceedings of the National Academy of Sciences*. Foram, porém, contestados por outros médicos, que não viram nada que comprovasse suas afirmações. Na verdade, o estudo de Cameron pôde ser criticado porque os dois grupos (o de teste e o de controle) não foram realizados de modo a controlar variáveis que certamente confundiram e invalidaram a análise.

A vitamina C continua a surpreender

Em 1999, P. Samuel Campbell e colegas, na Universidade do Alabama, nos Estados Unidos, relataram que megadoses de vitamina C podiam mitigar o estresse, pelo menos em ratos. Esse estudo corroborou pesquisas anteriores em que mulheres mais velhas e corredores de maratonas haviam sido testados após tomar grandes quantidades da vitamina, as primeiras mostrando funções imunes melhoradas, e os últimos, menos infecções respiratórias. Na pesquisa de Campbell, ratos foram estressados, presos em pequenas gaiolas de tela de arame durante uma hora por dia ao longo de três semanas. O equivalente a uma megadose de vitamina C por dia os protegeu contra o estresse causado pelo aprisionamento. Ratos que receberam o mesmo tratamento, mas não a vitamina C, sofreram perda de peso, apresentaram níveis hormonais mais baixos e faixas mais elevadas de anticorpos no sangue. É provável que a vitamina C tenha efeitos benéficos semelhantes em seres humanos estressados.

Ao longo dos anos, sempre se supôs que a ingestão insuficiente de vitamina C fosse danosa e que qualquer excesso simplesmente não era usado pelo corpo e eliminado. Atualmente tem-se a impressão de que níveis altos de vitamina C talvez também não sejam uma coisa lá muito boa, como indicado por uma pesquisa realizada por Ian Blair e colaboradores no Centro de Farmacologia do Câncer da Universidade da Pensilvânia na Filadélfia. Eles relataram na revista *Science* em 2001 que a vitamina C pode ter tendências pró-oxidantes; em outras palavras, pode *aumentar* os níveis de substâncias químicas potencialmente danosas no corpo. Estas são produzidas quando hidroperóxidos graxos reagem com vitamina C formando aldeídos insaturados, que podem ser particularmente danosos para o DNA. Segundo eles, esses achados explicam por que megadoses de vitamina C não protegem contra o câncer.

Por fim, há alguns usos da vitamina C que beiram a extravagância. Na década de 1990, produziram-se no Japão malhas de ginástica que incorporavam microcápsulas da vitamina. Dizia-se que o tecido a liberava à medida que roçava no corpo, tendo supostamente o efeito de esfriar e refrescar as pernas, que se tornavam assim mais saudáveis e bonitas. Você acredita?

O enigma do nitrato

Na década de 1980 houve alarmes a propósito da presença de nitratos na água potável, e afirmações de que isso causava a metemoglobinemia nos muito jovens e câncer do estômago nos idosos. Parece agora que nenhuma dessas afirmações era justificada; na verdade, há indícios de que essas substâncias químicas supostamente perigosas fazem parte das defesas naturais de nosso organismo.

Todas os seres vivos precisam de proteína, e a proteína é composta por aminoácidos, que têm nitrogênio como parte de sua composição. Esses ácidos unem-se para formar ligações peptídicas (-NH-CO-), e os produtos são polipeptídios, nome alternativo para proteína. O nitrogênio, portanto, é um elemento essencial à vida, e isso reflete-se na quantidade dele presente no corpo de um adulto médio: dois quilos.

Há grande abundância de nitrogênio na Terra porque ele constitui cerca de 80% da atmosfera, totalizando a incrível quantidade de quatro trilhões de toneladas — tudo isso imprestável como nutriente. Os primeiros agroquímicos do século XIX supunham que as plantas tinham uma maneira de absorvê-lo diretamente do ar, e suas tentativas iniciais de produzir fertilizantes genéricos fracassaram porque não incluíam nenhuma fonte de nitrogênio utilizável. Quando se compreendeu que as plantas absorvem nitrogênio não, por meio das folhas, mas das raízes, os agricultores começaram a acrescentar fertilizantes de nitrogênio ao solo. Estes vinham dos depósitos de nitrato acumulados em ilhas do Pacífico pelos excrementos de incontáveis gerações de aves, o guano, ou dos depósitos minerais de nitrato do Chile.

Somente um pequeno número de micróbios e plantas tem a capacidade de "fixar" nitrogênio atmosférico, mas, graças a seus esforços ao longo de éons, toda uma ecologia planetária pôde se sustentar. Essa fonte de nitrogênio, se bem administrada, suportará até a agricultura permanente, mas impõe um limite máximo à densidade das populações humanas. Quando se combina rotação de culturas com adubo composto, estrume animal e águas servidas, um hectare de terra pode alimentar dez pessoas, contanto que elas aceitem uma alimentação basicamente vegetariana. Por outro lado, a produtividade de um hectare de terra adubado com fertilizante de nitrogênio "artificial" pode sustentar facilmente 40 pessoas — e com uma alimentação variada.

Os químicos do século XIX sempre se viram seduzidos pela existência de reservas potenciais desse elemento na atmosfera, desde que se conseguisse transformar o gás nitrogênio em algo útil como o amoníaco (NH_3). Tentativas de fazer o nitrogênio e o hidrogênio reagirem juntos deram em nada, como quer que fossem aquecidos. Mas se alguém conseguisse promover essa reação, a recompensa seria grande. De fato, quando isso foi finalmente realizado, no século XX, transformou a agricultura e permitiu o cultivo de muito mais alimentos em extensões de terra bem menores.

O químico alemão Fritz Haber esforçou-se durante anos no intuito de produzir amoníaco dessa maneira, até que finalmente demonstrou que isso era possível usando ferro como catalisador. Depois o engenheiro de processos Carl Bosch provou que era possível implementar o processo comercialmente. Em 3 de julho de 1909, a companhia BASF inaugurou a primeira fábrica química Haber-Bosch bem-sucedida. Hoje elas estão espalhadas por todo o mundo, produzindo 150 milhões de toneladas de amoníaco por ano, que se destinam em sua maior parte à fabricação de fertilizantes, tanto que esse nitrogênio acrescentado às terras cultivadas excede o da natureza.

Infelizmente, a primeira fábrica não foi usada como uma resposta para o problema de abastecimento alimentar do mundo. Em vez disso, forneceu à Alemanha os explosivos de que necessitou para lutar duas guerras. O amoníaco que produziu foi empregado para produzir ácido nítrico, e com ele explosivos. Só quando a paz foi estabelecida após a Segunda Guerra Mundial, em 1945, a produção dessas fábricas pôde se destinar à fabricação de fertilizante de nitrato de amônio (NH_4NO_3), de que depende hoje o cultivo de grande parte dos alimentos consumidos por cerca dois bilhões de pessoas no mundo inteiro.

Esse composto, um dos principais produtos da indústria química há mais de 50 anos, ainda representa enorme perigo, principalmente quando é transportado em grande quantidade — quando há risco de explosões. A primeira aconteceu em Oppau, na Alemanha, em 27 de setembro de 1921, na primeira fábrica Haber-Bosch, quando um depósito de quatro mil toneladas explodiu, matando 430 trabalhadores e habitantes do lugar. A segunda explosão devastadora aconteceu na Cidade do Texas, nos Estados Unidos, em 15 de abril de 1947, quando um navio que carregava cinco mil toneladas explodiu, matando 552 pessoas, ferindo mais de três mil e destruindo grande parte da cidade. O mais recente desastre com nitrato de amônio ocorreu em 21 de setembro de 2001, em Toulouse, na França, onde 300 toneladas explodiram. O número de mortos foi relativamente pequeno, 29 pessoas, mas o de feridos chegou a 650 e a devastação foi sentida numa grande área. De fato, metade das janelas dessa cidade de um milhão de habitantes quebrou.

As plantas precisam de nitrato, e há um "reservatório" natural da substância no solo, onde ela é reciclada a partir de muitas fontes graças a micróbios e outros organismos que trabalham nos resíduos de plantas e animais.

Um pouco de nitrato chega até com a água da chuva, que dissolve os óxidos de nitrogênio produzidos em tempestades com trovoadas e raios. Alguns micróbios são capazes de extrair nitrogênio do ar e vivem em relações simbióticas com legumes como feijões e trevo. Os rizomas que se desenvolvem nas raízes das plantas podem converter gás de nitrogênio em amônia e transmitem parte dele à planta, em troca de carboidrato.

O fertilizante de nitrato de amônio pode triplicar e quadruplicar o rendimento das plantações, mas existe o risco de o nitrato ser lixiviado da terra para os rios, por ser altamente solúvel na água. Isso tem por efeito imediato estimular o crescimento de plantas aquáticas, tornando os cursos d'água feios e de difícil navegação. Mas pode também elevar o nível de nitratos na água destinada ao consumo humano. Originalmente, pensou-se que isso seria uma ameaça para bebês alimentados a mamadeira, causando-lhes uma doença conhecida como metemoglobinemia. Em 1972, afirmou-se que causava câncer no estômago, o que levou a uma intensa campanha na mídia, com a subseqüente imposição de limites legais na União Européia e nos Estados Unidos. (Desde então, novas pesquisas científicas mostraram que o fertilizante de nitrato afeta apenas levemente a água que escoa do solo.)

Na década de 1950, vários bebês em comunidades rurais nos Estados Unidos foram afetados pela metemoglobinemia, doença em que o sangue da criança fica deficiente em oxigênio, perdendo assim sua saudável cor vermelha. A causa era água de poço contaminada pelos altos níveis de nitrato sendo usados para fazer ração. O nitrato representava claramente uma ameaça para a saúde humana, e finalmente a Organização Mundial da Saúde fixou uma ingestão diária máxima aceitável de 3,65mg por quilo de peso corporal.

O nitrato foi investigado como possível causa de cânceres humanos do trato digestivo (boca, esôfago, estômago e intestinos) quando um levantamento epidemiológico realizado no Chile, em 1970, associou a essas doenças um alto nível da substância na água para consumo humano. Levantamentos posteriores feitos na Europa e na América do Norte pareciam confirmar esses achados, embora alguns pesquisadores tenham constatado exatamente o oposto, com incidências mais baixas desses cânceres entre os expostos a mais nitrato. De 20 desses estudos epidemiológicos que investigaram as associações entre o nitrato e o câncer, somente dois mostraram uma correlação positiva, ao passo que 11 não constataram relação alguma, e sete mostraram até uma correlação negativa, isto é, mais nitrato significava *menos* casos de câncer.

Na década de 1980, epidemiologistas do grupo de Sir Richard Doll no hospital John Radcliffe, em Oxford, na Inglaterra, chegaram à conclusão de que não havia nenhuma relação entre nitrato e câncer. Um levantamento em fábricas de fertilizantes, em que a exposição dos trabalhadores a poeira contendo nitrato é alta, não mostrou nenhum aumento nas taxas de câncer. Verificou-se que os primeiros estudos epidemiológicos haviam sido confundidos por fatores não reconhecidos, como outras fontes de nitrato na alimentação, não levadas em consideração. Na verdade, alimentos como alface, espinafre, beterraba e aipo têm naturalmente altos níveis de nitrato, e as verduras são responsáveis por cerca de 80% da ingestão diária de nitrato, em comparação com cerca de 20% da água bebida. Aipo tem 230mg de nitrato por 100g, espinafre tem 160mg, beterraba tem 120mg e alface tem 105mg, e embora não tendam a ser consumidos em grandes quantidades, há nitrato também em alimentos como batatas, que são consumidas em quantidades consideráveis. São estas últimas, com seus 15mg de nitrato por 100g, que provavelmente fornecem grande parte do nitrato presente na alimentação da pessoa média.

Em 1985 descobriu-se que o próprio metabolismo humano é capaz de fornecer ao corpo 70mg de nitrato por dia, o equivalente ao que provém de fontes externas. As células liberam nitrato em resposta a infecções, e até a esforço físico intenso, como correr e andar de bicicleta. Além disso, sempre foi difícil explicar o fato de que, embora o uso de fertilizantes de nitrato venha aumentando ano a ano, a incidência de cânceres do trato digestivo decresce anualmente. Embora seja quase impossível provar que nitrato não causa câncer, há boas razões para se pensar que ele na realidade protege o organismo humano contra agentes patogênicos. (No século XIX, usava-se nitrato na medicina para tratar febres, até que a aspirina o substituiu.)

A proteção que o nitrato oferece se dá da seguinte maneira: parte do nitrato da dieta (NO_3^-) é convertido em nitrito (NO_2^-) por bactérias especializadas que vivem na língua; esse nitrito forma óxido nítrico (NO) quando encontra as fortes condições ácidas no estômago; o óxido nítrico mata bactérias nocivas, como *Salmonella* e *E. coli*, que o acido por si só pode não matar. A teoria mais antiga supunha que a produção de nitrito era uma possível razão para a formação de cânceres, porque, potencialmente, o nitrito podia reagir com uma amina para formar uma N-nitrosamina, e essas substâncias químicas são sabidamente carcinogênicas, como o demonstram testes com animais. Hoje parece improvável que esse processo de formação de N-nitrosamina ocorra em seres humanos.

Apesar da debilidade dos indícios que ligaram o nitrato presente em água potável ao câncer humano, foram impostas restrições aos níveis de nitrato em rios: eles não podem passar de 50 partes por milhão (p.p.m.) na União Européia e de 45p.p.m. nos Estados Unidos, sobretudo nos que fornecem água para consumo humano. Vários tratamentos foram instalados nas estações de purificação de água a fim de se reduzir níveis mais elevados que esses, e estabeleceram-se restrições ao uso de fertilizantes com nitratos em áreas "sensíveis", apesar dos indícios de que a maior parte do nitrato nos rios resulta da ação *natural* de micróbios do solo, e não de fertilizantes. De fato, 40kg de nitrato são lixiviados dessa maneira por hectare a cada ano, quer a terra seja cultivada ou não.

Pesquisas sobre fertilizantes de nitrato foram realizadas na mundialmente famosa Estação Experimental de Rothamsted, situada, há mais de cem anos, cerca de 30km ao norte de Londres. Ali, pesquisadores monitoraram os níveis de nitrato tanto em solos intactos quanto em solos cultivados. Estavam particularmente interessados em investigar a absorção de nitrato por culturas e micróbios do solo, e em avaliar a perda de nitrato pelos solos. A pesquisa revelou que essa perda pode ser minimizada pela mudança das práticas de cultivo e o ajuste dos níveis de aplicação de fertilizantes às necessidades das culturas, assim como por sua aplicação apenas em certas épocas do ano. O resultado é que há muito pouca lixiviação de fertilizantes de nitrato para rios e para a água destinada ao consumo humano.

Os regulamentos sobre o nitrato estavam se baseando em dados sem nenhum fundamento científico sólido. O Comitê Científico de Alimentos da Comissão Européia publicou suas conclusões sobre o nitrato em setembro de 1995, em seu documento *Opinion on Nitrate and Nitrite*; chegou à conclusão de que "até agora estudos epidemiológicos não conseguiram fornecer provas de uma associação causal entre exposição a nitrato e risco de câncer humano". Outros condenaram também esses regulamentos: "As diretrizes publicadas em 1962 pela Organização Mundial da Saúde e a Organização para a Agricultura e Alimentação da ONU, e, em 1980, pelos Estados Unidos, são agora redundantes. Precisam ser revogadas, o que acabará tornando-se inevitável", diz o dr. Jean-Louis L'Hirondel, do Centro Hospitalar Universitário de Caen, na França, um reconhecido especialista em nitrato e saúde.

Num artigo publicado em *Food Science and Technology*, em 2000, Tom Addiscott, do IACR-Rothamsted, e Nigel Benjamin do Hospital St. Bartholomew, em Londres, deram mais um passo adiante, afirmando que o nitrato é na realidade *benéfico* ao corpo humano, e que fornece um mecanismo de defesa essencial contra a gastrenterite, razão por que está naturalmente presente na saliva. De fato, a eliminação de nitrato da dieta talvez possa explicar por que os casos de envenenamento alimentar aumentaram de maneira tão impressionante nas décadas de 1980 e 1990. Esses autores concluem: "Há razões para se afirmar que a Comissão Européia deveria parar de se preocupar em limitar nossa ingestão de nitrato e começar a assegurar que todos ingiramos o suficiente."

Mas nem todos estão convencidos de que o nitrato é realmente seguro, e Peter Weber, do Centro para Efeitos da Contaminação Ambiental sobre a Saúde, moveu uma ação cautelar para que seja mantido o limite de 45p.p.m. fixado pelo órgão de proteção ambiental dos Estados Unidos. Ele afirma que há uma relação entre os níveis de nitrato e uma variedade de doenças como diabetes, câncer do estômago, câncer da bexiga em mulheres idosas e o linfoma não-Hodgkin. A dificuldade de medir a ingestão dietética e a geração metabólica de nitrato nos indivíduos torna essas conclusões, na melhor das hipóteses, frágeis.

Há fundamentos, no entanto, para a limitação da ingestão de nitratos por certos grupos vulneráveis, como o dos idosos. A razão é que, à medida que envelhecemos, nossa produção de ácido hidroclórico no estômago diminui, e isso nos expõe a um risco maior porque menos ácido significa que nosso corpo é menos capaz de lidar com eficácia com o nitrato. A mesma falta de ácido põe também em risco os que têm uma alimentação insuficiente, tornando os idosos carentes ainda mais vulneráveis; há ainda alguns indícios epidemiológicos de que a incidência de câncer no estômago entre os idosos, em regiões socialmente desfavorecidas, é maior nos lugares onde os níveis de nitrato na água para consumo humano estão acima da média, pelo menos no Reino Unido.

Fertilizantes para campos de petróleo

Um dos problemas que as companhias petrolíferas enfrentam é que apenas 50% do óleo, no máximo, pode ser extraído de estratos situados nas profundezas da crosta terrestre. Às vezes, até 65% do óleo permanece preso a rochas porosas como o arenito. Os noruegueses encontraram uma maneira de resolver o problema: injetar uma solução de nitrato de sódio nesses reservatórios subterrâneos de óleo. Isso estimula a proliferação de bactérias redutoras do nitrato, e estas, por sua vez, desprendem o óleo das rochas. No fim desta década, o campo de petróleo de Norne, que está sob o mar da Noruega e próximo ao círculo Ártico, poderá ser capaz de fornecer cerca de 500 milhões de barris* de petróleo, mais de duas vezes a quantidade que poderia ser extraída sem essa "adubação".

*1 barril = 159 litros.

Capítulo 3

Virilidade, esterilidade e Viagra

O sexo e a procriação podem ser as forças propulsoras de muito do que fazemos; hoje, porém, as delícias do sexo e a realização que vem com a formação de uma família são ofuscadas por temores mais profundos, sobretudo no caso dos homens. Você é estéril? Tem dificuldades em conseguir uma ereção? O que pode tomar que prometa acelerar sua pulsação e a de sua parceira, e assim reaquecer um relacionamento? Você tem realmente condições de ir além de relacionamentos casuais e arcar com o ônus de um relacionamento duradouro? Neste capítulo examinaremos algumas moléculas que desempenham um papel no sexo, na impotência, na infertilidade e até nos rituais outrora comuns do namoro e do casamento.

Curiosamente, a palavra *química* tem um significado totalmente diverso quando se fala de sexo; as pessoas usam o termo para designar uma atração sexual satisfatória entre duas pessoas. Mas como o estabelecimento *daquela* química requer sem sombra de dúvida uma contribuição *desta* química, examinaremos cinco substâncias que têm seu papel a desempenhar aí. São elas: o óxido nítrico, que estimula um rapaz a agir; o Viagra, que pode estimular um homem mais velho; o amil nitrito, que pode intensificar os efeitos do sexo; e o selênio, cuja falta pode explicar a esterilidade masculina. A quinta substância química, o diamante, é empregada fora do corpo, para dizer ao mundo que você ama e é amado.

Óxido nítrico (NO)[1]

Esse gás, outrora considerado um poluente atmosférico, é a chave que gira a válvula que permite ao sangue fluir para dentro do pênis. É também a molécula que ativa muitos outros processos fisiológicos, alguns dos quais podem se desregular. Mas como esse simples radical livre é formado? E que pode ele realmente fazer?

O óxido nítrico regula atividades fisiológicas da nossa cabeça aos dedos do pé. Cérebro, nariz, garganta, pulmões, estômago, fígado, rins, órgãos genitais, intestinos e vasos sanguíneos — todos precisam dele. Está presente quando engolimos e quando defecamos. É necessário na luta contra vírus, bactérias e parasitas. Está envolvido em cada pensamento fugaz, em cada sonho, cada dor que temos. Em todos os momentos de nossa vida, nosso corpo gera uma provisão de moléculas NO, nenhuma das quais dura mais de alguns segundos. Em algumas afecções, o NO precisa ser elevado em minutos, em outras, precisa ser imediatamente reduzido.

O coração precisa de oxigênio para gerar energia e ser capaz de bombear o sangue que lhe chega pelas artérias coronárias. Quando estas se estreitam, o que geralmente ocorre em conseqüência de depósitos de gordura, o paciente sente as dores da angina do peito, muitas vezes como resultado de um pequeno esforço. (Se as artérias ficam bloqueadas, a vítima sofre um ataque cardíaco.) Nesse caso, as artérias precisam de uma rápida correção do NO. Alguns remédios existentes há muito tempo para o alívio da angina são capazes de suplementar a provisão natural de NO do corpo, e assim elevam o fluxo de sangue para o coração mediante o relaxamento dos músculos dos vasos sanguíneos. No homem, são essa mesma molécula e esse mesmo efeito que desencadeiam uma ereção, e por meio da mesma ação química.

Por que o corpo usa NO é algo difícil de entender, uma vez que este é conhecido há muito como um gás desagradável que reage com o oxigênio para formar dióxido de nitrogênio (NO_2), que, por sua vez, reage com a água para formar ácido nítrico (HNO_3), processo que no passado contribuiu para a poluição atmosférica e a chuva ácida. O óxido nítrico é um radical livre, e o corpo está empenhado numa batalha incessante com essas moléculas porque elas podem lesionar células, causar envelheci-

1 Também conhecido como monóxido de nitrogênio ou óxido de nitrogênio (II).

mento e dar início a cânceres. Gerar NO deliberadamente parece contraproducente, mas estamos lidando aqui com uma molécula bastante fora do comum.

O óxido nítrico foi feito provavelmente pela primeira vez por Jan Baptist van Helmont (1579-1644), um alquimista flamengo que levou uma vida muito reclusa em sua propriedade perto de Bruxelas. Ele foi mais que um homem devotado à busca da pedra filosofal ou do elixir da longa vida, como revelaram os ensaios que seu filho publicou logo após sua morte. Van Helmont sabia que existiam vários gases e, de fato, foi o primeiro a usar essa palavra, que deriva do grego *khaos*, caos. Embora provavelmente tenha feito óxido nítrico, as técnicas de que dispunha não lhe permitiram investigar suas propriedades. Essa tarefa ficou para o químico inglês Joseph Priestley (1733-1804), que criou um método de reunir gases permitindo-lhes ascender num copo invertido cheio de água. Atribui-se com razão a Joseph Priestley a descoberta do NO em 1772, embora seja sem dúvida possível que seu trabalho tenha se baseado nas observações anteriores do alquimista inglês John Mayow (1640-79), que escreveu sobre vários "ares", um dos quais poderia ser realmente o NO.

Várias reações químicas produzem NO, porém a mais simples, que costumava ser usada nos laboratórios escolares, consistia em deixar ácido nítrico concentrado gotejar sobre aparas de cobre. De início, formam-se vapores castanhos no recipiente de reação, à medida que o óxido nítrico produzido reage com o oxigênio capturado do ar para formar dióxido de nitrogênio, mas esse subproduto não desejado se dissolve à medida que o gás ferve na água, e o NO que se acumula é incolor. Uma maneira melhor de preparar NO em pequena quantidade é promover uma reação de nitrito de sódio ($NaNO_2$) com ácido ascórbico (vitamina C).

Quando exposto ao ar, o NO adquire rapidamente uma cor castanho-avermelhada, mas isso só acontece no ar comum e a reação é catalisada por vapor de água. (Gás de oxigênio seco não reage com NO.) Quimicamente, o gás comporta-se como o oxigênio, porquanto suporta combustão, embora não tão bem.

O óxido nítrico exerce certa fascinação sobre os químicos por ser uma ave rara, um radical livre *estável*. O elétron extra "avulso" que possui deveria torná-lo extremamente interativo, mas isso não acontece, e o gás foi muito explorado ao longo dos anos. Ele pode perder esse elétron avulso e tornar-se NO^+, conhecido como o íon nitrosônio, e este pode ser produzido e manipulado até como um sal sulfato. NO tem grande poder de se ligar a metais e conhecem-se centenas desses compostos.

O NO é produzido industrialmente pela reação de amoníaco (NH_3) e gás oxigênio a 900°, outra reação que também requer a presença de vapor de água, bem como de um catalisador composto dos metais platina e ródio. Há dois usos principais para esse gás: produzir ácido nítrico e com ele manufaturar fertilizantes de nitrato de amônio (NH_4NO_3); ou fazer hidroxilamina (NH_2OH) e com ela produzir *nylon*. No primeiro caso, o nitrogênio do NO provavelmente acabará em nossos corpos como proteína; no segundo, provavelmente fará parte de nosso ambiente.

No século XX, o óxido nítrico desempenhou papel indesejado como um dos chamados gases NOx emitidos dos exaustores de motores. Foi em parte responsável pelo nevoeiro e a fumaça que poluíram nossas cidades nos climas quentes, e um dos fatores que contribuíram para a chuva ácida nos climas temperados. Agora que estamos fazendo o possível para controlar esses dois problemas, o gás perdeu seu estigma e, na verdade, quando os jovens ouvem falar de NO é mais provável que o conheçam por seu papel-chave no sexo.

O intrigante NO

Como o papel do NO no corpo foi descoberto? Na verdade, ele era o elo que faltava numa seqüência de eventos. Antigamente pensava-se que a acetilcolina era a molécula mensageira que dizia aos músculos dos vasos sanguíneos para relaxar. No entanto, quando dois cientistas norte-americanos, Robert Furchgott e John Zawadzki, removeram as células endoteliais que forram as paredes dos vasos sanguíneos, e com os quais a acetilcolina interage, descobriram que essa molécula deixava de ter o efeito esperado. Claramente, a acetilcolina era somente o primeiro mensageiro, e era um segundo mensageiro liberado pelas células endoteliais que relaxava os músculos. Qual podia ser esse segundo mensageiro? Eles o chamaram de fator relaxante derivado do endotélio (EDRF, sigla em inglês), mas não conseguiram encontrar nenhum vestígio dele.

As coisas ficaram por aí durante algum tempo, embora houvesse sugestões de que o EDRF se assemelharia às drogas também capazes de relaxar os músculos dos vasos sanguíneos, isto é, a nitroglicerina e o amil nitrito. O que as duas têm em comum é um agrupamento de átomos NO_2, e isso estava claramente relacionado à sua ação medicamentosa.

Finalmente compreendeu-se que o segundo mensageiro era o NO. Foi difícil admitir isso por causa da natureza desse gás, embora já se soubesse que ele podia ser produzido e emitido por bactérias. A idéia de que organismos elevados o produziam e usavam deliberadamente parecia absurda, porque era um gás de radicais livres, instável e tóxico, parecendo ter tão poucas chances de ser gerado no corpo quanto de valer um Prêmio Nobel a quem afirmasse isso. Mas era, e valeu — ver o boxe.

O NO e o Prêmio Nobel

O Prêmio Nobel de Medicina de 1998 foi partilhado por Robert Furchgott, Ferid Murad e Louis Ignarro por "suas descobertas referentes ao óxido nítrico como molécula sinalizadora no sistema cardiovascular". Eles realmente mereciam o prêmio porque foram os primeiros a mostrar que o gás pode ter essa ação.

Em 1980, Furchgott projetou o experimento que provou que uma molécula sinalizadora desconhecida relaxava os músculos dos vasos sanguíneos. Murad descobriu, em 1977, que a nitroglicerina atuava liberando NO e que isso fazia músculos relaxarem, e sugeriu que o NO poderia ter um papel no organismo, embora não pudesse provar sua hipótese. Ignacio realizou a análise que provou, em 1986, que o NO era a molécula mensageira.

Enquanto os futuros laureados com o Nobel realizavam suas pesquisas, também na indústria farmacêutica havia cientistas analisando o problema. Em meados da década de 1980, Salvador Moncada e colegas nos Laboratórios de Pesquisa Wellcome, em Beckenham, na Inglaterra, admitiram que o NO era o mensageiro ainda não identificado. A fim de estudar seus efeitos, desenvolveram uma versão em pequena escala do equipamento usado na indústria automobilística para medir os níveis de NO em gases liberados por escapamentos. Utilizando o gás NO saído diretamente de um cano, puderam mostrar como essa molécula provocava o relaxamento dos músculos. Descobriram também, para sua grande surpresa, que os vasos sanguíneos eram capazes de produzir o NO de que precisavam a partir do aminoácido arginina, de que o organismo humano tem abundante provisão. (Para mais informações sobre aminoácidos, ver "Glossário".) A proteína das castanhas é particularmente rica em arginina; o amendoim, por exemplo, contém 11%; outros alimentos com muita arginina são ervilhas (9%), arroz (9%), carne (7%), ovos (6%), peixe (6%) e batata (5%). Nosso sangue contém cerca de 14mg de arginina por litro.

A aminoácido arginina tem um grupo guanidina como parte de sua composição, e um dos nitrogênios dessa parte dele é arrancado para produzir NO. A enzima capaz de fazer isso é a sintase de NO; é necessário que esteja presente também gás oxigênio (O_2), e um de seus átomos é acrescentado ao nitrogênio para formar NO, enquanto o outro substitui o nitrogênio tomado da arginina, convertendo-o assim em citrulina. (O corpo é capaz de reciclar a citrulina, retransformando-a em arginina.) Uma das primeiras provas de que havia produção de NO a partir desse aminoácido foi o uso de arginina marcada com nitrogênio-15, radioativo, que resultou depois em NO e pôde ser detectada por meio de espectrometria de massa.

A capacidade de produzir NO não é um desenvolvimento evolucionário recente dos organismos animais — testemunha disso é o caranguejo *Lymulus polyphemus*, cujas origens remontam há 500 milhões de anos. Essa criatura desenvolveu um processo para fazer NO a partir de arginina e utiliza-o para impedir que suas células sanguíneas coagulem.

A partir disso, o grupo Wellcome pôde explicar como as drogas amil nitrito e nitroglicerina funcionam.[2] Elas são capazes de interromper um doloroso ataque de angina liberando mais NO, o qual relaxa os vasos constritos que estão reduzindo o fornecimento de sangue e oxigênio para o músculo cardíaco. A nitroglicerina perde um de seus três grupos nitro quando encontra uma enzima chamada aldeído desidrogenase mitocondrial e forma assim o íon nitrito, NO_2^-, facilmente reduzido a NO. Mas a mitocôndria só é capaz de processar dessa maneira pequenas quantidades de nitroglicerina, o que explica por que os efeitos desse tipo de vasodilatador têm curta duração.

A maneira exata como a nitroglicerina atua só foi revelada em 2002, por um trabalho realizado no Centro Médico da Universidade de Duke, em Durham, na Carolina do Norte, onde uma equipe liderada por Jonathan Stamler descobriu que o aldeído desidrogenase mitocondrial é a enzima responsável pela liberação de NO a partir dessa molécula. Os pesquisadores puderam explicar também por que doses repetidas de nitroglicerina têm efeito cada vez menor. Isso ocorre porque cada enzima que processa uma molécula de nitroglicerina é desativada na medida em que faz isso, e assim todas as enzimas na mitocôndria podem ser desativadas.

O óxido nítrico foi identificado pela primeira vez no cérebro por John Garthwaite e colegas da Universidade de Liverpool, na Inglaterra. Eles mostraram que esse órgão produz NO exatamente da mesma maneira que os vasos sanguíneos. Esses achados foram confirmados quando Solomon Snyder, na Universidade Johns Hopkins, nos Estados Unidos, clonou a enzima que produz o óxido nítrico, a sintase de NO, e descobriu que ela era abundante no cérebro. De fato, o corpo tem três tipos de sintase de NO: um para as artérias, um para o cérebro e um para o sistema imune. O fato de o cérebro conter mais sintase de NO que qualquer outro órgão revela a importância de NO para seu funcionamento.

2 Amil nitrito é conhecido também como isoamil nitrito, e nitroglicerina é também conhecida como trinitrato de gliceril.

Na realidade, o óxido nítrico poderia ser também o muito procurado "mensageiro retrógrado", que é a base da memória. Como uma célula receptora em nosso cérebro que foi estimulada uma vez reconhece a mesma estimulação quando ela se repete? O receptor faz isso devolvendo um sinal de "mensagem recebida e compreendida" para a célula que enviou a mensagem, e esta por sua vez programa-se para, da vez seguinte, enviar uma mensagem ainda mais intensa. Pesquisadores conjecturaram que, sendo tão abundante no cérebro, o NO poderia servir como esse mensageiro, embora isso ainda precise ser comprovado.

Sendo pequeno, o NO é capaz de entrar e sair de células com facilidade, e é rapidamente removido depois que seu serviço foi feito. É gerado em células nervosas e espalha-se rapidamente, ativando todas as células em sua vizinhança imediata. Os leucócitos, como os macrófagos, produzem-no em abundância e o utilizam numa guerra de gases contra microorganismos invasores. A reação pode ser tão intensa que dilata os vasos sanguíneos em tal medida que a pressão arterial cai, e o paciente perde a consciência. Esse pode ser o primeiro sinal de que uma pessoa está sofrendo o chamado choque séptico, que pode matar rapidamente. Para tratar esses pacientes, são usados inibidores que bloqueiam as enzimas formadoras de NO e podem restaurar a pressão arterial em minutos. Esse estado de excesso de NO é raro; o que muitas pessoas enfrentam à medida que envelhecem é *falta* de NO, o que se manifesta na forma de doença cardíaca e angina.

O óxido nítrico pode entrar e sair rapidamente da maioria dos tecidos do organismo, mas não consegue atravessar os vasos sanguíneos, porque é rapidamente destruído assim que penetra num glóbulo vermelho. Ali encontra uma molécula de hemoglobina que transporta oxigênio, e ocorre uma rápida reação em que o NO é oxidado em nitrito e talvez até em nitrato.

Por si mesmo, o óxido nítrico pode ser um radical livre relativamente estável — isto é, em comparação com outros radicais livres, que só podem existir por uma fração de segundo. De fato, seu tempo de vida no organismo é breve, o que torna quase impossível observá-lo em ação. Desenvolveram-se métodos para detectar NO em baixas concentrações, mas eles não se mostraram apropriados para seu estudo *in vivo*. Tudo isso mudou com o trabalho inovador de Tetsuo Nagano e um grupo de colegas químicos da escola de pós-graduação em medicina da Universidade de Tóquio, publicado em 1998. Eles resolveram o problema de rastrear NO desenvolvendo compostos que emitem fluorescência quando o encontram.

Esses compostos são corantes de diaminofluoresceína: ao reagir com NO, brilham, emitindo uma luz verde intensa cujo comprimento de onda pode ser medido e usado no cálculo da quantidade de NO presente. A reação com NO é altamente específica, e não há sinais espúrios resultantes da reação das moléculas corantes com outras substâncias em tecido biológico. O teste é extremamente sensível, sendo capaz de detectar NO em concentrações tão baixas quanto nanogramas por litro, em outras palavras, partes por *trilhão*.

Doutor NO

O uso médico das drogas que formam o NO tem mais de 125 anos, durante os quais elas salvaram incontáveis vidas. Essa história começou com Antoine Jérôme Balard (1802-76), que investigou os componentes responsáveis pela deterioração do odor da *Eau-de-vie de Marc*, o conhaque destilado a partir da polpa da uva prensada depois que o vinho foi feito. Identificou-o como amil nitrito e registrou que lhe causava violentas dores de cabeça. Outros que estudaram o composto e aspiraram seu vapor observaram que ele lhes acelerava o coração e fazia seus rostos ficarem afogueados, embora esse efeito durasse apenas cerca de um minuto.

Os efeitos médicos do amil nitrito foram investigados por Sir Benjamin Ward Richardson (1828-96), que os descreveu numa palestra para a Associação Britânica para o Progresso da Ciência, em sua reunião anual em 1864. Mas coube a um outro médico londrino, Sir Thomas Lauder Brunton (1844-1916), deduzir que ele atuava dilatando vasos sanguíneos. Sir Thomas experimentou-o em seus pacientes que sofriam de angina, com considerável benefício. Relatou isso na mais importante revista médica, *The Lancet*, em 1867, e o resto, como se diz, é história.

O nitrato de amil é um líquido volátil que ferve a 98°. Aqueles que corriam o risco de sofrer ataques de angina podiam levar consigo uma pequenina cápsula de vidro da substância; quando necessário, quebravam-na num lenço e aspiravam o vapor para obter alívio. Isso é mencionado no conto de Sherlock Holmes "O caso do paciente residente".

Enquanto isso, na Suécia, na fábrica pertencente a Alfred Nobel, alguma coisa estranha estava acontecendo. Enquanto o próprio Nobel queixava-se de dores de cabeça latejantes quando chegava ao trabalho, alguns de seus empregados, que sofriam de problemas cardíacos, relatavam que suas dores no peito desapareciam quando estavam trabalhando. Essa observação chegou ao conhecimento dos médicos locais e acabou resultando na prescrição de nitroglicerina como tratamento para doença cardíaca, a tal ponto que até Nobel foi tratado com ela quando adoeceu, embora isso lhe provocasse dores de cabeça como efeito colateral. Numa carta que escreveu na época, ele comentou: "É irônico que meu médico esteja me ordenando agora *comer* nitroglicerina." O tratamento envolvia pôr uma minúscula pílula de 0,5mg de nitroglicerina sob a língua. Ela se dissolvia rapidamente e era absorvida pela corrente sanguínea, fornecendo alívio em alguns minutos. (Não havia perigo de esses comprimidos explodirem, porque a nitroglicerina era diluída com lactose ou algum outro carboidrato.)

A exposição à nitroglicerina pode causar enxaquecas como as que acometiam Nobel; os médicos chamam isso de dor de cabeça da nitroglicerina. Este era apenas um de um conjunto de efeitos colaterais experimentados pelos que lidavam com a substância; os outros eram enrubescimento da face, palpitações e eliminação de quantidades copiosas de urina. A afecção era conhecida também como dor de cabeça da segunda-feira, porque a nitroglicerina geralmente afetava os trabalhadores no primeiro dia de trabalho da semana e desaparecia quando o corpo se adaptava a ela.

Os efeitos da nitroglicerina chamaram a atenção dos médicos também durante a Primeira Guerra Mundial, quando as mulheres que acondicionavam a substância em granadas queixavam-se de tontura e vertigem. Medindo-se suas pressões arteriais, verificou-se que eram muito baixas, e a razão disso era que a nitroglicerina que absorviam através dos pulmões e da pele era suficiente para afetá-las. Outro explosivo, o trinitrotolueno (TNT), causou problemas semelhantes entre os operários das fábricas de munição durante a Segunda Guerra Mundial, tendo em alguns casos sido letal.

Atualmente a nitroglicerina é vendida num *spray* chamado Coro-Nitro, usado para borrifar a língua imediatamente depois que um ataque de angina se inicia, ou logo antes de um esforço que tenderia a provocar um ataque. Pode também ser aplicado diretamente sobre a pele na forma de um adesivo de 5mg ou 10mg.

Todas essas diferentes formas do medicamento contêm um grupo de átomos NO_2 que pode estar ligado ao resto da molécula por meio de um dos oxigênios, quando é chamado de nitrito, ou por meio do átomo de nitrogênio, quando é chamado de composto nitro. Normalmente, não seria desejável tratar pessoas diretamente com NO porque ele é tóxico, como o grande químico inglês Sir Humphry Davy (1778-1829) descobriu em 1800 quando esse gás quase o matou. Na dose certa, contudo, pode salvar vidas.

Na década de 1990, o NO era usado na prática clínica na forma do próprio gás; era ministrado a fim de aliviar congestão pulmonar em adultos e até em bebês, quando acrescentado em quantidades muito pequenas (25p.p.m.) ao oxigênio que respiravam. Cerca de 20% dos bebês fetos secretam uma substância viscosa chamada mecônio de seus intestinos para o líquido amniótico, a partir do qual ela pode penetrar em seus pulmões e dificultar sua respiração depois que nascem. Essa afecção pode ser aliviada pelo gás NO, que faz o bebê passar de uma cor azul, que reflete a carência de oxigênio, para um rosado saudável num tempo relativamente curto.

Em geral, contudo, a melhor maneira de aumentar o NO no corpo é ministrá-lo indiretamente de vários modos na forma de compostos de nitratos. Os que foram usados para tratar doenças cardíacas são o tetranitrato de eritritil, o dinitrato de isosorbide e o tetranitrato de pentaeritritol; todos eles foram prescritos como vasodilatadores sob vários nomes comerciais. O tetranitrato de eritritil, por exemplo, era também conhecido como cardilate; a ação desse composto é lenta, leva 15 minutos para se fazer sentir (embora perdure por até três horas), o que provavelmente explica por que ele era menos popular do que o dinitrato de isosorbide, que leva apenas três minutos para atuar e faz efeito durante uma hora. Este continua sendo amplamente usado e prescrito sob vários nomes, e está disponível na forma de comprimidos, tabletes mascáveis ou *sprays* bucais. Por fim, há o tetranitrado de pentaeritritol, cuja ação pode durar seis horas, mas leva 20 minutos para agir. Hoje este último é raramente prescrito. Todos esses vasodilatadores são metabolizados por enzimas nas células musculares ou nas células dos vasos sanguíneos e liberam NO.

Assim como a nitroglicerina, todos eles são extremamente explosivos e usados como tal; sua potência deriva dos vários grupos de nitrato (NO_3) que contêm. Quando este se decompõe, libera energia à medida que forma gás nitrogênio (N_2); ao mesmo tempo, seus átomos de oxigênio combinam-se com átomos de carbono e hidrogênio no resto da molécula, liberando desse modo ainda mais energia ao reagirem para formar dióxido de carbono e água. Quando esses componentes sofrem um golpe forte, a onda de choque que atravessa o material faz nitrato colidir com nitrato e, num milissegundo, inicia-se uma reação química que se torna uma reação em cadeia e resulta numa explosão.

Quanto mais aprendemos sobre NO, mais fomos capazes de contextualizar outras observações. Por exemplo, estamos descobrindo agora que há mais de cem anos o NO vem protegendo nossos alimentos. Há muito tempo os produtores de carne usam nitrito de sódio para inibir o crescimento de bactérias perigosas em presunto defumado e carne conservada em lata, embora ninguém soubesse exatamente por que isso funcionava tão bem. Agora compreendemos: esse simples sal atua como uma fonte de NO. Mesmo depois que comemos nosso sanduíche de carne em conserva esse NO pode continuar sendo útil — porque esta é a molécula que provoca as contrações em ondas do aparelho digestivo que move o alimento por nosso estômago e intestinos. O aspecto avermelhado e fresco que o nitrito de sódio confere à carne é um efeito de sua redução a NO, que depois se liga com o ferro da hemoglobina para formar um composto cor-de-rosa.

Os macrófagos são células do sangue que procuram partículas estranhas, como bactérias invasoras ou células mutantes, e as destroem injetando-lhes uma dose fatal de NO. Além disso, o NO liga-se a proteínas chamadas fatores de transcrição, que ativam e desativam os genes. Associa-se também a átomos de enxofre dos aminoácidos na proteína, que depois tem de ser removida, embora isso demande tempo. É esse tempo que o organismo pode usar para melhor aparelhar seu sistema imune no intuito de combater e matar os micróbios invasores. As bactérias, contudo, têm suas próprias defesas, na forma de proteínas com átomos de enxofre que atraem NO e o removem; têm até um fator de transcrição que, quando atacado pelo NO, responde ativando grande número de genes para produzir suas próprias proteínas de defesa.

A ligação de NO com os átomos de enxofre é reconhecida atualmente como um dos mais importantes mecanismos de ativação que ocorrem no corpo. A pesquisa de Jonathan Stamler contribuiu para revelar de que maneira o NO produz seus efeitos. Sabemos agora que ele tem por alvo dois tipos de átomo: os enxofres das proteínas e os átomos de metal situados no centro das moléculas hemo. É por este último tipo de interação que exerce seu efeito sobre a molécula mensageira GMPc[3] — a maior parte dele em um minuto.

Se o corpo produz NO demais, a conseqüência é uma inflamação local. Um dos sintomas mais irritantes da coqueluche é a própria tosse, causada pela superprodução de NO na traquéia.

Não há sexo sem NO

Não só os homens exibem-se para anunciar às fêmeas que estão prontos para o sexo. Os vaga-lumes fazem isso o tempo todo e também eles dependem de NO. Barry Trimmer e colegas da Universidade Tufts, em Massachusetts, relataram isso em 2001. O NO é o mensageiro químico que estimula a célula que gera a luz dos pirilampos, e esses pesquisadores descobriram que, quando postos numa atmosfera com 70p.p.m. de NO, os vaga-lumes emitem luz permanentemente.

Nos homens, o efeito de NO também é bastante sensacional. Os estímulos no cérebro emitem um sinal para os nervos do corpo cavernoso, o músculo esponjoso do pênis, que então libera óxido nítrico. Isso relaxa o músculo que atua como porteiro, e assim o sangue pode penetrar os tecidos, fazendo-os intumescer e produzir uma ereção. O primeiro artigo

3 Abreviatura de monofosfato de guanosina cíclica.

sobre esse papel do NO foi publicado pelo professor K.E. Andersson, do Hospital Universitário de Lund, em 1991, na revista *Acta Physiologica Scandinavica*. (De fato, um artigo semelhante de um grupo do Centro Médico Universitário de Boston havia sido apresentado para publicação antes, mas só veio a público depois do artigo de Andersson.) Como seria de esperar, o trabalho atraiu a atenção da mídia do mundo inteiro, mas isso não foi nada comparado à cobertura maciça dedicada pela mídia à nossa próxima molécula.

Quando os mortos se levantam: Viagra

À medida que os homens avançam pela meia-idade, seu desejo de sexo pode às vezes ser frustrado pela incapacidade de manter ou mesmo de obter uma ereção. E embora isso possa não ser muito grave a partir de certa idade, pode ser gravíssimo antes dela. É então que eles recorrem ao Viagra.

Por que os pênis dos homens ficam eretos várias vezes durante a noite, sem que eles tenham consciência disso? É freqüente também que acordem com uma ereção. Freud tinha uma resposta: deviam estar tendo sonhos sensuais ou, se não fosse o caso, seus sonhos deviam estar carregados de simbolismo sexual. Se tivesse conhecimento sobre enzimas e o efeito do óxido nítrico, Freud poderia ter chegado a uma conclusão diferente: é mais provável que o pênis ereto cause os sonhos sensuais do que o contrário.

À medida que os homens ficam mais velhos, seu desejo de realizar um ato sexual pode ser frustrado por um membro pouco entusiástico. Eles estão sofrendo do que tecnicamente se chama de disfunção erétil, e é então que recorrem ao Viagra. Costumava-se dizer que as mulheres podem fingir um orgasmo, mas os homens não podem fingir uma ereção. Agora podem; graças ao Viagra, podem ter absoluta certeza de serem capazes de obtê-la.

Um neurofisiologista britânico, dr. Giles Brindley, tornou-se famoso nos anais da medicina por uma conferência que fez em Las Vegas em 1983 sobre tratamentos para a impotência. Dirigindo-se aos delegados à reunião anual da Associação Norte-americana de Urologia, falou-lhes sobre a reação extraordinária que a fenoxibenzamina, droga normalmente usada para reduzir a pressão arterial, produzia quando injetada no pênis. Como talvez suspeitasse de que alguns na audiência não lhe dariam crédito, o médico preparou para eles uma surpresa de que jamais se esqueceriam.

Minutos antes da conferência, Brindley, de 57 anos de idade, injetou a droga em seu próprio pênis; ao notar que ela estava claramente surtindo efeito, saiu de trás do atril, abaixou a calça da roupa de *jogging* que usava e exibiu para sua platéia o maravilhoso efeito produzido pela fenoxibenzamina. Não satisfeito, caminhou pelo auditório, convidando delegados a palpar seu pênis para provar que ele não era mantido por alguma prótese (até então, esta fora uma das maneiras de manter um pênis impotente rígido o bastante para permitir relações sexuais com penetração).

Brindley havia descoberto os benefícios da fenoxibenzamina quando um colega sugerira que drogas que baixavam a pressão arterial talvez tivessem o efeito exatamente oposto sobre o pênis. Destemidamente, fora para casa e testara um pouco em si mesmo, com resultados notáveis. Em um de seus artigos, afirmou que a papaverina produzia "uma ereção ininterrupta durante quatro horas". Essa droga ainda é usada por quem se dispõe a injetá-la no pênis, e acredita-se que os atores masculinos dos filmes pornográficos lancem mão dela.

O sucesso de Brindley estimulou outros a injetar diferentes compostos no pênis, e de fato alguns mostraram-se igualmente eficazes. Um deles acabou comercializado como medicamento, com nome químico de alprostadil. Essa foi a primeira das drogas desse tipo a serem aprovadas pelo FDA para tratamento da disfunção erétil em 1995. Funcionava muito bem, o único inconveniente era a necessidade de injetá-la na base do pênis.

É claro que, para um homem que fosse incapaz de enfiar uma agulha em seu pênis, havia outras maneiras, ligeiramente menos penosas, de estimular o membro flácido. Uma delas consistia em inserir uma bolinha de alprostadil na ponta do pênis e esperar que a droga se espalhasse pela uretra e pelo tecido circundante, sobre o qual produziria igualmente o efeito desejado. Carl Djerassi fala desses tratamentos para a impotência em suas obras literárias.

Viagra é o nome comercial do citrato de sildenafil. A substância foi descoberta no final da década de 1980, nos laboratórios Pfizer, em Sandwich, em Kent. De certo modo, pode-se dizer que se tratou de uma descoberta acidental, porque foi feita por uma equipe que estava de fato à procura de um tratamento para a angina. Simon Campbell e David Roberts iniciaram sua pesquisa sobre drogas alternativas em 1985, procurando uma molécula que bloqueasse a enzima fosfodiesterase, que tem a função de desativar a molécula mensageira GMPc. Um dos papéis de GMPc é atuar

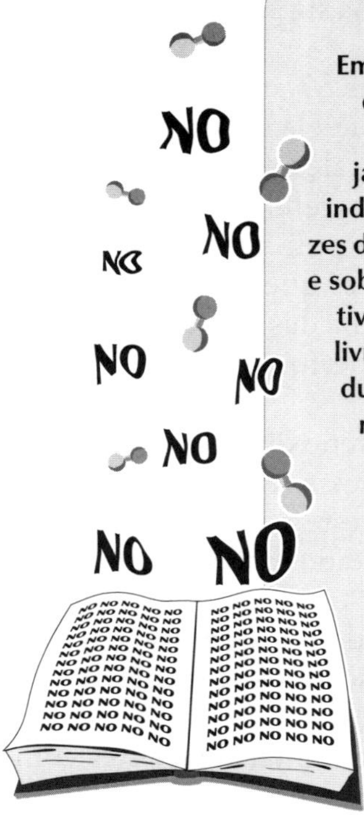

NONO — Da ficção para a realidade

Em 1998, Carl Djerassi, o dramaturgo, poeta, romancista e inventor da pílula anticoncepcional, publicou o que é provavelmente o romance de título mais curto que jamais houve: *NO*. O livro fala sobre uma cientista indiana, Renu Krishnan, que descobre compostos capazes de liberar NO ali onde ele é mais necessário, no pênis, e sobre as ações inescrupulosas envolvidas em sua tentativa de criar uma nova companhia para produzi-los. No livro, Djerassi introduz a idéia de moléculas NONO, de dupla potência, em que um NO liga-se a outro agrupamento NO dentro de uma molécula existente; e, de fato, algumas moléculas desse tipo estão sendo ativamente pesquisadas e testadas hoje como possíveis medicamentos. Elas poderiam ser usadas para promover a cicatrização dos vasos sanguíneos após angioplastia com balão, aliviar hipertensões pulmonares, inibir a coagulação do sangue e preservar corações doados para transplante. A dificuldade com essas drogas é projetá-las de tal modo que atuem somente no local afetado.

como vasodilatador, em outras palavras, relaxar os músculos vasculares dos vasos sanguíneos, o que faz levando íons de cálcio a sair das células musculares. No ano seguinte, Nick Terrett associou-se a Campbell e Roberts na busca de moléculas adequadas.

Um composto que sabidamente funcionava era o zaprinast, uma molécula com dois anéis de átomos a que outros grupos de átomos estavam ligados. A equipe da Pfizer começou a mudar esses grupos, com a intenção de tornar a molécula mais eficaz no bloqueio da enzima para a qual era atraída. Finalmente convenceu-se de que tinha esse composto e deu-lhe o número de código UK92480, e o nome sildenafil.

Em julho de 1991, depois que testes de laboratório mostraram que o composto era não-tóxico, foram iniciados os testes clínicos com seres humanos. Voluntários receberam doses crescentes da droga para observar se apresentavam algum efeito colateral, e realmente os apresentaram quando ingeriram doses grandes. Em alguns homens o sildenafil provocou dores de cabeça, indigestão, perturbação visual e dor muscular, mas em quase todos produziu fortes ereções, como alguns deles não experimentavam havia muitos anos. Como não é de surpreender, esse inesperado efeito colateral tornou-se o principal centro dos testes. Seriam doses muito menores do composto capazes de produzir ereções? Eram, embora levassem mais tempo. Realizaram-se então testes duplos-cegos com um grupo de voluntários, e o resultado foi um tanto curioso: cerca de 30% dos homens que receberam um placebo também relataram ereções.

Entre os que receberam uma dose de 25mg de sildenafil, 65% relataram ereções mais fortes. Entre os que receberam doses de 50mg, 85% tiveram esse efeito, comparados a 90% do grupo que recebeu a dose máxima de 100mg. (Os outros 10% disseram que os efeitos colaterais de dor de cabeça e indigestão haviam bastado para desencorajá-los.) Esses testes foram realizados no Reino Unido, na França e na Suécia. Quando foram concluídos, a Pfizer sabia que o produto seria um sucesso: quase todos os homens submetidos ao tratamento queriam continuar tomando os comprimidos; na verdade, muitos relutaram em devolver as cápsulas não utilizadas.

Estava claro que a droga devia ser comercializada sob um nome atraente, e o resultado foi Viagra. Além de ser de memorização instantânea, rimava com Niágara. A gigantesca catarata, famosa por suas copiosas e ensurdecedoras quedas-d'água, é também o destino favorito para casais em lua-de-mel na América do Norte. Em algumas semanas, notícias sobre o Viagra tomavam as manchetes do mundo inteiro, enquanto as linhas de produção da Pfizer despejavam milhões dos comprimidos azul-claros em forma de losango. O comprimido azul do Viagra contém também outros ingredientes, como celulose, fosfato de cálcio, dióxido de titânio, lactose (para lhe dar volume e fazê-la desintegrar-se rapidamente no estômago) e um corante azul que lhe confere uma cor peculiar e facilmente identificável. Finalmente, as letras VGR25, VGR50 ou VGR100 estão estampadas em cada comprimido, para indicar a dose que contém.

Como seu efeito se dá no nível molecular, o Viagra funciona seja qual for a razão subjacente à disfunção erétil de um homem: depressão, estresse, alguma outra doença como diabetes ou uma cirurgia da próstata.

A famosa investigação sobre a vida sexual dos norte-americanos feita pelo Instituto Kinsey na década de 1940 mostrara que 15% dos homens com mais de 50 anos eram impotentes. As coisas haviam claramente piorado desde então, e por volta de 1990 afirmava-se que nada menos que 40% dos homens de 40 anos vivenciavam algum grau de disfunção erétil. Esses números vieram de um pequeno estudo realizado em 1994 com 303 homens, em que se considerava que os homens sofriam de disfunção erétil mesmo que relatassem uma perturbação "mínima". Esse foi, no entanto, um resultado que a Pfizer ficou feliz em explorar na sua publicidade. De todo modo, sua verificação era quase

Como o Viagra funciona

Para ter uma ereção um homem precisa ser sexualmente estimulado por palavras, sensações ou atos, o que libera óxido nítrico (NO) de terminais nervosos nas células esponjosas do pênis. Essas simples moléculas põem então em ação uma enzima, a guanilato ciclase, que produz o GMPc, relaxando os músculos e fornecendo sangue ao pênis, o que permite que mais sangue flua. O pênis aumenta e finalmente fica tão ingurgitado de sangue que se mantém ereto.

Nesse meio tempo, uma outra enzima, chamada fosfodiesterase está lá para remover o GMPc, embora num ritmo que não pode fazer face à afluência de NO e de GMPc. À medida que o homem fica mais velho, a produção dessas substâncias químicas pelo organismo é insuficiente para se contrapor ao efeito neutralizante das enzimas fosfodiesterase e o resultado é a impotência na forma de ereções apenas parciais ou insustentáveis. O Viagra corrige essas disfunções bloqueando a enzima fosfodiesterase.

Mas por que haveria o Viagra de afetar somente o pênis, quando a produção e a remoção do GMPc são usadas em muitas outras partes do corpo? A resposta está com a fosfodiesterase, da qual há diferentes variedades, sendo que a presente no pênis é a fosfodiesterase-5. O Viagra desativa essa variedade sem afetar as outras, como a que está presente no músculo cardíaco (fosfodiesterase-3). O Viagra tem o tamanho molecular exato para se encaixar no centro da fosfodiesterase-5 e bloqueá-la. Até conseguir se libertar dessa carga indesejada, a enzima fica inativa contra sua verdadeira molécula-alvo, o GMPc, e assim o nível desta aumenta no pênis e permanece alto enquanto o homem continua sexualmente excitado.

Os efeitos colaterais do Viagra, como dores de cabeça e sensação de tontura, devem-se à dilatação dos vasos sanguíneos no cérebro. Outro efeito da droga é causar em alguns homens, temporariamente, uma visão azulada, o que ocorre porque os cones, as células em forma de cone responsáveis pela visão das cores, também dependem da fosfodiesterase-5.

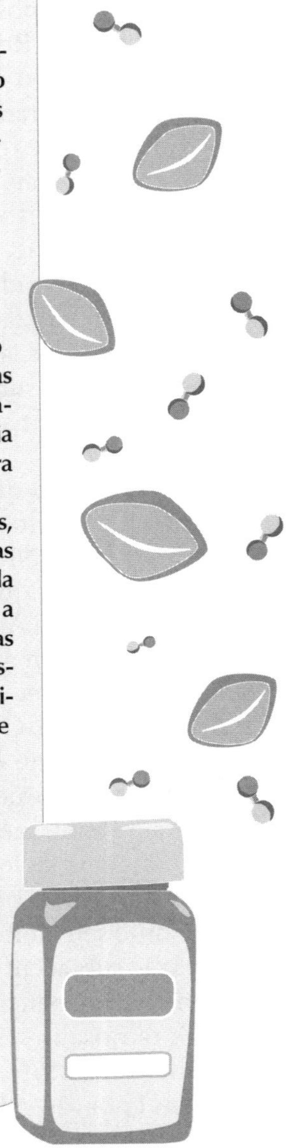

impossível. O prestigioso Instituto Nacional de Saúde dos Estados Unidos estima que nada menos que 30 milhões de norte-americanos sofrem de alguma forma de disfunção erétil, e que somente um homem em cinco procura tratamento para seu problema. A propaganda que envolveu o Viagra enfatizou que a disfunção erétil era uma queixa muito mais comum do que se reconhecia anteriormente.

O Viagra não é um afrodisíaco e só funciona em resposta a estimulação sexual. Teoricamente, se um homem tomar um comprimido e não for sexualmente estimulado, a droga não atuará, embora seja difícil imaginar que um homem não passe a pensar em sexo depois de tomar Viagra.

Antes de ser lançado nos Estados Unidos, em 1998, o Viagra foi testado ali em dois grupos de 532 e 329 homens, e depois com amostras muito maiores, de vários milhares de sujeitos. Nesses testes, dois homens morreram, um de 66 anos que fumava muito e o outro de 53, que aparentemente gozava de boa saúde. Essas mortes não foram inesperadas, quando se considera que se estava lidando com um grupo de homens de meia-idade.

Durante a primeira semana após o lançamento do Viagra, foram feitas mais de 35 mil prescrições do produto; menos de três semanas depois elas totalizavam 300 mil, e no final do ano haviam sido mais de cinco milhões. Na realidade, ele tornou-se o medicamento mais rapidamente vendido na história farmacêutica. Teve o efeito de fazer subir também as ações da Pfizer, que se elevaram de 45 para 115 dólares em duas semanas. No verão de 1998, centenas de milhares de norte-americanos haviam usado a droga, e 69 morrido em conseqüência disso. Destes, no entanto, 46 sofriam de cardiopatias que o ato sexual pode ter exacerbado.

O comprimido de Viagra deve ser tomado cerca de uma hora antes de se iniciar a atividade sexual, e prolongará a potência peniana por três a cinco horas. Uma ereção eficaz, que conduza à ejaculação, pode ser produzida várias vezes durante esse período. O Viagra pode ser usado como uma droga recreativa, e muitos o usam assim, mas isso pode ser arriscado, sobretudo se ele for tomado em conjunção com *poppers*, como são vulgarmente chamados os nitritos voláteis. A combinação dessas duas drogas pode causar uma dilatação tão grande das artérias que o colapso cardiovascular passa a ser uma ameaça real.

Mas nem todos os efeitos colaterais do Viagra são negativos — no que diz respeito aos rinocerontes e a uma espécie de foca, *Pagophilus groenlandicus*, foram muito positivos. O rinoceronte africano estava ameaçado de extinção porque seu chifre era um componente importante de um medicamento chinês considerado particularmente eficaz na cura da impotência. Hoje os chineses tomam Viagra. (O chifre de rinoceronte funcionava, é claro, para aqueles mesmos 30% de homens que respondiam ao tratamento com placebo nos testes do Viagra). O chifre do rinoceronte é composto de uma proteína de um só filamento chamada queratina, que não proporciona qualquer benefício medicinal, pelo menos nenhum que não se poderia obter ingerindo outras formas de queratina, como a dos cascos de animais ou até das nossas unhas. Seja como for, o governo chinês proibiu a importação e o uso de chifres de rinoceronte em 1993; com um pouco de sorte o rinoceronte escapará da lista de animais em extinção.

Embora não corresse o mesmo risco que o rinoceronte, a foca macho da espécie *Pagophilus groenlandicus* estava sendo morta por interesse em uma parte de seu corpo: o pênis. Também este era considerado um tratamento para a impotência e, na altura em que o Viagra entrou em cena, um pênis era vendido por cem dólares. Depois disso, a demanda sofreu tal redução que o preço caiu abruptamente para 15 dólares.

Diante dos lucros que o Viagra gera, não foi surpresa que outras companhias tenham seguido o exemplo e lançado suas próprias versões do medicamento, algumas até proclamando ter encontrado produtos melhores e mais seguros. A Schering-Plough lançou uma droga antiimpotência, o Vasomax; a Eli Lilly e a Icos produziram o Cialis; e a Glaxo-Smith Kline vende o Levitra. Esta última droga foi testada num grupo de 805 homens, 75% dos quais relataram uma ereção suficiente para a penetração mesmo depois de tomar uma pílula de apenas 10mg. Consta que o Levitra atinge a enzima fosfodiesterase-5 de maneira mais eficiente, e tem menos efeitos colaterais; não afeta os olhos, por exemplo. E, embora possa levar um pouco mais de tempo para operar sua mágica, produz uma ação que dura até 12 horas, em contraposição às quatro horas do Viagra. Parece ser particularmente eficaz para homens que sofreram cirurgia da próstata, que muitas vezes deixa uma disfunção erétil como conseqüência.

A Pfizer impugnou essas drogas alternativas nos tribunais, e embora não tenha tido sucesso, conseguiu proteger a patente do Viagra até 2013. O que enfraqueceu a reivindicação pela Pfizer de direitos exclusivos sobre drogas que interferem com a fosfodiesterase foi que vários pesquisadores haviam publicado trabalhos sobre esse assunto em 1992 e 1993, e isso convenceu o juiz da Suprema Corte de que a Pfizer meramente pusera em prática as recomendações de outrem, mesmo que sua patente original datasse de 1991.

Afrodisíacos e *poppers*

Embora nenhuma companhia farmacêutica fabrique afrodisíacos, alguns produtos químicos prescritos para certas afecções parecem produzir excitação sexual como efeito colateral. E, pelo que se diz, alguns conduziriam ao orgasmo supremo.

Segundo o dicionário, um afrodisíaco é algo que desperta desejo sexual. Não é um estimulante para ingurgitar o pênis, mas algo que renova o desejo pela relação sexual quando, por alguma razão, ele é deficiente. Na fantasia masculina, um afrodisíaco é algo que gera um ardente desejo de sexo tanto no homem quanto na parceira. Os seres humanos anseiam por esses elixires há milhares de anos — prova disso são as poções de amor preservadas em papiros egípcios desde o tempo do Reino Médio, por volta de 2000 a.C.

Certas substâncias químicas parecem agir como afrodisíacos, como a ioimbina, a bromocriptina e o deprenil. A primeira é originária da casca interna de uma árvore da África ocidental, *Coryananthe yohimbe*, e tem sido usada para iniciar e prolongar a excitação sexual em homens. A molécula é um alcalóide do indol, e, por ser da flora medicinal, pode ser obtida de fornecedores desse tipo de produto. A atuação da ioimbina é diferente da do óxido nítrico porque ela parece aumentar o fluxo de sangue para o pênis ao mesmo tempo que reduz o fluxo para fora dele.

A bromocriptina é um dos alcalóides da cravagem e, como o nome indica, contém um átomo de bromo. Tem propriedades terapêuticas e pode ser usada no tratamento do mal de Parkinson. (É considerada útil também em outros tratamentos, como o da obesidade.) Sua ação suprime a liberação do hormônio prolactina da glândula pituitária que, como o nome indica, desencadeia a produção de leite e continua a mantê-la enquanto uma mulher está amamentando. A prolactina está presente nos homens e nas mulheres, e quanto mais dela temos em nosso corpo, menos disposição sentimos para o sexo. A bromocriptina estimula o nível da dopamina — a substância química do bem-estar — no cérebro, e é isso que explica sua capacidade de provocar excitação sexual. Ao suprimir a prolactina, a bromocriptina tem algo semelhante a um efeito afrodisíaco.

O deprenil, também usado para tratar o mal de Parkinson, é uma molécula relativamente simples se comparada à ioimbina ou à bromocriptina. Tem semelhanças com a anfetamina e com a feniletilamina, a substância química que supostamente dá ao chocolate seu poder de viciar. O deprenil possui uma característica inusitada, uma ligação tripla carbono com carbono, mas não se sabe se isso tem alguma relação com seus pretensos efeitos afrodisíacos.

O amil nitrito não é mais prescrito para o tratamento da angina, mas continua disponível e é amplamente usado para incrementar o orgasmo. De fato, entre os gays, só perde para a maconha como forma de intensificar o prazer sexual. Embora não mais vendidos em ampolas como antigamente, e sim em frascos com tampa de rosca, os nitritos continuam sendo chamados de *"poppers"*, nome que veio originalmente do *pop*, o ruído que acompanhava a quebra de uma ampola de amil nitrito quando o vapor escapava.

A venda de nitritos é permitida nos Estados Unidos, mas somente como produtos para a limpeza de produtos como couro e cabeçotes de aparelhos de vídeo; sua posse como *poppers* é ilegal. Na maioria dos outros países, eles podem ser comprados de maneira perfeitamente legal em *sex shops*. Além disso, atualmente os *poppers* tendem a não ser mais amil nitrito e sim butil nitrito ou isobutil nitrito, que são ainda mais voláteis. O butil nitrito ferve a 78°, e o isobutil nitrito, a 67°, ao passo que o amil nitrito ferve a 98°, e é o ponto de ebulição mais baixo que explica por que o isobutil nitrito é considerado o mais potente de todos.

O efeito desses produtos dura pouco, mas, quando o vapor é inalado durante o sexo, permite que mais sangue flua para o pênis, tornando-o maior e mais duro e, segundo dizem, o resultado é o supremo orgasmo masculino. Nos Estados Unidos, o FDA declarou esses nitritos seguros, mas em 1993 eles foram proibidos porque o governo considerou que seu uso pelos gays podia ser um fator da difusão da Aids. Os *poppers* intensificam o prazer do sexo anal ao relaxar o músculo do esfíncter anal. (Sob alguns aspectos, essa ação pode até ser benéfica, reduzindo a possibilidade de feridas e, assim, a probabilidade de transmissão do HIV entre parceiros.)

A ação de todas essas poções do amor e intensificadores do prazer depende em última análise da produção de NO em nosso corpo, mesmo que esse maior prazer seja decorrência da estimulação das moléculas do bem-estar no cérebro (para mais sobre isto, ver o Capítulo 5).

Selênio: um elemento do sexo

Ao que parece, os jovens de hoje não são tão bons em produzir esperma como pais, e as causas sugeridas vão desde estilos de vida sedentários a perturbações endócrinas, mas um fator necessário à fertilidade masculina tende a ser negligenciado: trata-se do selênio.

Um homem com carência de selênio produz esperma "preguiçoso" e menos abundante, e, embora possa não ter conhecimento da falta desse nutriente em sua alimentação, tomará consciência do seu pífio desempenho quando tentar ter filhos. O vínculo entre selênio e fertilidade masculina foi demonstrado por um pesquisador escocês, Alan MacPherson, em 1993; ele relatou os resultados de um teste duplo-cego em que suplementos de selênio foram dados a um grupo de homens cuja contagem de esperma foi monitorada. Enquanto os homens que receberam placebo continuaram a ter contagens baixas, os que tomaram as pílulas de selênio dobraram sua produção de esperma viável.

Obviamente a esterilidade de um homem pode ter várias razões, mas a carência de selênio talvez tenha se tornado um fator porque, em algumas partes do mundo, a quantidade desse elemento essencial na dieta média fica bem abaixo da recomendada. Os homens já não preferem comer carnes ricas em selênio e, na Europa, deixaram de comer pão feito com trigo norte-americano, que é muito rico no elemento.

Até 1975, o selênio não era considerado um elemento essencial para o organismo humano. Embora útil para coisas como detectores fotossensíveis e fotocopiadoras, era considerado muito tóxico e, de fato, homens expostos ao elemento no trabalho logo viam-se abandonados por seus amigos e parceiras. Ele pode ser absorvido através da pele e depois é expelido através das glândulas sudoríparas, dando ao corpo um odor repulsivo, e através dos pulmões, produzindo um dos hálitos mais fétidos que é possível exalar. Por mais rápido que fosse, as chances que seu esperma tinha de chegar a seu alvo eram praticamente inexistentes.

A partir de 1975 tivemos de mudar nossa atitude em face do selênio: tratava-se, afinal, de um elemento essencial. Yogesh Awasthi, residente de Galveston, no Texas, descobriu que ele fazia parte da enzima antioxidante glutationa peroxidase, que destrói peroxidases antes que elas possam formar radicais livres. Em 1991, o professor Dietrich Behne, no Hahn-Meitner Institute, em Berlim, encontrou selênio em outra enzima, a deiodinase, que promove a produção de hormônio na tireóide e outros tecidos.

Sabemos agora que uma molécula de glutationa peroxidase contém quatro átomos de selênio, e que, em conseqüência, cada célula de nosso corpo contém mais de um milhão de átomos desse elemento. O norte-americano do sexo masculino médio tem em seu corpo cerca de 14mg[4] de selênio; a maior parte dele pode ser encontrada nos ossos, embora as partes do corpo com níveis mais altos sejam o cabelo, os rins e os testículos. O inglês médio tem apenas metade dessa quantidade.

Embora o selênio seja essencial, podemos ter excesso dele, e a ingestão diária *máxima* deve ser de 0,45mg. Acima disso, corremos risco de sofrer envenenamento por selênio, com os sintomas repulsivos causados por moléculas voláteis de selênio que o corpo produz no esforço de se livrar do excesso indesejado. Mas aí é está o xis do problema: com um pouco de selênio a menos um homem pode ser estéril; com um pouco a mais, torna-se repulsivo. (Uma única dose de cinco gramas o deixaria gravemente doente.)

---

4 Catorze miligramas de selênio representam um total de 10^{20} átomos, o que consiste em cem milhões de trilhões de átomos.

A ingestão diária ideal de selênio é de 0,2mg, o mesmo que 200 microgramas (mcg), a unidade de peso que os nutricionistas preferem usar quando falam sobre essa substância. Embora pareça uma quantidade minúscula, ela pode estar faltando na alimentação.[5] A quantidade que ingerimos varia bastante, e embora tenhamos uma reserva de selênio de que o corpo pode se valer temporariamente, a longo prazo ela precisa ser suplementada com pelo menos 50mcg por dia. Se ingerimos diariamente muito menos que isso, a reserva do corpo acaba se esgotando, e o selênio conserva-se apenas para uso nas funções mais vitais de nosso metabolismo, e isso não inclui a produção de um esperma feliz.

A maioria das pessoas ingere uma dose diária de selênio nos cereais e no pão do café da manhã, mas há fontes mais ricas do elemento, como as castanhas. A castanha-do-pará é particularmente rica, contendo 20mcg de selênio por unidade, embora isso também possa ser variável. A ingestão de três castanhas-do-pará por dia forneceria facilmente a quantidade mínima necessária do elemento. De fato, é provável que uma única castanha rica em selênio por dia seja tudo de que se precisa para transformar uma dieta deficiente em suficiente. Outra castanha com teor relativamente alto de selênio é a de caju; 100g dela podem conter 65mcg de selênio.

Embora o nível de selênio no mar seja muito baixo — 0,2 parte por bilhão (p.p.b.) —, alguns peixes são capazes de concentrá-lo; entre eles, o atum, o bacalhau e o salmão têm grande quantidade. Vísceras, principalmente fígado e rins, são também boas fontes; hoje, porém, essas carnes deixaram de ser apreciadas e um número muito menor de homens come o fígado e os rins que devem ter estimulado as gônadas de seus pais.

Na dieta norte-americana, o item com maior probabilidade de fornecer selênio é o pão integral: quatro fatias contêm 60mcg; na verdade, todos os produtos integrais e cereais do café da manhã contêm um pouco de selênio. Cogumelos têm um pouco; uma porção de cogumelos fritos (digamos 50g) tem em geral 5mcg; quando se trata, porém, do cogumelo edível *Albatrellus pescaprae*, popular na Itália, essa mesma porção fornece mais de 1.000mcg. Não há risco em comê-los porque grande parte do selênio contido em cogumelos não é facilmente digerida.

Para os que querem aumentar sua ingestão de selênio com suplementos, e desejam apenas os naturais, levedo de cerveja é o melhor, desde que tenha crescido num meio de cultura rico em selênio. Para os que querem simplesmente engolir uma pílula de manhã, há muitos produtos no mercado, geralmente contendo metionina de selênio (ver a seguir), embora

5 Cerca de cinco gramas, o que equivale mais ou menos a uma colher de chá pequena, é a quantidade suficiente para a vida toda.

alguns contenham o simples sal de sódio selenita ($NaSeO_3$), que é a fórmula química dada a animais em áreas em que o solo é pobre em selênio. O sódio selenita é um material cristalino branco solúvel em água e facilmente absorvido pelo corpo, mas certos componentes de uma alimentação podem reduzir sua absorção, como um nível elevado de gorduras e proteínas.

O selênio foi descoberto em 1817 por Jöns Jacob Berzelius (1779-1849) em Estocolmo, onde ele era professor de química e medicina na escola médica. No verão daquele ano, pediram-lhe que investigasse um sedimento castanho-avermelhado que se acumulava no fundo dos tambores em que se estava fabricando ácido sulfúrico em Gripsholm, uma fábrica em que ele investira. Primeiramente ele pensou que o sedimento continha telúrio, por causa do forte cheiro de rabanete que exalou quando o aqueceu. (O telúrio fora descoberto 20 anos antes na Romênia, onde era encontrado na forma do minério de ouro azulado.)

Outras pesquisas convenceram Berzelius de que aquilo não era telúrio, e sim um novo elemento, embora muito parecido com ele em suas propriedades químicas. Chamou-o selênio a partir do grego *selene*, que significa "Lua", para complementar o nome telúrio, derivado de *tellus*, palavra latina para "terra, solo". Berzelius observou que o novo elemento era muito semelhante ao enxofre, vaporizando-se ao ser aquecido e voltando a se depositar como "flores" numa superfície fria. A diferença, no entanto, era que as flores de enxofre são de um amarelo vivo, e as de selênio, vermelhas. Essa é a forma não metálica do elemento. Hoje sabemos que enxofre, selênio e telúrio estão no mesmo grupo da tabela periódica, daí suas similaridades químicas. Berzelius pagou um preço por sua curiosidade e investigação: começou a exalar um cheiro tão forte que um dia sua empregada acusou-o de comer alho cru em demasia. Ele pôs também sua vida em risco quando passou mal por inalar o gás selenieto de hidrogênio (H_2Se), que é perigosamente tóxico.

Atualmente, o selênio é extraído do lodo que se forma no fundo de tanques em que se refina cobre eletroliticamente. Os principais países produtores são Canadá, Estados Unidos, Bolívia e Rússia, e os principais consumidores são Estados Unidos, Europa e Japão. A produção chega a 1.500 toneladas por ano, sendo que 10% disso é reciclado de lixo industrial ou reaproveitado de fotocopiadoras velhas. O selênio é um elemento metalóide e pode existir de duas formas: metálica e não-metálica. A forma metálica tem uma propriedade curiosa: sua condutividade elétrica aumenta mil vezes quando a luz incide sobre sua superfície, e é isso que explica a maior parte de seu uso, e por que ele é necessário para células fotelétricas, medidores de luz e painéis solares. Esses usos eletrônicos exigem selênio de alta pureza (99,99%) e consomem um terço da produção.

Lentes de contato

Lentes de contato revestidas com selênio metálico poderão chegar um dia ao mercado, com a grande vantagem de poderem ser usadas durante várias semanas seguidas. O selênio serviria a duas funções: proteger os olhos contra infecções bacterianas mediante a produção de poderosos agentes oxidantes e impedir que micróbios prendam-se às lentes.

O segundo maior emprego é na indústria do vidro, seja para descolori-lo ou para produzir o vidro bronze, que filtra os raios do sol, para uso arquitetônico. O terceiro uso mais importante é como selenito de sódio para rações animais e suplementos alimentares, que absorve cerca de 250 toneladas por ano.

Escassez e excesso de selênio

O selênio é um elemento raro aqui na Terra, mas isso não impede que alguns solos o contenham em excesso. A quantidade presente na atmosfera é de apenas cerca de um nanograma (um bilionésimo de grama) por metro cúbico, e está na forma de metilselênio e dimetilselênio, que são liberados de solos, lagos e águas servidas por bactérias anaeróbicas. A importância disso só foi plenamente avaliada em 1989, quando a companhia de petróleo Chevron parou de descarregar água usada com selênio na baía de São Francisco, nos Estados Unidos. Em vez disso, a empresa passou a bombeá-la para uma área alagadiça de 35 hectares que havia sido criada especialmente para o tratamento dos resíduos tóxicos; pensava-se que a maior parte do selênio terminaria no sedimento e poderia ser extraída. De maneira bastante surpreendente, quando os cientistas da companhia monitoraram o sedimento só encontraram nele metade do selênio que esperavam. O resto havia sido simplesmente digerido por microrganismos, transformado em gases e carregado pelo vento.

Estimou-se que 20 mil toneladas de selênio são liberadas na atmosfera a cada ano, dois terços dessa quantidade como resultado de atividades humanas, queima de carvão e fundição de metais. Grande parte disso pode até ser benéfica, pelo menos a parcela que é derramada pela chuva em terras pobres em selênio. Um solo bem fertilizado ao longo dos anos contém cerca de 400mg de selênio por tonelada, porque o elemento costumava estar presente no amplamente usado fertilizante de fosfato conhecido como superfosfato; este era fabricado com ácido sulfúrico (H_2SO_4), que continha traços de ácido selênico (H_2SeO_4). Em alguns solos o nível de selênio foi deliberadamente aumentado pela adição de sais de selênio.

Algumas partes do mundo têm solos com níveis naturalmente altos de selênio, a tal ponto que as plantas que neles crescem podem ser tóxicas para animais que pastam, levando à chamada cenurose. O famoso viajante veneziano Marco Polo (1254-1324) observou isso quando transitou pela Rota da Seda rumo à China; relatou ter visto animais cambaleando, como se estivessem bêbados. As Grandes Planícies dos Estados Unidos também são ricas em selênio, e os caubóis do faroeste também conheciam a cenurose; atribuíam-na ao fato de seu gado alimentar-se de astrágalo, que chamavam de *locoweed*, ou erva louca. O que de fato ocorria é que as plantas do gênero *Astragalus* têm capacidade de absorver grandes quantidades de selênio, a tal ponto que ele chega a representar mais de 1% de seu peso seco. Em 1934, o bioquímico Orville Beath finalmente provou que a cenurose era causada por excesso de selênio.

Mas não só o gado é afetado por selênio; animais silvestres também podem sofrer. Em 1983, o Reservatório Kesterson no vale San Joaquin, na Califórnia, ficou tão poluído com selênio pelo escoamento de águas usadas na agricultura que os filhotes de aves silvestres começaram a nascer deformados, e algumas aves adultas chegaram a morrer em conseqüência disso. O canal de escoamento que desaguava no reservatório foi fechado, e as águas restauradas.

Selênio demais pode ser ruim, porém de menos pode ser ainda pior. O país que tem a maior área de solo cujo selênio se esgotou é a China, principalmente as regiões Keshan e Linxian.[6] A falta de selênio significa que há somente quantidades ínfimas desse elemento essencial na alimentação dos que vivem ali, e quem corria mais risco eram as crianças de Keshan. Elas eram propensas a um tipo de insuficiência cardíaca congestiva que se tornou conhecida como doença de Keshan, e que causa uma

6 Mutações de vírus aparecem com freqüência na China e, segundo uma teoria, isto estaria ligado ao baixo nível de selênio na população. Este reduziria a imunidade a doenças e permitiria que populações de vírus crescessem muito mais do que o usual, tornando mais provável a emergência de uma cepa virulenta. Num indivíduo com deficiência de selênio o vírus *coxsackie*, normalmente benigno, pode tornar-se virulento e causar lesão no coração, e uma infecção por vírus de *influenza* pode levar a mais lesões nas células do pulmão.

dilatação anormal do coração; mata metade dos que sofrem dela. Suspeitava-se de que a causa era falta de selênio na alimentação, e, em 1974, empreendeu-se uma pesquisa em grande escala envolvendo 20 mil crianças; metade recebeu comprimidos de selênio, e metade, placebo. Das que receberam placebo, 106 desenvolveram a doença de Keshan e 53 morreram, das que tomaram o suplemento de selênio, somente 17 apresentaram a doença e uma morreu.

Outro experimento em grande escala, desta vez em Linxian, indicou que a falta de selênio era um fator na incidência elevada de câncer do estômago. Um projeto de cincos anos de duração foi empreendido com 30 mil pessoas de meia-idade que receberam diferentes combinações de vitaminas A, B_2, C e E, juntamente com zinco ou selênio. O estudo mostrou uma queda notável nos casos de câncer no grupo que tomou vitamina E e selênio juntos. O estudo não teve entre seus objetivos investigar se a falta de selênio afetava também a fertilidade masculina; de fato, isso estava longe de ser um problema numa época em que os casais estavam limitados por lei a ter apenas um filho. De todo modo, a aparente falta de selênio na alimentação chinesa não parece ter impedido o crescimento populacional.

No Reino Unido, há anos os fazendeiros dão suplementos de selênio a seus animais com o intuito de mantê-los saudáveis. Há escassez de selênio na terra na Grã-Bretanha, em parte porque ele foi removido do solo pelo gelo derretido no fim da última Era Glacial, há dez mil anos, e em parte por causa do índice pluviométrico notoriamente alto desde então.

Em 1984 as autoridades finlandesas decidiram introduzir selênio em todos os seus fertilizantes porque a dieta média no país fornecia apenas 25mcg por pessoa por dia, muito pouco acima dos 20mcg necessários para prevenir a doença de Keshan. O que também as convenceu de que havia algo errado foi a incidência de doença do músculo branco no gado e a elevada incidência de cardiopatias e câncer na população geral. Como resultado da decisão do governo, o nível de selênio nas terras cultivadas na Finlândia é tal que a ingestão média de selênio é agora de 90mcg por pessoa por dia.

O dilema que o selênio suscita, assim como muitos outros elementos, é que a pessoa terá sua saúde afetada, quer consuma em sua alimentação muito menos ou muito mais que o devido. A ingestão média de selênio varia entre 6mcg e 200mcg, dependendo do tipo de alimentos consumidos. O norte-americano médio consome nada menos que 90mcg a 120mcg por dia, o que é mais que adequado para evitar uma deficiência de selênio, ao passo que no Reino Unido a ingestão média é de apenas um terço disso, 30mcg a 40mcg por dia, muito menos que a ingestão recomendada de 75mcg para homens e 60mcg para mulheres.

O selênio pode estar presente nos alimentos na forma da selenocisteína, contida em alimentos como brócolis e alho, ou da selenometionina, que ocorre na carne e nos cereais. A selenocisteína tem um átomo de carbono a menos que a selenometionina e não é incorporada à proteína, ao passo que selenometionina pode ser incorporada à proteína e é menos abundante. Segundo alguns, a selenocisteína seria superior em termos de prevenção do câncer.

O selênio parece funcionar como um antídoto para toxinas metálicas, especialmente cádmio, mercúrio, arsênico e tálio, e é tecnicamente conhecido como um antagonista desses metais. O consumo de atum, que acumula níveis de mercúrio acima do esperado, é considerado seguro porque está parcialmente protegido pelo selênio que esse peixe também extrai de sua alimentação.[7] Na década de 1970, houve um alarme nos Estados Unidos quando a análise do atum revelou níveis de mercúrio acima do esperado, o que se supôs ser uma conseqüência da poluição ambiental. Na época, o teor de selênio do atum, e seu papel protetor, não eram compreendidos. Da noite para o dia o atum enlatado desapareceu das prateleiras dos supermercados e milhões de latas foram destruídas. No entanto, a análise de uma amostra de atum do século XIX, que havia sido preservada num mostruário de museu, mostrou o mesmo nível de mercúrio. O papel protetor do selênio parece se exercer em certos mamíferos marinhos, como as focas, e talvez explique também como os homens que trabalham em minas de mercúrio conseguem adaptar-se a esse perigoso metal, contanto que não sofram carência de selênio.

Benefícios do selênio para a saúde

Diz-se que a falta de selênio na alimentação está associada a outras afecções além da doença de Keshan e da infertilidade masculina: pressão alta, câncer e artrite também foram mencionadas como possíveis riscos. Os indícios são basicamente epidemiológicos, e é provável que a falta de selênio seja apenas um fator secundário no aparecimento dessas doenças, mas em alguns casos parece haver provas convincentes. Se a causa subjacente às doenças é o dano provocado por radicais livres, a falta do selênio, que contém uma enzima que os destrói, seria uma desvantagem. Pesquisas mostraram que a suplementação da dieta das pessoas que apresentam os primeiros sinais do mal de Alzheimer desacelerava sua progressão, pelo menos no que dizia respeito ao declínio da capacidade intelectual.

7 Mesmo assim, por segurança, não se deve comer mais que um filé ou duas latas de atum por semana.

Numa pesquisa feita nos Estados Unidos com 1.300 pessoas idosas ao longo de quatro anos, houve um decréscimo de 30% no aparecimento de novos cânceres de pulmão, intestino e próstata entre os que tomavam um suplemento de selênio. Ao que parece, o elemento pode ser necessário para ativar um gene que produz uma substância química natural que suprime tumores.

Hoje em dia, o selênio (em combinação com as vitaminas antioxidantes A, C e E) é amplamente consumido como suplemento alimentar. O primeiro a popularizar a terapia pelo selênio foi Alan Lewis em seu livro *Selenium: the Essencial Trace Element You Might Not be Getting Enough of*, publicado em 1982. Ao escrever essa obra, Lewis estava bem além de seu tempo. Alertada por esta e outras publicações, toda uma "indústria" de suplementos de selênio cresceu para os que queriam se beneficiar de seu consumo. Há até os que defendam a ingestão de selênio "orgânico" em contraposição ao "inorgânico", e o maior consumo daqueles aminoáciodos que incorporam esse elemento à sua composição química, sobretudo a selenometionina. Há fazendeiros que produzem ovos ricos em selênio alimentando suas galinhas com rações ricas no elemento, e de fato esses ovos podem conter mais de 20mcg de selênio.

Um dos maiores especialistas sobre o papel do selênio na saúde é a cientista britânica Margaret Rayman, que trabalha no Centro de Nutrição e Segurança Alimentar da Universidade de Surrey. Num editorial do número de fevereiro de 1977 do *British Medical Journal* ela afirmou que os problemas mais associados a baixos níveis de selênio são infertilidade, câncer e cardiopatia. Rayman salientou que nos últimos 25 anos o consumo de selênio pelo inglês médio caiu do nível quase adequado de 60mcg por dia para inadequados 35mcg por dia. Em 1999, a Campanha para Pesquisa sobre Câncer do Reino Unido concordou em dotar 210 mil libras (cerca de 420 mil reais) para um projeto-piloto envolvendo 500 voluntários, organizado por Rayman. Esperava-se que esse estudo fosse seguido por um projeto em grande escala, em que mais de dez mil pessoas participariam de uma série de testes duplos-cegos. Os cientistas da Campanha para Pesquisa sobre o Câncer do Reino Unido concordaram em colaborar, mas em 2002, quando o projeto completo foi apresentado, Rayman descobriu, para sua consternação, que o principal órgão financiador, o Conselho de Pesquisa Médica do Reino Unido, não dispunha das seis milhões de libras (cerca de 12 milhões de reais) necessárias para executá-lo.

Esperma saudável precisa de selênio

Nenhum homem gosta de pensar que está dando tiros de festim, mesmo que seu revólver esteja funcionando bem e, graças ao Viagra, não repre-

Reforço ao selênio

A ação do selênio pode ser reforçada por outras moléculas, e uma que parece ter sobre ele um efeito particularmente intensificador é o sulferafano, composto natural presente no brócolis, no repolho, na couve-flor e na couve-de-bruxelas. Embora tanto o selênio quanto o sulferafano protejam individualmente contra o câncer, juntos eles têm um efeito anticâncer muito mais poderoso. O sulferafano contém um grupo de átomos isotiacianato e, como, tal é um antioxidante. Um trabalho em colaboração do Instituto para Pesquisa Alimentar do Reino Unido, da Universidade de Ciência e Tecnologia da China e da Enfermaria Real de Edimburgo da Escócia mostrou que essa molécula e o selênio têm um efeito sinérgico; em outras palavras, um estimula a atividade biológica do outro, e, juntos, eles reforçam as enzimas que desintoxicam o organismo.

sente problema. Embora tenha encontrado a resposta para a disfunção erétil, a pesquisa química ainda está por encontrar um tônico para os testículos que assegure que somente esperma saudável seja produzido e ejaculado. Isso não significa, contudo, que nada possa ser feito.

Segundo alguns pesquisadores, como Alan MacPherson, mencionado anteriormente, o decúbito da quantidade de esperma pode ser explicado por uma redução do selênio na alimentação. Há boas razões para se acreditar nisso, porque o esperma precisa de selênio para se desenvolver apropriadamente. O esperma requer selênio extra no núcleo, na forma de glutationa peroxidase, e na bainha que envolve a mitocôndria. O selênio é abundante particularmente na seção média do esperma, que une a cabeça à cauda, onde parece ter alguma função estrutural. Homens com baixo nível de selênio tendem a produzir grande quantidade de esperma com capacidade inferior de movimento e locomoção, o que pode estar ligado a uma falta de selênio nesse ponto vital. Esse papel do elemento foi descoberto no esperma de ratos já em 1972 por D.B. Brown e R.F. Burk, e publicado no *Journal of Nutrition*. Há todas as razões para se acreditar que o esperma humano precisa tanto de selênio quanto o dos ratos. Outros testes com esperma de camundongos, porcos e touros levaram a resultados semelhantes. Brown e Burk injetaram em ratos machos o isótopo radioativo de selênio, Se-75, que tem uma meia-vida de sete semanas, e conseguiram mostrar que ele aparecia no esperma, na parte entre a cabeça e a cauda.

Em outro experimento, sete galos novos foram criados segundo uma dieta de baixo teor de selênio, mas com alto nível de vitamina E, no intuito de se verificar se isso fornecia uma compensação. Numa medida limitada, isso aconteceu, mas somente dois dos sete galos desenvolveram testículos maduros; os outros cinco ficaram estéreis. Em outro experimento, porcos foram submetidos a uma alimentação de milho e soja deficientes em selênio, cultivados numa área da China em que o solo era pobre no elemento. O teor de selênio na alimentação era de apenas dez partes por milhão. Metade dos porcos desenvolveu testículos com tamanho abaixo do normal que produziam menos da metade da contagem usual de esperma, três quartos dele com cabeças e caudas malformadas.

Como os homens evidentemente não são porcos, nem mesmo ratos, touros ou galos, é possível que nenhuma dessas pesquisas aplique-se a eles. Mas quase certamente se aplica, porque produzem esperma como todos esses animais, e é improvável que a natureza alterasse o projeto apenas para o ser humano.

Claramente, um grande número de fatores pode explicar por que um homem não consegue gerar um bebê, e provavelmente falta de selênio é a causa apenas de uma fração dos casos, mas esta pode chegar a um em dez. Isso foi mostrado por testes duplos-cegos em que um grupo de homens estéreis recebeu um suplemento de selênio e foi bem-sucedido em conceber uma criança comparado com outro grupo que recebeu um placebo: o grupo que tomou selênio mostrou um aumento de 11%.

Para os outros 89%, as causas podem ser muitas, inclusive estilo de vida. O Instituto de Medicina Reprodutiva da Universidade de Cornell, nos Estados Unidos, divulga normas gerais que homens estéreis deveriam seguir. São elas: evitar banhos quentes, banheiras quentes e sauna; limitar o consumo de café a duas xícaras por dia; não fumar nem usar drogas recreativas como maconha; não beber mais de 60g de álcool por semana (o equivalente a um litro e meio de cerveja ou seis copos de vinho); comer muitas verduras e frutas frescas; fazer exercícios regularmente. O instituto ressalta também que as vitaminas C e E podem ajudar a aumentar a fertilidade, com o objetivo de manter elevados os níveis de antioxidantes, porque os radicais livres podem destruir a membrana que envolve um espermatozóide, e foi demonstrado que os homens estéreis geralmente têm níveis mais elevados de radicais livres no sêmen. O zinco também pode desempenhar um papel, porque seu nível no sêmen é alto, e enzimas que contenham zinco são igualmente importantes para a fertilidade. Um consumo alimentar de 200mcg de selênio é também recomendado.

Muito bem. Aí está você, saudável e em boa forma, seguindo uma alimentação balanceada, sem nenhuma razão para supor que é estéril. Você se apaixonou, quer se casar e formar uma família. Como dizer a ela, e ao mundo, que esse amor é para sempre? Que pode ser melhor do que lhe dar um anel de diamante? E se pensa que isso ainda é apenas um tipo romântico de química, pense de novo.

Diamantes são para sempre

"Diamonds are a girl's best friend . . ." Assim cantava Marilyn Monroe, que foi considerada a mulher mais desejável de seu tempo, e segundo dizem, dormiu até com o presidente dos Estados Unidos, John Kennedy. Essa pedra preciosa continua a ser vista como o símbolo perfeito do amor eterno de um homem por uma mulher.

O dia 17 de julho de 1986 foi memorável na mina de diamantes Premier, na África do Sul. Ali foi extraído um dos maiores diamantes jamais encontrados, e embora em estado bruto ele tivesse uma forma irregular, a balança mostrou que tinha nada menos de 599 quilates (quase 120g). Era um cristal quase sem falha, ou, na linguagem do comércio de diamantes, uma pedra de primeira água. Uma equipe de lapidadores passou os três anos seguintes projetando e construindo o equipamento para lapidar a pedra, e foram necessários nove meses de trabalho paciente para extrair do diamante bruto a maior gema regular possível. Finalmente, eles foram capazes de exibir uma pedra perfeita de 273 quilates, com 247 facetas e um brilho e fulgor inigualáveis. Ele foi chamado o diamante Centenary, porque sua existência foi anunciada ao mundo em 1988, exatamente cem anos depois que a De Beers Company começou a minerar na área. O valor do diamante, ou a quem ele pertence, ninguém sabe; estes são segredos bem guardados pela De Beers, mas parece improvável que a pedra vá enfeitar um dia uma estrela de Hollywood, por mais desejável que ela seja.

Os diamantes tornaram-se símbolo do amor eterno, o que é resumido na memorável frase dos anúncios: "Um diamante é para sempre." Na verdade, o diamante é um material de extremos, o que o torna atraente tanto para os amantes quanto para os químicos. Diamante é carbono puro; é o mais duro material conhecido entre os que ocorrem naturalmente e frio ao tato. O que é menos sabido é que cada diamante é uma única molécula e não dura para sempre. Diamantes podem não só ser fabricados como também usados para revestir todo tipo de coisa, e podem ser de qualquer cor. Alguns dos diamantes mais famosos são coloridos, como o diamante Hope, guardado na Smithsonian Institution em Washington, que é azul.

Muitas das pedras maiores têm histórias. O diamante Koh-i-noor, por exemplo, talvez a pedra preciosa mais famosa do mundo, foi descoberto na Índia no século XIII. Foi comprado pelos britânicos em 1849, após a segunda guerra sique, quando já havia sido reduzido a 186 quilates. Mesmo isso não agradou à rainha Vitória, porque não cintilava o bastante, e foi preciso lapidá-lo novamente, o que o reduziu aos atuais 109 quilates. Pode ter diminuído, mas continua tendo um valor inestimável, e hoje adorna a coroa da rainha-mãe, guardada na Torre de Londres. Outros diamantes raros têm um nome próprio, e entre eles estão o Tiffany, o Cullinan, o Dresden Green, o Taylor-Burton, o Millenium Star, o Shah Jahan, o Sancy e o Regent. O Regent, que está guardado no Louvre, em Paris, foi comprado em 1717 por Filipe de Orleans, regente da França, por 135 mil libras, de Thoman Pitt, negociante e presidente de Fort Madras. Pitt o havia adquirido numa transação muito obscura por 20 mil libras. Para equiparar estas somas a preços atuais em reais, multiplique-as por 200.

Pode parecer estranho que o diamante, embora tão duro, não seja a forma mais estável de carbono. Isso fica ainda mais estranho quando consideramos suas ligações químicas. No diamante, cada átomo de carbono está ligado a quatro outros numa gigantesca treliça tridimensional, de tal modo que, de fato, todas as facetas da pedra estão conectadas entre si por ligações carbono com carbono diretas, o que faz dela inteira uma única molécula. Essas ligações são fortes, o que explica por que a estrutura é tão rígida e a pedra tão dura, e por que o diamante não queima como outras formas de carbono — a menos, é claro, que seja aquecido a altíssimas temperaturas, quando passa a reagir lentamente com o oxigênio e desaparece como dióxido de carbono.

No entanto, o diamante é intrinsecamente instável com relação à outra forma comum de carbono, a grafita, embora a taxa de conversão seja desprezivelmente lenta — tanto que um diamante nunca será um bem perecível, por mais tempo que seja guardado. Na grafita, cada carbono está diretamente ligado a somente três outros carbonos, num arranjo plano, em forma de favo, e estes estão empilhados em camadas uns sobre os outros. Embora haja menos ligações carbono com carbono, elas são mais fortes que as presentes no diamante. Há também uma quarta interação entre as camadas da grafita, embora esta seja tão fraca que é facilmente rompida, razão por que a grafita pode ser facilmente cortada e é tão mole quanto o diamante é duro.

Os diamantes enriqueceram o repertório das figuras de retórica com seus atributos de beleza, dureza, frieza, pureza, fulgor, riqueza e brilho.

Eles proporcionam também uma espécie de segurança financeira em tempos de crise por poderem ser facilmente escondidos e transportados.

Na língua inglesa, um termo popular para designar diamantes é *ice*, gelo, e você poderia pensar que é porque, sendo sólidos sem cor, assemelham-se a ele, mas a razão é outra. Os diamantes são chamados gelo porque quando se pressiona um grande diamante contra a ponta da língua ele sempre parece frio. Isso ocorre em conseqüência da alta condutividade térmica da pedra, que faz com que ela sorva rapidamente o calor. Essa propriedade explica por que o diamante está sendo pesquisado como dissipador para *microchips*.

Embora usem-se termos ligados à água para descrever diamantes, como "de primeira água" e "gelo", eles não poderiam ser mais diferentes da água. Na verdade, é impossível molhar um diamante com água porque ele é realmente uma macromolécula orgânica, embora isso signifique que podemos untá-lo com óleo e que eles aderem à gordura, fato que os antigos conheciam bem.

Os gregos do século VI a.C. conheciam os diamantes, que chamavam de *adamas* (inconquistável), e sabiam que vinham do Oriente, embora o lugar exato fosse um mistério. Na verdade, eles vinham da Índia. Dizia-se que era possível tirar diamantes de poços profundos jogando neles um pedaço de gordura de carne amarrada num barbante; quando o barbante fosse puxado de volta, haveria diamantes grudados na gordura. Há até uma história de que Alexandre Magno (356-23 a.C.) conseguiu extrair alguns diamantes de uma vala profunda jogando nela pedaços de carne gordurosa a que algumas das pedras grudaram. Quando aves baixaram em seu vôo e apanharam os pedaços de carne com o bico, levaram diamantes consigo. Esta antiga fábula tem um fundo de verdade, e esse método de obter diamantes não é muito diferente de um que foi introduzido na indústria da mineração de diamantes na década de 1890. Ele consistia no uso de uma mesa ensebada, sobre a qual se jogava uma massa de cascalho. Só os diamantes ficavam presos à gordura.

Como foi mencionado acima, os diamantes podem ser de qualquer cor: marrom (alguns tons sendo chamados eufemisticamente de "champanhe" ou "conhaque", dependendo da intensidade da cor), violeta, laranja, verde, cor-de-rosa (raro), azul (ainda mais raro) e vermelho (a mais rara de todas as cores). Os diamantes violeta obtêm sua cor de átomos de hidrogênio na treliça. Todos os diamantes tem uma insinuação de cor, mas os intensamente coloridos são raros, apenas um em mil, e são eles que obtêm os maiores preços. A cor do diamante azul deve-se aos traços de boro, ao passo que os diamantes verdes são produzidos pela radioatividade natural da Terra, processo que pode ser replicado expondo-se pedras sem cor à radiação de um reator nuclear, o que lhe confere um espectro de matizes.

Os primeiros químicos, no século XVIII, foram incapazes de analisar os diamantes e quebraram a cabeça para atinar com a substância de que eram feitos, embora soubessem que podiam ser destruídos por calor extremo. Em 1694, Guiseppe Averani e Cipriano Targioni, de Florença, mostraram que quando se concentrava a luz do sol sobre um diamante usando uma grande lente de aumento, a pedra acabava desaparecendo. Mas foi só em 1796 que um químico inglês, Smithson Tennant, provou que diamante nada mais era que uma forma de carbono, e que quando queimado formava apenas dióxido de carbono. Se era assim, deduziu-se que devia ser possível converter grafita em diamante. Atraídos pelo fascínio de uma rota aparentemente tão fácil para a fortuna, muito tentaram — e fracassaram.

Hoje sabemos que só é possível produzir diamentes usando temperaturas muito elevadas e pressões intensas que as tecnologias do século XIX e do início do século XX eram inteiramente incapazes de gerar. A companhia sueca ASEA fabricou os primeiros diamantes sintéticos em 1953, usando temperaturas de 3.000° e pressões de 90 mil atmosferas. Afirmações anteriores de que se conseguira fabricar diamantes deviam ser falsas; é verdade que um eminente químico francês, Henri Moissan, chegou a exibir um pequeno diamante de 0,7mm, que dizia ter feito, mas certamente a pedra foi introduzida em sua aparelhagem por um assistente de laboratório.

Diamantes são minerados em Botsuana, na Rússia, na África do Sul, no Canadá, na Namíbia, em Angola e na Austrália, e parte das pedras, cerca de 5% da produção, é adequada apenas para uso industrial, que atualmente consome mais de um bilhão de quilates (250 toneladas) por ano. A maior parte dos diamantes sintéticos é fabricada na Rússia e na China. É possível fabricar diamantes com qualidade de gema; pouco se faz isso porque o processo é muito dispendioso, embora a demanda ainda possa ser estimulada.

Um filme de diamante pode ser aplicado à superfície dos materiais por uma técnica conhecida como deposição de vapor químico. Nesse processo, gás metano (CH_4) é decomposto em seus átomos num forno de microondas, e estes são depois cristalizados na superfície a ser protegida (como uma lâmina de barbear) numa estrutura como a do diamante. O filme de carbono resultante é invisível a olho nu, mas confere à superfície as mesmas qualidades de força e dureza de um verdadeiro diamante.

Sejam quais forem os usos comerciais que se descubram para os diamantes, e por mais fácil que seja fabricá-los, uma pedra grande e bem lapidada continua simbolizando o verdadeiro amor. Mas por que haveria uma mulher de ver na dádiva de um diamante um penhor do amor eterno de seu amante? Parte da resposta está na moda e parte na cultura popular. Anéis de diamante já eram usados como anel de noivado desde o século XV, a pedra sendo um símbolo apropriado do amor eterno. Claramente, no

Se diamantes são para sempre, você pode eternizar a pessoa amada

É isto que alardeia a companhia LifeGem de Chicago, cuja especialidade é converter o carbono de cadáveres em diamantes. Quando alguém que amamos morre e é cremado, é possível, durante parte do processo de cremação, reduzir a quantidade de oxigênio introduzida no forno, causando com isso uma combustão incompleta e a formação de fuligem (carbono). Essa substância pode então ser recolhida e convertida em diamante.

Primeiro aquece-se a fuligem para convertê-la em grafita; esta é então enviada a um laboratório na Alemanha onde pode ser submetida às altas temperaturas e pressões necessárias para se converter numa pedra preciosa. O diamante é enviado aos consternados parentes e quem sabe convertido numa jóia. A primeira pessoa que teve seus restos assim transformados foi uma mulher de 27 anos que morreu em decorrência da doença de Hodgkin em setembro de 2002: com seus restos foram produzidos seis diamantes de meio quilate. (O preço das pedras memoriais da LifeGem é de cerca de quatro mil dólares por diamante de um quarto de quilate.) Para assegurar que a pedra realmente veio das cinzas da pessoa amada, traços ínfimos de outros elementos são acrescentados à grafita antes que ela seja convertida no diamante.

entanto, eles estavam destinados a adornar apenas os dedos dos muito ricos. O tipo moderno de anel de noivado talvez tenha suas origens remontando ao início do século XX, quando E.F. Cushing escreveu em seu livro *Culture and Good Manners* que um solitário de diamante como anel de noivado era o epítome do bom gosto; nessa época, um anel desse tipo estava ao alcance da maioria dos apaixonados. Além disso, indicava tanto o tamanho de sua riqueza quanto seu grau de compromisso. Os atos de dar e receber um anel como esse ainda são considerados uma forma de anunciar ao mundo que um homem e uma mulher se amam profundamente.

O fascínio popular que os diamantes exercem pode ser atribuído a uma manipulação mais cínica do gosto do público pela indústria do diamante, que sempre se mostrou disposta a aquinhoar prodigamente com jóias de diamantes qualquer produtor ou diretor dos estúdios de Hollywood que as quisesse exibir. Foi assim que se borrifaram diamantes na tela em *Os homens preferem as louras*, *A pantera cor-de-rosa* e até em *Ladrão de casaca*, de Hitchcock. Sem dúvida, no entanto, a melhor de todas as propagandas veio com o título de um filme de James Bond em 1971: *Os diamantes são eternos*.

Capítulo 4

A guerra contra os germes

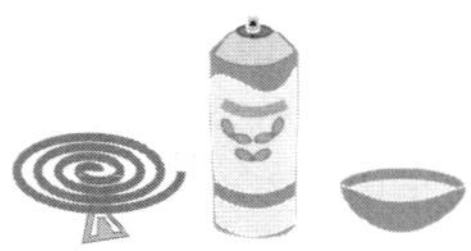

Cozinha. Antigamente um cômodo mal apetrechado em que a comida era preparada com arte, desvelo e trabalho árduo. Hoje um cômodo em que raramente se prepara comida, e mesmo assim, com pouca arte, desvelo ou trabalho árduo. Para compensar, é repleto de "aparelhos" caros e em geral não utilizados, adorados por si mesmos.

Esta é uma definição do divertido *Dictionary of Dangerous Words* compilado por Digby Anderson. Ele bem poderia ter acrescentado "mas em que falta higiene" à sua descrição da cozinha tradicional e "com uma limpeza obsessiva" à atual. Apesar disso, de forma um tanto perversa, o envenenamento alimentar continua sendo um risco real mesmo hoje. Em geral, sabemos que podemos experimentar um acesso ocasional de vômito e diarréia causados por ele, embora deva ser dito que isso tende a acontecer quando comemos um alimento não preparado por nós mesmos.

Além das bactérias que causam envenenamento alimentar, há outras que ameaçam nossa saúde; além disso, podemos esperar ser derrubados por uma ou duas infecções viróticas por ano e sofrer ataques de fungos. Que fazer diante disso? A resposta óbvia é matar os germes que nos ameaçam. Embora haja várias maneiras de fazê-lo, a mais eficaz e rápida é envenená-los. Temos um arsenal de produtos químicos para isso, e é deles que este capítulo trata. Antes de considerarmos agentes específicos, porém, pode ser útil dar uma olhada nos patógenos, ou agentes causadores de doenças, e talvez até perguntarmos a nós mesmos se é sempre a melhor política tentar viver num ambiente anti-septicamente limpo.

Micróbios invadem nosso corpo pela água que bebemos, a comida que comemos e o ar que respiramos, e aderem a nós cada vez que tocamos em alguma coisa ou em alguém. Como na maioria não são patogênicos, sua presença não chega a ser reconhecida. Na verdade, alguns são benéficos, ajudando-nos a digerir nosso alimento, e alguns até produzem vitaminas que podemos absorver a partir de nossos intestinos. Hoje, raramente somos ameaçados pelos germes que causam doenças graves, mas nem sempre foi assim.

No ano de 1850, quando cerca de 2,5 milhões de pessoas viviam em Londres, foram registradas 48.557 mortes, das quais 26.325 causadas por infecções microbianas (não que na época se compreendesse que essa era a causa real dessas mortes). Compare essa situação com a de hoje. Na Inglaterra e no País de Gales, com uma população de cerca de 45 milhões, registram-se somente 3.500 mortes por causas desse tipo, embora ainda haja cerca de 35 mil casos de doenças infecciosas a cada ano. Em 1850 a situação era realmente terrível, com a mortalidade infantil em decorrência de infecções representando o motivo por que 15% das crianças não chegavam a completar o primeiro aniversário. Atualmente esse número se reduz a 0,5%.

Essas mudanças ocorreram graças a descobertas feitas nas ciências da química, da medicina e da biologia, e todos se beneficiaram delas, não apenas os ricos e os poderosos. O progresso foi penosamente lento, embora antes do final do século XVIII os químicos já tivessem descoberto substâncias capazes de impedir a infecção microbiana. A questão é que, como os micróbios só seriam descobertos décadas depois, não havia razão para utilizá-las. Por exemplo, acreditava-se no século XVIII que as epidemias e as doenças eram causadas pela inalação de um vapor invisível, a que chamavam de "miasma" (da palavra grega para ar repelente), e que ele provinha de cloacas, montes de esterco e lixo em deterioração. Esses odores podiam ser eliminados com o uso de agentes oxidantes, embora ainda houvesse uma tendência a simplesmente disfarçar o mau cheiro com aromas agradáveis ainda mais fortes. Mascarar o cheiro com uma fragrância de ervas ou flores era considerado eficaz, e em tempos de praga houve o costume de fazer isso levando ao nariz uma bolinha cheia de ervas aromáticas.

É claro que a teoria era errônea, mas se agentes oxidantes eliminavam a causa de um mau cheiro, era provável que eliminassem também uma fonte de infecção. Foi só quando o miasma de excrementos e lixos em decomposição foi confinado aos esgotos que se fez algum progresso real. Graças a isso e ao fornecimento de água limpa às casas, a população deixou de estar exposta a um sem-número de patógenos; além disso, os que permaneciam no ambiente passaram a poder ser minimizados por medidas simples de higiene.

A matança dos germes

Queremos eliminar os patógenos que invadem nosso ambiente cotidiano e nos fazem adoecer, mas precisamos matar todos os outros micróbios também? É possível que sejamos limpos demais para nosso próprio bem, e que viver num ambiente livre de germes não seja a melhor opção para uma vida saudável.

Os germes, na forma de bactérias, vírus e fungos, podem invadir nosso corpo e colonizar alguns de nossos órgãos, causando doenças que exigem tratamento médico, ou liberar toxinas a que nossos corpos reagem violentamente, como ocorre no envenenamento alimentar. No primeiro tipo de invasão, nosso sistema imune conta com os leucócitos, os glóbulos brancos do sangue, que acorrem em nossa defesa com a capacidade de produzir uma série de substâncias químicas que destroem os invasores. Um sistema imune saudável lida com alguns desses invasores todos os dias, mas em certas ocasiões eles chegam *em massa*, esmagam nossas defesas e assumem o controle — e até produzirmos anticorpos suficientes para derrotá-los, ficamos doentes, às vezes muito doentes.

O tratamento nesse caso consiste em tomar o tipo certo de medicamento antimicrobiano, como antibióticos para infecções bacterianas, fungicidas para infecções por fungo e até antiviróticos, embora os vírus sejam patógenos de destruição muito mais difícil depois que invadiram o organismo. Ainda que muitas vezes resultem de anos de pesquisa cuidadosa por parte dos químicos das indústrias farmacêuticas, esses produtos são também problemáticos demais para que a população em geral os utilize sem supervisão médica (por exemplo, não adianta tomar penicilina na tentativa de curar uma doença virótica). O que podemos fazer, contudo, é acabar com os micróbios antes que eles tenham chance de acabar conosco.

Quando se trata de reduzir a exposição a germes nocivos, podemos usar dois métodos: limpar e/ou desinfetar. A limpeza remove a sujeira visível e com ela, enormes quantidades de outros micróbios, ao passo que desinfetar remove também a sujeira *invisível* e particularmente as bactérias, em especial aqueles patógenos que causam doença.

Em que lugares os patógenos mais tendem a se esconder? Em casa, tendemos a pensar que estarão no banheiro ou em torno da pia da cozinha. Fora de casa, é mais provável que nos preocupemos com os germes em piscinas, bares e restaurantes, banheiros públicos e hospitais. Podemos também desconfiar de outros lugares, mesmo que os visitemos raramente ou nunca, como capelas mortuárias, abatedouros, lavanderias, fábricas de processamento de alimentos, unidades de condicionador de ar e torres de refrigeração. Todos eles podem ser terrenos ideais para proliferação de germes nocivos.

O inimigo assume muitas formas e tamanhos. Os vírus são minúsculos, têm cerca de um décimo de mícron (um milionésimo do metro) de um lado a outro e só são visíveis com a ajuda de um microscópio eletrônico. As bactérias são maiores, embora também invisíveis a olho nu, e consistem em células únicas com um a 20 mícrons de tamanho. Algumas têm paredes celulares grossas que podem ser coradas pelo chamado processo de Gram,[1] ao passo que outras têm paredes muito mais finas e não podem ser coradas dessa maneira. As que podem ser coradas são chamadas gram-positivas, as que não podem, gram-negativas. Os fungos vão desde organismos unicelulares, como leveduras, com células de cerca de cinco mícrons, até estruturas maiores e mais complexas, como cogumelos, passando por fungos filamentosos. Algumas leveduras que vivem normalmente em nosso tubo digestivo podem invadir outras partes do corpo, causando doenças.

As bactérias gram-positivas cujos ataques mais temos probabilidade de sofrer são: *Clostridium perfingens*, *Staphylococcus* e principalmente *Lysteria*, todas as quais causam envenenamento alimentar; *Enterococcus*, que é abundante nas fezes; *Propionobacterium acnes*, que causa a acne; *Staphylococcus aureus*, que faz as feridas se tornarem sépticas ou causam furúnculos; *Streptococcus pyogenes*, que nos dá dor de garganta; e *Streptococcus mutans*, a bactéria oral sempre presente na placa dental, que pode levar à carie.

As bactérias gram-negativas incluem: *Escherichia coli*, que vive em nossos intestinos; *Klebsiella*, responsável por infecções hospitalares; *Campylobacter*, que também causa envenenamento alimentar, assim como *Salmonella enteritidis* e *Salmonella typhimurium*; e *Shigella sonnei*, que provoca disenteria.

Os fungos também são uma ameaça na forma de *Candida albicans*, que causa afta oral e vaginal; *Epidremophyton spp.* e *Trichophyton spp.* que se manifestam no pé-de-atleta; o relativamente inócuo *Malassezia furfur* da caspa; e o mais sério *Microsporum spp.*, que causa a tinha.

É talvez pelos vírus que temos maior probabilidade de ser atacados, sobretudo aqueles como os rinovírus, que causam os sintomas do que chamamos de resfriado, ou o mais sério vírus da *influenza*. Outra infecção viró-

1 O bacteriologista dinamarquês Hans Gram (1853-1938) foi o primeiro a descrever a técnica, em 1884.

tica comum é a causada pelo vírus *Herpes simplex*, que pode se manifestar na forma de erupção de bolhas em torno da boca e dos órgãos genitais.

É possível matar germes de maneiras não químicas. Por exemplo, pelo calor, e é por isso que é sempre melhor cozer bem os alimentos que ficaram guardados por algum tempo, e cozinhá-los a temperaturas que destruam os micróbios, isto é, mais de 70°. A radiação ultravioleta destrói micróbios; a radiação gama faz o mesmo, e esta talvez seja, de fato, a melhor maneira de preservar alimentos por longos períodos. Infelizmente é menos usada do que deveria em conseqüência de intensas campanhas movidas contra ela no último século. Seus opositores tiravam proveito da ignorância da população, induzindo muitos a acreditar, erroneamente, que a irradiação dos alimentos os tornaria realmente radioativos.

Embora estes últimos métodos de matar patógenos sejam usados por especialistas, é com produtos químicos comuns que a população em geral pode lutar contra os micróbios. As armas de nosso arsenal são bastante variadas: agentes oxidantes, como água sanitária, água oxigenada e ozônio; clorofenólicos, como triclosan e PCMX (para-cloro-meta-xilenol); e os menos conhecidos sais de amônio quaternário, como cetrimida. Esses produtos químicos atuam de várias maneiras: os agentes oxidantes reagem com as estruturas moleculares dos micróbios; os clorofenólicos podem atravessar as membranas celulares e bloquear o metabolismo microbiano de várias maneiras; e os sais quaternários de amônio atacam a membrana celular.

Os agentes oxidantes são talvez os mais eficazes; eles atacam não só a membrana celular como também proteínas e qualquer molécula com uma ligação N-H ou S-H, e muitas dessas ligações são as chaves para o funcionamento de enzimas. Os clorofenóis também atacam paredes celulares e enzimas e, se uma quantidade suficiente dessas moléculas penetrar numa célula bacteriana, pode fazer até o fluido celular coagular numa massa inútil. Os sais quaternários de amônio são atraídos para a parede celular da bactéria e fazem furos nela, que vaza e não pode mais funcionar.

Produtos químicos antimicrobianos têm benefícios óbvios, mas também apresentavam inconvenientes, como mostra a tabela a seguir. Entre eles inclui-se também o álcool (etanol), outro produto químico comum com propriedades antimicrobianas, usado em anti-sépticos bucais, embora não na concentração da tabela. O álcool funciona dissolvendo a membrana de uma bactéria e desnaturando suas proteínas, e a melhor solução para usar é a que tem 70% de álcool. Ele também é ativo a 50%, embora menos, mas isso significa que numa emergência se pode usar vodca ou gim puros como anti-séptico.

Produtos anti-sépticos, os benefícios e os inconvenientes

Produtos químicos	Benefícios	Inconvenientes
Alvejante de hipoclorito (água sanitária)	Mata todos os micróbios Tem longa validade	Forte cheiro de "cloro" Perigoso se misturado com outros produtos à base de ácidos Grupos de defesa do ambiente são contra a fabricação
Água Oxigenada	Ambientalmente benigno Mata a maioria dos micróbios	Validade curta* Destruído por enzimas comuns
Ozônio	Mata todos os micróbios	Efeito pouco duradouro Não pode ser adaptado para uso geral
Organofenóis	Matam as bactérias Efeito duradouro	Grupos de defesa do ambiente são contra a fabricação
Sais quaternários de amônio	Matam as bactérias Efeito duradouro	Não muito eficazes contra vírus e fungos
Àlcool (solução a 70%)	Mata a maioria dos micróbios	Inflamável Tóxico

* Pode-se estabilizar água oxigenada envasando-as em garrafas de plástico opaco e acrescentando ácido cítrico e timol; os recipientes opacos bloqueiam os raios UV, que a podem decompor; a superfície das garrafas de vidro também a decompõe, e a das de plástico não. O ácido cítrico e o timol ligam-se a átomos de metal que podem catalisar sua decomposição.

Quando ingerimos um alimento em que um número suficiente de bactérias patogênicas se desenvolveu, fatalmente passamos mal durante alguns dias. No Reino Unido, ocorrem cerca de 85 mil casos de envenenamento alimentar que exigem atenção médica por ano. Isso representa cerca de 15 em cada cem pessoas. Mas na maioria, é claro, os casos de envenenamento alimentar são relativamente brandos, manifestando-se na forma de vômitos e diarréias; o número dos que experimentam esses sintomas e não chegam a procurar um médico pode ser 20 vezes maior. Um levantamento realizado na Holanda no início da década de 1990 sugere que mesmo este número pode estar subestimado. Embora somente algumas centenas de casos de gastrenterite sejam registradas por ano naquele país, que é famoso por sua limpeza, o estudo sugeriu que os acidentes desse tipo podem ser, de fato, mais de dois milhões, sugerindo que somente uma pessoa em mil sente necessidade de procurar tratamento médico quando afligida por vômitos e diarréia.

Mas o envenenamento alimentar pode exigir hospitalização e ser até fatal, em especial quando afeta os muito jovens ou os idosos. A bactéria *E. coli O157* cai nessa categoria, porque a toxina que produz, a citotoxina Vero, pode causar hemorragia nos intestinos e resultar até em danos para os rins. Além disso, a bactéria pode ter um longo período de incubação, de até duas semanas, e cem organismos apenas podem ser suficientes para causar a doença. Raramente entramos em contato com essa bactéria, que reside nos intestinos do gado, mas se a carne bovina crua estiver contaminada a partir dessa fonte e não for apropriadamente cozida, pode penetrar na cadeia alimentar humana. Carne moída e hambúrgueres mal cozidos e leite não pasteurizado são as principais fontes de infecção, embora haja casos de crianças que contraíram a doença simplesmente ao alimentar animais ou apanhar excrementos de carneiro com as mãos. Felizmente os casos são raros; no Reino Unido, menos de mil são registrados por ano. As causas mais prováveis de envenenamento alimentar em geral são as bactérias *Salmonella* e *Campylobacter*, que podem contaminar aves domésticas, ovos crus e laticínios; freqüentemente a vítima é exposta ao patógeno em sua própria casa ou num restaurante.

Uma fonte considerável de germes é um pano de prato úmido: bilhões de micróbios podem viver nele. Como tal, é um excelente agente para espalhá-los por todas as superfícies em que é esfregado. É claro que a maioria desses micróbios é inofensiva, e somente depois que foi contaminado com sangue de galinha, por exemplo, é que o pano deve ser jogado fora ou mergulhado em água sanitária.

Mortes em logaritmo

As bactérias multiplicam-se rapidamente desde que tenham uma fonte de nutrição, umidade e calor. Em superfícies limpas e secas elas morrem, o que significa que muitas vezes uma limpeza simples é suficiente para controlálas. Os vírus só se multiplicam quando invadem uma célula viva, e isso só acontece quando têm acesso ao corpo humano. Se apertarmos a mão de uma pessoa infectada, ou tocarmos uma superfície que ela tocou, e depois transferirmos alguns vírus para a nossa própria boca ou olhos, corremos o risco de nos infectar. Além disso, vírus podem sobreviver durante dias numa superfície, principalmente se ela estiver suja, mas numa superfície limpa eles acabam se desintegrando. Fungos podem ser organismos unicelulares, porém a maioria deles é mais complexa; eles tendem a florescer em condições úmidas e representam um risco menor.

As bactérias contam-se aos milhões e bilhões. Matá-las com um agente químico pode ser muito eficaz, e os números destruídos são tão grandes que precisamos de uma escala logarítmica para descrever a matança. Assim, falamos de uma morte log4 ou, ainda melhor, de uma morte log6. A primeira é equivalente a matar 99,99% de uma população bacteriana, a segunda, o equivalente a matar 99,9999%. É claro que as poucas que restam podem se reproduzir de novo rapidamente, desde que haja uma fonte de nutrientes, e transformarem-se em milhões em um dia.

Morte logarítmica soa estranho até que compreendamos que se trata dos logaritmos de números grandes. Suponha que temos um milhão de bactérias (isto é, 10^6 em termos numéricos) e matamos 90% delas; ficaremos com 100 mil, que é 10^5, e isso é chamado uma morte log1, que é a diferença numérica nas potências de dez ao se passar de 6 para 5, e é uma maneira ligeiramente diferente de dizer "divida por dez". (Uma morte log1 é mais ou menos o que você promove quando lava as mãos com água e sabão). A morte de 90% das 100 mil bactérias restantes reduzirá a população a dez mil, o que é 10^4, e que é chamado de morte log2, uma outra maneira de dizer que destruímos 99% do milhão original. (Na verdade, uma lavagem de mãos meticulosa pode assegurar esse nível de eliminação.) Mate 90% destas e ficamos agora reduzidos a mil (10^3), tendo alcançado uma morte de 99,9%, ou uma morte log3. Uma outra eliminação de 90% nos leva a cem (10^2), e significa que 99,99% das bactérias foram destruídas, isto é, uma morte log4. A eliminação de 90% das restantes faz o número de micróbios sobreviventes reduzir-se a dez, numa morte log5 total, e a remoção de nove destas nos leva a uma única bactéria e a uma morte log6. O resultado líquido é que 999.999 do milhão de bactérias original estão mortas agora, e a taxa de morte foi de 99,9999%. Pode haver um log7 e um log8 se começarmos com um *bilhão* de bactérias ou mais, mas supõe-se que uma morte log6 é adequada para a maior parte dos propósitos de desinfecção.

Uma pessoa normalmente saudável terá de ser infectada por vários milhares de vírus ou por mais de 100 mil bactérias para adoecer. Em grupos susceptíveis da população, como as crianças, os doentes e os idosos, alguns milhares de micróbios podem causar doenças. Dadas as condições necessárias, os microorganismos podem se multiplicar numa taxa alarmante: uma bactéria pode transformar-se em um milhão em menos de 24 horas.

Nem é preciso dizer que os métodos modernos de higiene salvam vidas, e não há nada em que isso se reflita tão bem quanto na espetacular queda da mortalidade infantil ocorrida nos dois últimos séculos. Mas será que hoje somos higiênicos demais? Durante o tempo de que o *Homo sapiens* precisou para evoluir, nossos ancestrais contaram com seus sistemas imunes para protegê-los, e as crianças que nasciam com sistemas imunes deficientes eram eliminadas assim que cessavam de mamar no peito e deixavam de receber esse rico suprimento de substâncias químicas protetoras e anticorpos.

Atualmente uma escola de pensamento acredita que corremos o risco de proteger os bebês e as crianças pequenas em tal medida que seus sistemas imunes não se desenvolvem da forma apropriada. Esta seria a razão por que seus sistemas imunes reagem excessivamente a materiais não ameaçadores como as enzimas liberadas por animais de estimação, plantas e ácaros da poeira doméstica, fazendo com que haja tanta asma e alergia. O contato com materiais como esses é necessário para que possamos desenvolver e manter uma rede de células imunes especializadas, e há achados que parecem confirmar isso. Por exemplo, irmãos mais novos têm menos propensão a desenvolver asma, febre do feno ou eczema que seus irmãos e irmãs mais velhos, e é possível que isso ocorra porque são expostos a toda a sujeira que estes levam para casa. Opiniões recentes, contudo,

Desinfetantes e seus efeitos sobre os tipos de micróbios

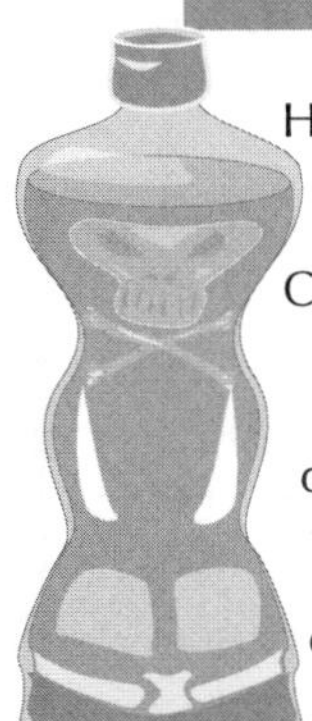

Desinfetantes	Efeitos sobre: bactéria	vírus	fungos	esporos	Modo de ação
Hipoclorito	mata	mata	mata	mata	Oxida moléculas vitais
Clorofenóis	mata	mata a maioria	mata	resiste	Desnatura proteínas-chave
Sais quat. de amônio	mata algumas	mata poucos	mata	resiste	Perfura membranas
Água oxigenada	mata	mata	mata alguns	mata somente em concentração elevada	Ataca moléculas-chave como DNA

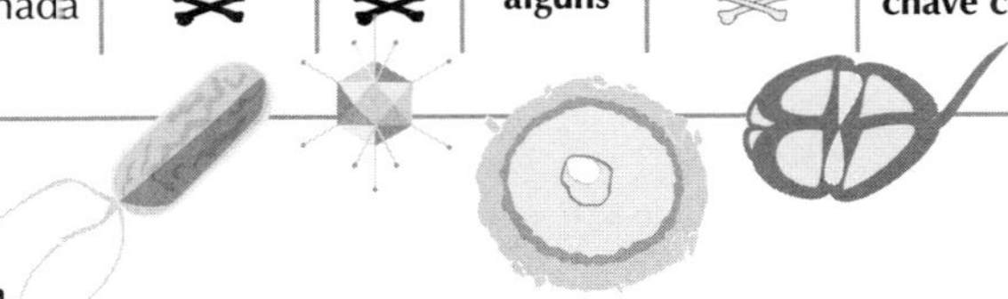

Legenda
mata | resiste
mata somente em concentração elevada

passaram a identificar fatores ligados a estilos de vida, como mudanças alimentares, como a causa mais provável de doenças alérgicas.

Quando o sistema imune está funcionando adequadamente, células especiais enviam citocinas para instruir células infectadas a matar bactérias ou vírus que as estão prejudicando. Outro conjunto de células protege as paredes de nosso trato digestivo de ataques de parasitas liberando anticorpos e ativando mastócitos para repelir o invasor. Os mastócitos liberam grandes quantidades de histamina, que provoca um fluxo de muco para expulsar os patógenos. A tabela na página anterior lista os principais desinfetantes caseiros e seus efeitos sobre os quatro tipos de micróbios que nos afligem.

Hipoclorito

Presente na água sanitária, o hipoclorito tem o poder de liquidar todos os germes. Apesar de seus benefícios, já houve campanhas para bani-lo.

O cloro é um gás amarelo-esverdeado e tóxico, capaz de nos matar em minutos. Afeta os olhos e os pulmões em concentrações de apenas 3p.p.m. no ar; a 50p.p.m., é perigoso respirá-lo mesmo por um curto tempo; e a 500p.p.m. pode ser fatal em menos de dez minutos.

Torna-se muito menos perigoso quando dissolvido em água, com a qual reage para formar uma mistura de ácido hidroclórico (HCl) e ácido hipocloroso (HOCl). É muito mais solúvel em uma solução de hidróxido de sódio (também conhecida como soda cáustica, fórmula NaOH), reagindo para formar hipoclorito de sódio (NaOCl), que tem poderosas propriedades germicidas e é em geral chamado de água sanitária.

O cloro tem uma história interessante. Foi produzido pela primeira vez em Uppsala, na Suécia, pelo químico de naturalidade alemã Karl Wilhelm Scheele (1742-86). Em 1774, aos 32 anos, ele o produziu aquecendo ácido hidroclórico com o mineral dióxido de manganês (MnO_2). Formou-se um gás denso, amarelo-esverdeado, que, segundo Scheele registrou, tinha um cheiro sufocante e dissolvia-se na água numa solução ácida que alvejava papel de tornassol e descoloria as folhas e as flores das plantas. Chamou o gás de

2 O ácido hidroclórico era conhecido na época como ácido muriático, nome que persistiu em algumas indústrias até aproximadamente o século XX. Embora pensemos em HCl como uma substância química perigosa, ele é produzido no estômago humano como parte de nosso processo de digestão.

ácido muriático deflogisticado,[2] e ele foi conhecido por esse curioso nome por mais de 30 anos, até que o químico inglês Humphry Davy investigou-o em 1807 e concluiu que não se tratava de um ácido, mas de um elemento.

Nesse ínterim, outros já haviam encontrado usos para ele. Em 1786, James Watt, de Birmingham, na Inglaterra, havia demonstrado o branqueamento de algodão com cloro dissolvido em água, mas seu uso não era uma possibilidade prática. Mesmo assim, oferecia um processo de branqueamento alternativo ao geralmente usado, em que tecidos eram estendidos ao ar livre em tiras para serem alvejados pela luz do sol, o que demandava várias semanas. Em 1787, o químico francês Claude Louis Berthollet (1748-1822) havia absorvido gás cloro em potassa cáustica (solução de hidróxido de potássio, KOH), para formar uma solução de hipoclorito de potássio (KOCl). Chamou-a "Eau de Javelle", em alusão a um vilarejo próximo de Paris que era um centro de branqueamento têxtil. Logo foi construída uma fábrica para produzir o novo alvejante, que despertou também a atenção das pessoas envolvidas no fabrico de papel.

Em 1799, o cloro foi absorvido numa pasta de cal extinta (hidróxido de cálcio, $Ca(OH)_2$) para formar hipoclorito de cálcio sólido, e isso tornou-se conhecido como pó alvejante. A vantagem do produto era poder ser transportado facilmente para onde fosse necessário, para então ser dissolvido em água e dar uma solução de hipoclorito que podia ser usada para alvejar ou limpar.

Em 1820 um químico francês, Antoine-Germain Labarraque (1777-1850), começou a produzir "Eau de Labarraque" dissolvendo gás cloro numa solução de NaOH para formar hipoclorito de sódio. Este produto, que era de fabricação muito mais barata que a "Eau de Javelle", é o que ainda podemos comprar hoje como água sanitária, vendida sob uma variedade de marcas.

Os hipocloritos foram vistos originalmente como formas transportáveis do próprio cloro, porque liberam imediatamente esse gás quando são acidificados com ácido hidroclórico; ao fazê-lo, perdem um terço de seu peso na forma de gás. Hoje é mais econômico transportar cloro em forma líquida sob pressão, em tanques especiais.

Milhões de toneladas de hipoclorito ainda são fabricados todos os anos, sendo difícil determinar a quantidade exata porque muitas vezes é produzido no local onde é necessário, como no tratamento de efluentes. A água sanitária de uso doméstico absorve cerca de um quarto da produção total de cloro e, embora os ambientalistas se oponham à fabricação, continua sendo uma indústria importante. Ela encontra um uso inesperado na produção de petróleo, para esterilizar a água do mar bombeada nos depósitos de óleo a fim de forçar a subida de uma quantidade maior. Se a água não for estéril, permite o crescimento de lodo, e este bloqueia o estrato em que está o petróleo, tornando a extração difícil. (No Capítulo 3 vimos também como o estímulo ao crescimento das bactérias certas pode ser usado para aumentar a extração de petróleo.)

Em alguns países, a água sanitária é extremamente popular; na Espanha, por exemplo, o gasto médio por pessoa é de mais de 12 garrafas de um litro por ano. Em outros países, em contraposição, é extremamente impopular; assim, na Alemanha, uma pessoa leva a vida inteira para consumir essa mesma quantidade. A água sanitária não pode ser guardada por um tempo muito longo porque se decompõe lentamente em agentes inativos como o clorato de sódio ($NaClO_3$), ou o oxigênio (O_2), processo ajudado pela luz do sol. Por isso é sempre vendida em recipientes opacos.

Se o cheiro de água sanitária parece desagradável para algumas pessoas, muitas o consideram tranqüilizador, e no início do século XIX ele proporcionou uma maneira de banir o "miasma". Em 1827, Thomas Alcok publicou seu *Essay on the Uses of Chlorites of Oxide of Sodium and Lime*, em que recomendava especificamente água sanitária e pó alvejante para desodorizar alguns ambientes particularmente malcheirosos, como hospitais, estábulos, lavatórios e assim por diante. Dois anos antes, em 1825, o próprio Labarraque havia realizado experimentos com água sanitária, lavando feridas com ela, e recomendara seu uso como desinfetante, mas a idéia não pegara.

Depois, em maio de 1847, um cirurgião húngaro, Ignaz Semmelweis (1818-65), usou-a para desinfetar as mãos de estudantes de medicina na Clínica de Obstetrícia do hospital geral de Viena, onde trabalhava. Ele percebera que a incidência de febre puerperal, que começa como uma infecção vaginal e finalmente causa o envenenamento do sangue e a morte, vitimava mais de 30% das mães na enfermaria em que os estudantes de medicina praticavam. Numa enfermaria adjacente, em que trabalhavam estudantes de obstetrícia, a taxa de mortalidade era muito mais baixa. Semmelweis supôs que os estudantes de medicina, que muitas vezes iam para a enfermaria imediatamente depois de dissecar um cadáver, deviam estar levando algum agente de infecção consigo. Graças à sua insistência em que todos lavassem as mãos com água sanitária, a taxa de morte por febre puerperal logo caiu para apenas 1%. (Atualmente, a doença afeta menos de 0,0001% das mulheres que dão à luz.)

Mas a história de sucesso do hipoclorito estava apenas começando. Mais tarde, no mesmo século, ele se provaria útil para a eliminação das doenças transmitidas pela água. Em 1881 o bacteriologista alemão pioneiro Robert Koch (1843-1910) mostrou a eficácia que a água sanitária podia ter para matar esses agentes patógenos, e em 1892 ela foi usada em Hamburgo para desinfetar a água de beber como forma de pôr fim a um surto de cólera. Cinco anos mais tarde, foi acrescentada aos canos de água de Maidstone, na Inglaterra, para controlar um surto de febre entérica (tifóide). Em 1905, um surto muito mais grave da doença foi igualmente contido com a cloração da água que abastecia a cidade.

Estava claro que as doenças transmitidas pela água eram erradicadas com esse método, e assim foi instalado um número crescente de estações para purificar a água de beber de vilas e cidades, e hoje elas são norma em todo o mundo. Na verdade, o benefício da água sanitária para os homens foi tal que em 1998 a revista *Life* classificou-a entre as cem mais importantes realizações do último milênio. O hipoclorito tem uma grande vantagem que não deveria ser negligenciada: é barato o bastante para que mesmo os lares mais pobres possam comprá-lo e para que as mais pobres comunidades possam tratar sua água.

O hipoclorito foi utilizado também de outras maneiras. A solução de Dakin, que é uma solução de hipoclorito de sódio a 0,5%, foi amplamente usada na Primeira Guerra Mundial para desinfetar feridas e prevenir a gangrena, ao passo que um produto ligeiramente mais forte, o fluido de Milton, que é uma solução a 1%, tornou-se popular como anti-séptico geral. Durante muitos anos foi usado para esterilizar mamadeiras, com a instrução de que, depois de mergulhada no Milton, a mamadeira devia ser simplesmente esvaziada do excesso de líquido e não enxaguada antes de ser usada de novo. (A quantidade de hipoclorito que um bebê ingeria assim era minúscula.)

Atualmente, o dicloroisocianureto de sódio, que é sólido, é produzido de preferência ao pó alvejante, e também ele dissolve-se na água para formar uma solução de hipoclorito. O composto é derivado de ácido cianúrico, que consiste num anel de átomos alternados de carbono e nitrogênio, com os carbonos externamente ligados a oxigênio, e os nitrogênios externamente ligados a hidrogênio. Esses três hidrogênios podem ser todos substituídos por cloro para formar ácido tricloroisocianúrico, um pó branco e cristalino usado comercialmente como agente desinfetante e alvejante.

Alternativamente, se apenas dois dos hidrogênios são substituídos por cloros, e o terceiro é neutralizado com álcali, temos NaDCC. Este produto é muito mais solúvel, e nesta forma é vendido em comprimidos para a esterilização de água para beber. Uma de suas principais vantagens é poderem ser guardados por até três anos sem perder o efeito, além de serem mais resistentes à umidade que o pó alvejante. A outra vantagem dos comprimidos é que, ao contrário da água sanitária líquida, não estragam as roupas quando usados da maneira errada.

O NaDCC é usado em piscinas, hospitais (para absorver e desinfetar sangue e fluidos corporais), na criação de animais, em pastilhas para máquina de lavar pratos, desodorizantes sanitários e produtos para a limpeza de pisos. É também vendido em pacotes para serem levados por viajantes para regiões em que a qualidade da água é suspeita; e, embora o gosto possa ser um pouco desagradável, a água torna-se boa para beber. Um comprimido típico contém 8,5mg de NaDCC, o que esteriliza um litro de água. Forma uma solução de hipoclorito a 2p.p.m., forte o bastante para matar a maioria dos patógenos,[3] mas não a ponto de tornar a água intragável.

O hipoclorito mantém as piscinas e a água de beber livres dos patógenos transmitidos pela água, não só os mortais, como os agentes do cólera, da febre tifóide e da meningite, como também os mais comuns, como a *E. coli*, que causa vômitos e diarréia. Embora nos proteja contra os estragos de um ataque microbiano, a cloração da água não deixa de ter seus inconvenientes, que se apresentam na forma de subprodutos indesejados, como a cloramina (NH_2Cl) e os compostos organoclorados (por exemplo, o clorometano CH_3Cl). Essas substâncias químicas podem ser detectadas na água de lagoas e também no ar em tono das piscinas que ficam em ambientes cobertos. A cloramina surge da reação do hipoclorito com o amoníaco (da urina) e escapa para o ar. Diz-se que respirar cloramina por períodos longos causa ataques de asma.

Os compostos organoclorados são formados na água a partir dos vestígios de matéria orgânica dissolvida nela presentes; por essa razão, toda cloração de água os produz, e eles estão presentes na água fornecida para as casas. Nas piscinas pode haver 20 vezes mais compostos organoclorados que na água comum, e grande parte dele vem da reação do hipoclorito com o suor humano. Embora isso possa soar alarmante, convém lembrar que continuamos falando sobre quantidades incrivelmente pequenas, com pouca probabilidade de afetar mesmo os muito jovens. A cloração de materiais orgânicos consome apenas menos de 1% do hipoclorito, e os componentes organoclorados assim formados têm geralmente apenas um ou dois átomos de cloro acrescentados e são essencialmente inofensivos.

Um nível de 1p.p.m. (0,0001%) de hipoclorito de sódio promoverá uma morte log1 (90%), e de 5p.p. uma morte log2 (99%), dos micróbios em poucos minutos. Matará até os esporos numa concentração de apenas 25p.p.m. (0,0025%) se tiver contato com eles por tempo suficiente, embora uma concentração de 500p.p. (0,05%) vá fazer o serviço muito mais rapidamente. A água sanitária é vendida na maioria dos países como uma solução a 5%, mas em alguns tem duas vezes esse teor. Uma solução a 5% tem uma concentração de 50.000p.p.m., de tal modo que mesmo que apenas uma colherada (10ml) seja diluída em dez litros, ainda se

3 Uma solução assim é fraca demais para matar o *Cryptosporidium*.

obtém uma solução com 50p.p.m. de potência, que será capaz de matar todos os micróbios. A Organização Mundial da Saúde menciona o hipoclorito com uma das maneiras mais eficientes de lidar com o HIV e com o vírus da hepatite B.

Muitas águas sanitárias modernas são espessadas com a adição de poliacrilatos para que se prendam de modo mais eficaz a superfícies, como a de um vaso sanitário, e recebem a adição de fragrâncias para mascarar o cheiro. O notável acerca dessas fragrâncias é que elas resistem ao forte poder oxidante da água sanitária, algo que teria sido considerado impossível antigamente, quando parecia que as águas sanitárias removiam qualquer cheiro, por mais forte e fétido que fosse, que dirá fragrâncias ou perfumes.

Diante disso, para que se deveria usar água sanitária? Industrialmente, ela deveria ser usada para tratar toda a água utilizada em fábricas de processamento de alimentos; na agricultura, para esterilizar os equipamentos da leiteria; nas cozinhas dos bares e restaurantes; em hospitais e clínicas; para a água das torres de refrigeração; e em nossas casas sempre que percebêssemos estar correndo algum risco. Há, no entanto, aqueles que questionam a sensatez de fabricar e usar hipoclorito. Seus temores têm três aspectos: indagam se é seguro; dizem que é um produto químico artificial; e perguntam se seu uso não afetaria as usinas de tratamento de esgotos, matando as bactérias benéficas que digerem os resíduos humanos.

A água sanitária é segura? A resposta parece ser sim, e, na verdade, mesmo que uma criança beba um pouco de água sanitária doméstica, é muito improvável que sofra algum dano grave se for rapidamente medicada. Mesmo assim, há casos raros de pessoas que cometeram suicídio tomando água sanitária, embora cálculos baseados em experimentos feitos com ratos sugiram que um adulto teria de tomar um litro para se matar. (Não há ácido suficiente no estômago para neutralizar o álcali da água sanitária e com isso provocar a formação de gás cloro, o que seria realmente fatal.) O hipoclorito não é seguro se estiver misturado com um ácido forte, como aqueles produtos usados para remover limo de banheiros. A mistura de água sanitária com ácido gera gás cloro, o que deve ser evitado, e é por isso que não é permitido usá-la em áreas como escolas.

É uma substância artificial? A resposta é não. Em 1996, foi relatado no *Journal of Clinical Investigation* que os leucócitos produzem hipoclorito para combater micróbios invasores. Enzimas haloperoxidase convertem o íon cloro em hipoclorito fazendo-o reagir com peróxido, substância quí-

Roupas cloradas

Há tecidos de algodão dotados de um revestimento bactericida que se recompõe quando eles são enxaguados com um agente oxidante forte, como água sanitária de uso doméstico. O revestimento, um polímero grudado ao tecido, tem átomos de cloro ligados a átomos de nitrogênio, e são esses cloros que agem como agentes oxidantes. Roupas feitas desses tecidos funcionam bem contra todo tipo de micróbio, e permanecem eficazes até que todos os átomos de cloro tenham reagido. Mas é muito simples substituí-los, bastando mergulhar o tecido em água sanitária doméstica. Esse tipo de material mostrou-se eficaz contra bactérias, inclusive o famigerado *Staphylococcus aureus* resistente a metacilina (conhecido como MRSA), bem como contra fungos, leveduras e vírus. O processo de fabricação desses tecidos foi desenvolvido por Gang Sun, da Universidade da Califórnia, que afirma que o tratamento resiste a nada menos que 50 lavagens.

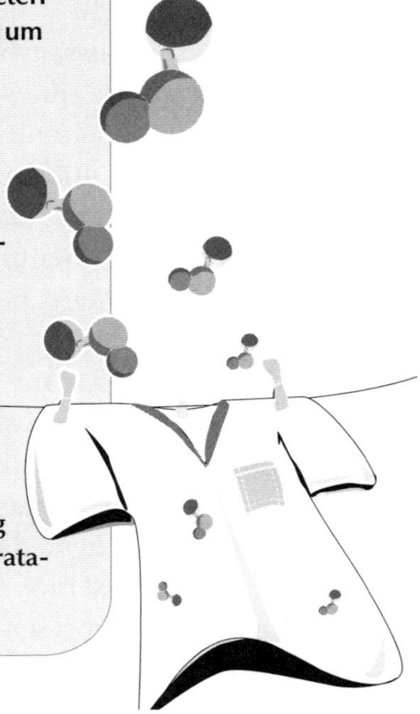

mica presente em toda célula viva, e leucócitos especiais geram hipoclorito usando a enzima mieloperoxidase quando ativados por uma infecção. Como no caso de tantas descobertas químicas que nos beneficiam, a natureza chegou antes.

O hipoclorito mata os micróbios essenciais ao tratamento do esgoto? A resposta mais uma vez é não.[4] Depois de chegar aos esgotos, o hipoclorito desaparece dentro de minutos, porque entra num ambiente extremamente redutor e por isso seu poder oxidante é rapidamente dissipado. De todo modo, 95% do hipoclorito da água sanitária são transformados em íons cloro durante seu uso. Mesmo em países em que a água sanitária é usada diariamente em quase todas as casas, com grandes quantidades derramadas nos vasos sanitários, e portanto diretamente nos esgotos, não há relato de que isso afete as estações de tratamento.

---

4 Quando as águas de esgoto de uma casa vão diretamente para uma fossa sanitária particular, não se deveria usar água sanitária.

Fenóis e clorofenóis

A cirurgia anti-séptica introduziu o benefício do fenol por sua capacidade de matar germes, mas ele podia se tornar ainda mais mortífero (e mais seguro para uso humano) se o átomo de cloro avulso fosse ligado.

Outro produto químico de cheiro forte, o fenol, desempenhou um papel importante na prevenção das doenças. Em 12 de agosto de 1865, o professor de cirurgia da Universidade de Glasgow, John Lister (1827-1912), operou um menino com fratura exposta numa perna sobre a qual passara a roda de uma carroça; esse é o tipo de fratura em que os ossos quebrados se projetam através da pele. Lister tinha pleno conhecimento de que havia alto risco de uma gangrena desenvolver-se; depois a carne da perna apodreceria, produzindo um odor realmente detestável, e isso poderia resultar por fim na morte do paciente.

O que ele não sabia, como outros médicos da época, é que a causa disso era uma infecção bacteriana — neste caso, por *Clostridium*, que secreta uma toxina que digere o tecido —, mas decidiu tentar um novo tratamento preventivo. Recompôs o osso quebrado e tratou a ferida aberta do menino com gaze embebida em solução de fenol, substância química conhecida então como ácido carbólico, um subproduto da ampla produção de gás a partir de carvão mineral. Nenhuma gangrena se desenvolveu, a ferida cicatrizou de maneira limpa e seis semanas depois o menino voltou para casa andando, curado. A cirurgia anti-séptica se iniciara, e dali em diante salvaria milhões de vidas. ("Anti-séptico" é o termo usado para qualificar um produto químico capaz de destruir patógenos no tecido vivo sem afetar o próprio tecido.)

Logo ficou patente que, embora o fenol fosse um anti-séptico e desinfetante poderoso, estava sendo usado por vezes numa solução muito forte, e que podia causar dano ao tecido que devia proteger. Por volta de 1880, seu uso era desestimulado em favor de outro subproduto da indústria do carvão e do gás: o creosol. Essa indústria produzia grande quantidade de um óleo marrom conhecido como creosoto, que de início era simplesmente queimado como combustível líquido. Mais tarde, porém, começou a ser empregado como conservante de madeira, sobretudo para dormentes de estrada de ferro; foi desse óleo que se pôde extrair o creosol. (*Kreosot* foi o nome dado a um destilado da faia produzido pela primeira vez em 1832 por Carl Reichenback, na Alemanha, e usado para conservar carne, a que dava um gosto de fumaça.) Em 1865, outros químicos alemães já haviam investigado o *Kreosot* feito de carvão, e dele obtiveram o creosol, que se revelou um anti-séptico ainda melhor que o fenol.

A molécula de fenol consiste num anel de benzeno com um grupo hidróxi (OH) ligado. O creosol é um fenol com um grupo metílico também ligado a um anel de benzeno; e esse grupo pode estar em seguida à OH (hidroxila), ou numa posição distante dela, ou mesmo no lado oposto do anel. Quando, em 1869, compreendeu-se que havia essas três formas de creosol, o termo tricresol tornou-se alternativo para os preparados comerciais. Todos matavam germes com igual eficácia, e embora os creosóis sejam também extremamente tóxicos (uma colherada pode matar), são menos perigosos do que o fenol, de que um grama pode ser fatal. Tanto o fenol quanto o creosol são agentes biocidas eficazes, e são acrescentados aos sabões para produzir os sabões "carbólico", "de coltar" e "medicinais". Eles criaram também uma demanda para mais um tipo de produto doméstico, o desinfetante.

O fenol e o creosol não são particularmente solúveis em água, mas um inventor de Northampton, John Jeyes (1817-92), descobriu que era possível tornar o creosoto solúvel na água aquecendo-o com hidróxido de sódio (soda cáustica) e acrescentando a isso a resina de três óleos. O Jeyes Fluid, patenteado em 1877, tornou-se um produto doméstico comum em todo o Império britânico e além. Mas Jeyes, que não era muito bom como homem de negócios, não ficou rico com seu invento e, ao morrer, deixou apenas modestas 585 libras.

O Jeyes Fluid era ideal para uso em hospitais, fazendas, abatedouros, fábricas de processamento de alimentos, banheiros públicos e locais de acampamento. Não só limpava e desinfetava como deixava atrás de si um cheiro agradável e persistente. O produto ainda é fabricado em Thetford, em Norfolk, e foi amplamente usado por fazendeiros na Grã-Bretanha durante o surto de febre aftosa de 2001. É muito apreciado também pelos jardineiros.

Atualmente, esses tipos de desinfetante estão disponíveis em duas formas: o chamado fluido preto tem 8% desses fenólicos, ao passo que o fluido branco tem 35%. O primeiro é adequado para uso doméstico, e o segundo para utilização comercial. Quando acrescentado à água, o fluido preto típico produz uma emulsão branca e embaçada. Um preparado alternativo era feito com uma combinação de fenóis e sabão: a solução permanece clara quando acrescentada à água e era comercializado sob o nome de Lysol. Esse desinfetante foi popular até a década de 1930, quando foi substituído pela água sanitária de hipoclorito.[5]

5 O Lysol continua a ser usado como marca de desinfetantes nos Estados Unidos e também no Brasil.

Ainda que o fenol tenha perdido seu lugar como desinfetante comum, mais de cinco milhões de toneladas desse produto químico continuam a ser fabricadas no mundo inteiro a cada ano. A maior parte vai para a produção de polímeros como nylon e policarbonato; uma pequena quantidade ainda se destina à fabricação de produtos antimicrobianos, mas somente depois de passar por uma conversão química em moléculas mais seletivas e menos perigosas. Para fazer isso, acrescenta-se cloro ao anel de fenol, o que aumenta enormemente sua potência.

Quimicamente, o fenol é uma molécula muito reativa, e reage rapidamente com uma solução de cloro na água, acrescentando três átomos de cloro ao anel de benzeno, um de cada lado do grupo OH do fenol, e o outro no lado oposto do anel. O produto disso é o triclorofenol, poderoso agente bactericida e fungicida. Mesmo um átomo de cloro pode ser suficiente para fomentar alguns derivados do fenol, um dos quais é o benzilclorofenol, também um forte germicida. Dois átomos de cloro estão presentes no diclorofenol, produto que foi usado como anti-séptico, mas sobretudo para desinfetar sementes. O acréscimo de quatro cloros resulta em tetraclorofenol, um conservante de madeira e couro, ao passo que cinco cloros resultam em pentaclorofenol, em forte desinfetante e fungicida, também muito usado para preservar a madeira. A oposição dos ambientalistas a esses produtos foi tão grande, contudo, que a fabricação da maior parte deles não é mais permitida, ou seu uso está restrito.

O hexaclorofeno ainda é usado como germicida em sabões, líquidos para lavar as mãos e loções. Consiste em dois anéis de fenol interconectados, com cada anel tendo também três cloros ligados. Foi particularmente popular como tratamento vendido sem prescrição médica para acne, cravos e espinhas, e é vendido sob os nomes de Phisioex. No passado foi mais amplamente usado, sendo acrescentado a sabonetes, xampus, desodorantes e anti-sépticos bucais até o início da década de 1970, quando testes com animais de laboratório mostraram que podia afetar o sistema nervoso.

Teoricamente, é possível fazer milhares de moléculas cloradas de fenol, formando-se um anel com as trocas dos átomos de cloro e outros grupos ligados à molécula. Sem dúvida muitas foram feitas no último século e tiveram suas propriedades antimicrobianas testadas. Poucas, contudo, revelaram combinar esse traço com os outros atributos necessários para fazer de um produto um sucesso comercial, a saber, segurança completa para uso humano, facilidade de fabricação, miscibilidade com água e compatibilidade com outros ingredientes. Mas dois produtos com essas propriedades surgiram, encontraram ampla aplicação e estão por aí até hoje: *para*-cloro-*meta*-xilenol e triclosan.

O *para*-cloro-*meta*-xilenol tem como ingrediente ativo um clorofenol que foi chamado cloroxilenol ao ser produzido pela primeira vez na

Alemanha em 1923, atualmente é mais conhecido como PCMX. Como anti-séptico, o PCMX é 60 vezes mais potente que o fenol, e é vendido numa solução a 5% que inclui ingredientes como óleo de pinho (5%), sabão de óleo de rícino (14%) e isopropanol (12%), que ajudam a mantê-lo em solução.

O PCMX foi submetido a testes clínicos no hospital-maternidade Queen Charlotte, em Londres, no final da década de 1920, e seu uso como anti-séptico geral reduziu a incidência de febre puerperal pela metade. O produto não é aplicado puro, e sim diluído, e pode então ser usado com segurança como um anti-séptico para a limpeza de ferimentos e escoriações — é extremamente eficaz contra bactérias e fungos. Além de ter feito parte da maioria dos tratamentos de primeiros socorros durante meio século, tinha vários outros usos: era acrescentado à água do banho, ou utilizado como um auxiliar na lavagem de tecidos infectados, ou mesmo para a desinfecção rápida de equipamento médico, em conjunção com o etanol (álcool).

Mesmo diluído em uma parte por 400, o PCMX mata a maior parte das bactérias em até cinco minutos, e na diluição recomendada de uma parte por 40 assegura uma morte log5 (99,999%) em até um minuto, mesmo que o patógeno esteja presente em condições como excremento ou sangue. A morte dos fungos leva um pouco mais de tempo, mas novamente essa solução os elimina em até dois minutos. Nem os vírus são capazes de resistir à sua ação, desde que ele seja usado numa concentração maior, como uma parte por dez. Numa solução assim, elimina *herpes simplex* em um minuto, embora o HIV seja menos afetado, sofrendo apenas uma morte log3 (99,9%) nesse tempo.

O triclosan é comumente usado como agente bactericida seguro em grande número de produtos domésticos como sabonetes, pomadas e cremes dentais. Tem sido empregado também para impregnar plásticos, sobretudo aqueles que se utilizam como superfícies para a preparação de alimentos, como as tábuas de carne. A molécula consiste em fenol ligado a um anel de benzeno, e há dois cloros no anel de benzeno e um no de fenol.

O triclosan provavelmente ataca bactérias em muitos aspectos, mas, em 1998, um grupo na Escola de Medicina da Universidade Tufts, em Boston, descobriu que ele funciona principalmente bloqueando uma enzima de que a bactéria precisa para fazer ácidos graxos; essa enzima é o enoil-acil-proteína-reductase (também conhecida como FabI). Isso significa que, em teoria, as bactérias poderiam desenvolver uma cepa resistente ao triclosan passando por uma mutação para selecionar uma enzima alternativa que o antimicrobiano não fosse capaz de bloquear. Na verdade, um micróbio, o *Streptococcus pneumoniae*, tem uma enzima assim (FabK), que é um pouco mais resistente ao triclosan que o FabI, e sugeriu-se que esta poderia ser uma rota para bactérias resistentes ao triclosan.

Tranqüiliza, no entanto, o fato de que até o momento as bactérias não terem mostrado sinal algum de se tornarem resistentes ao triclosan, e, como ele vem sendo usado comumente há cerca de 50 anos, parece não haver realmente nenhuma enzima alternativa que as bactérias possam selecionar para fazer isso.

Sais quaternários de amônio

Uma molécula que contenha um átomo de nitrogênio positivamente carregado, a que está ligada uma longa cadeia de hidrocarbonetos pode perfurar a parede da célula de uma bactéria e desfechar-lhe um golpe mortal.

Para projetar um produto químico que ataque as bactérias é preciso incorporar três coisas à sua estrutura: primeiro, deve incluir um componente que seja atraído para a parede da célula da bactéria e cole nela; segundo, deve ser capaz de penetrar a parede; e, terceiro, deve conseguir destruir um componente celular essencial, de modo que a bactéria morra ou pelo menos fique impedida de se reproduzir. O ataque químico poderia ter por alvo até a própria membrana da célula, fazendo-a romper-se e permitindo que os conteúdos da célula fossem derramados. O desinfetante perfeito ainda está por ser inventado, mas os sais quaternários de amônio chegam perto disso.

Os sais quaternários de amônio atendem ao primeiro dos requisitos acima mencionados para um bactericida eficaz porque a carga positiva líquida que possuem significa que serão atraídos pelo exterior de uma membrana de bactéria negativamente carregada. Isso teria pouco efeito, no entanto, se esses sais apenas deslocassem outros íons positivos que estão lá, como sódio e cálcio, ainda que isso pudesse desestabilizar o micróbio em alguma medida. Uma vez em posição, eles atacam as bactérias rompendo suas membranas e causando assim vazamentos que se provam fatais. Para ser eficaz, sua cadeia de hidrocarbonetos deve ter um comprimento de pelo menos 30 nanômetros. A cadeia age de modo bastante semelhante a uma espada que apunhala a membrana e simplesmente a rompe de uma maneira que não pode ser reparada.

O bioquímico alemão Gerhard Domagk (1895-1964) armou o palco para a descoberta dos sais quaternários de amônio bactericidas quando trabalhava com sulfonamidas, um dos primeiros antibióticos bem-sucedidos. São compostos do tipo amina, e seus átomos de nitrogênio podem facilmente tornar-se positivamente carregados. Mas Domagk também interessava-se por outros compostos, e descobriu que a característica particular que assegurava a atividade antibacteriana era a posse de uma cadeia de hidrocarbono com oito a 18 átomos de carbono ligados ao nitrogênio. Embora muitos compostos desse tipo tenham sido testados desde então, poucos alcançaram sucesso comercial.

Os melhores sais quaternários de amônio, e aqueles que resistiram ao teste do tempo, são o cloreto de benzalcônio e a cetrimida, ambos surgidos na década de 1960. Com grande número de nomes comerciais, Zefiran e Germinol, o cloreto consiste num átomo de nitrogênio a que estão ligados dois grupos metil (CH_3) e um grupo benzil (isto é, um grupo metil com um anel de benzeno ligado). A quarta ligação com nitrogênio é a cadeia de hidrocarbono com oito a 18 carbonos, e, como seu nome indica, a carga negativa compensadora é um íon cloro, Cl^-. O cloreto de benzalcônio é bastante solúvel em água, condição necessária para que ele possa ser de alguma utilidade.

A cetrimida é uma mistura de sais quaternários de amônio em que o nitrogênio central tem três grupos metil e um grupo de hidrocarbonetos de cadeia longa, que pode ter 12, 14 ou 16 carbonos. Produzida pela primeira vez em 1946, ainda é usada em cremes anti-sépticos para a pele e tem notáveis propriedades de restaurá-la.

Há momentos, durante uma epidemia, em que seria tranqüilizador se todas as superfícies públicas que as pessoas tocam, como maçanetas, interruptores, balcões, cadeiras, cardápios e assim por diante fossem livres de germes. Talvez um dia venham a ser, e é possível que isso ocorra mediante o uso de sais quaternários de amônio que se liguem quimicamente a essas superfícies, tornando-as assim permanentemente mortais para bactérias. Produtos com essa propriedade estão sendo desenvolvidos atualmente.

As bactérias com que uma pessoa saudável normal pode viver podem ser uma ameaça para outras cujo sistema imune está prejudicado, ou que sofreram queimaduras graves. Costuma-se isolar essas pessoas em enfermarias de tratamento intensivo onde são feitos todos os esforços para impedir que infecções secundárias as atinjam. No entanto, apesar dos melhores esforços de médicos e enfermeiras, algumas sucumbem a bactérias resistentes a antibióticos. Em 1996 foi relatado na revista *Annals of*

Internal Medicine que essas bactérias podem sobreviver longos períodos nos uniformes do pessoal do hospital, sugerindo que as roupas podem ser agentes transmissores de doenças. Tecidos podem ser modificados com vários produtos químicos diretamente ligados a suas fibras, como corantes, filtros UV, e substâncias antiinflamáveis, e não há razão para que moléculas biocidas não possam também se ligar a eles. No passado, produziram-se tecidos tratados com agentes antimicrobianos, mas esses tratamentos não eram permanentes, e os agentes acabavam sendo removidos na lavagem. Atualmente, contudo, existe a possibilidade de torná-los uma característica integral e permanente dos tecidos, capaz de resistir a sucessivas lavagens.

Uma fibra contendo moléculas de sais quaternários de amônio ligadas foi introduzida pela primeira vez no início da década de 1970 por uma empresa química norte-americana. Foi amplamente usada no Japão, na China e em outros países asiáticos com a finalidade de combater bactérias que produzem odores desagradáveis. Mais recentemente, um grupo de químicos do Instituto de Tecnologia de Massachusetts, nos Estados Unidos, descobriu uma forma de ligar sais quaternários de amônio a todo tipo de material, como vidro, polietileno, polipropileno, nylon e poliéster, e foi provado que eles são eficazes contra bactérias.

Nesse meio tempo, outros químicos norte-americanos descobriram ser possível ligar sais quaternários de amônio com espadas de hidrocarbonetos de 16 carbonos a materiais à base de carboidratos, como tecido de algodão, madeira e papel. Pensa-se que esses materiais de carboidrato tratados são potencialmente úteis para curativos cirúrgicos e tecidos de uso médico. Testes mostraram que esses materiais, que poderiam ser lavados sem perder os sais quaternários de amônio, impedem o crescimento de muitas cepas bacterianas.

Uma empresa alemã desenvolveu um polímero baseado em poliaminas que é ativo contra uma variedade de bactérias, como *E. coli* e *Staphylococcus aureus*, e também contra levedos, fungos e algas. O que esse novo polímero tem de inusitado é o fato de ser ativo, embora o monômero de que seja feito não ter qualquer atividade antimicrobiana. No polímero, os grupos amino com uma carga negativa parcial estão concentrados ao longo da cadeia de polímeros e projetam-se de sua estrutura helicoidal. Essas cadeias de polímeros carregadas são capazes de interferir com os microorganismos com que entram em contato, e provaram-se eficazes em matar bactérias gram-positivas e gram-negativas, bem como mofos, levedos e algas. Possíveis usos para o novo material podem estar na preservação da madeira, em tintas antiapodrecimento para barcos, em fábricas de processamento de alimentos e na proteção de artefatos históricos.

Água oxigenada

Embora considerada um dos produtos químicos menos agressivos ao ambiente, a água oxigenada é mortal para bactérias, bem como um suave agente alvejante. Usufruímos hoje de seus benefícios graças à obsessão nazista de destruir Londres usando mísseis de longo alcance.

A água oxigenada, ou peróxido de hidrogênio (H_2O_2), um excelente agente oxidante, destrói a maioria dos micróbios. Ao fazê-lo, o único subproduto que gera é extremamente benigno para o ambiente: monóxido de hidrogênio (também conhecido como água, ou H_2O). O problema com a água oxigenada é ser intrinsecamente instável, tendendo a se decompor em água e no oxigênio, a menos que se tomem precauções. Essa decomposição é catalisada por traços de metais, poeira e enzimas. Uma enzima em particular, a catalase, tem a água oxigenada como alvo específico, e uma única enzima pode consumir 50 mil dessas moléculas *por segundo*. Podemos ver a rápida decomposição acontecendo ante nossos olhos quando acrescentamos um pedacinho de carne picada à água oxigenada. (Pode-se usar também batata crua raspada, mas o processo é mais lento.)

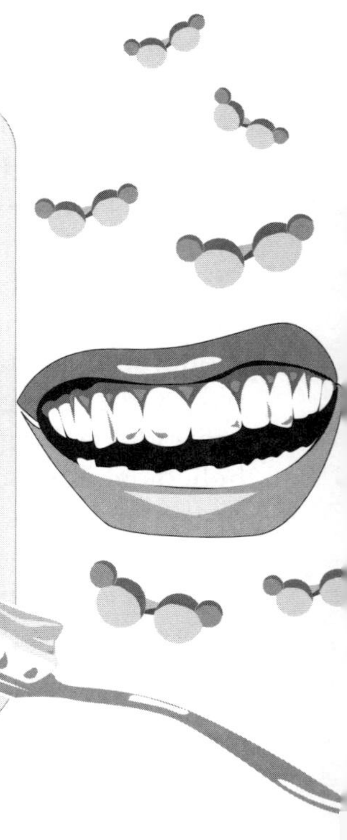

Para um deslumbrante sorriso oxigenado

Géis de água oxigenada são bons para clarear os dentes, e podem ser aplicados na forma de uma pasta ou de uma fita adesiva. Cerca de 15 minutos após a aplicação, a H_2O_2 penetra o esmalte do dente e a dentina, onde se localizam as moléculas que causam a descoloração dos dentes. Ali a água oxigenada promove o restabelecimento da brancura natural dos dentes, embora sejam necessárias várias aplicações para se conseguir o desejado sorriso de atriz de cinema.

A H_2O_2 apresenta-se na forma de peróxido de uréia, uma combinação de uréia e H_2O_2 mantidos juntos por ligações ou pontes de hidrogênio. Outras substâncias químicas estão também presentes no gel, algumas que o formam, algumas que lhe dão um sabor agradável, e outras que atuam como conservantes para impedir a decomposição da H_2O_2.

As plantas e os animais precisam de catalase, porque a água oxigenada é parte de seu metabolismo — nosso próprio corpo gera cerca de 30g de água oxigenada por dia —, mas ela pode ser uma ameaça porque é fonte potencial de perigosos radicais livres. Outras espécies podem produzir H_2O_2 numa taxa relativamente muito mais elevada porque o utilizam para gerar luz pelo processo conhecido como quimioluminescência, com que alguns peixes atraem sua presa nas negras profundezas dos oceanos.

Em casa, podemos usar água oxigenada para desinfetar e alvejar. Durante quase um século ela foi empregada como anti-séptico e descolorante para o cabelo, e ainda é. Pode ser utilizada também para remover manchas oxidáveis de roupas, toalhas de mesa, sofás e tapetes; funciona moderadamente bem e é melhor que água sanitária, porque não descolore o tecido manchado. Os produtos destinados a esse fim contêm cerca de 8% de H_2O_2.

A água oxigenada pode ser comprada também na forma de um pó seco, o percarbonato de sódio, que pode ser adicionado à roupa suja para maior limpeza, ou aplicado como uma pasta para limpar superfícies manchadas. Os tipos de mancha que a água oxigenada remove melhor são as de café, chá, vinho tinto e suco de frutas. É boa também para desinfetar, e a pasta é particularmente eficaz para remover proliferações de micróbios de mobílias de madeira em pátios ou outros lugares ao ar livre. A H_2O_2 mantém piscinas e banheiras livres de bactérias, desde que seja mantida numa concentração de cerca de 100p.p.m. — o que é um nível muito mais alto que o do hipoclorito necessário para conservar esses ambientes livres de patógenos. A água oxigenada pode ser usada para a lavagem anti-séptica de cortes e escoriações, como anti-séptico bucal, na pasta dental, como tratamento do pé-de-atleta e de infecções do ouvido.

Um novo método de esterilizar ambientes consiste no uso de água oxigenada na forma de vapor. Conhecido como peróxido de hidrogênio na fase de vapor (VPHP), é preferível aos esterilizantes gasosos mais usuais — formaldeído e óxido de etileno — que são tóxicos e de manipulação perigosa. Se o nível de H_2O_2 residual for muito alto, porém, pode ser perigoso entrar mesmo em áreas esterilizadas com VPHP. Um equipamento especial é capaz de transformar o grau reagente H_2O_2 (30% de potência) em vapor com uma concentração de cerca de 1-2mg por litro de ar a 25°, e isso é soprado em compartimentos e máquinas em que as condições devem permanecer estéreis, como no empacotamento de produtos farmacêuticos. Introduzido em 1991, o VPHP já foi instalado em mais de 500 lugares no mundo todo.

A água oxigenada tem uma longa história; foi descoberta em 1818 pelo químico francês Louis Thénard,[6] que fez uma reação de peróxido de bário (BaO_2) com ácido sulfúrico. (Ele fez seu peróxido de bário com óxido de bário — BaO, simplesmente aquecendo-o no ar). Thénard estudou o novo material durante muitos anos, obtendo uma amostra cada vez mais pura. Isso foi uma grande façanha, considerando-se a instabilidade do produto, que naquele tempo não se sabia resultar de quantidades minúsculas de impurezas iônicas dissolvidas de metais como ferro e manganês, que catalisam sua decomposição. De fato, a produção comercial de água oxigenada pelo método de Thénard começou apenas em 1873, em Berlim, e o produto tinha de ser usado quase imediatamente após a fabricação.

Mesmo quando, no início do século XX, foi introduzido um método eletroquímico de fazer H_2O_2 com base na eletrólise de ácido sufúrico puro ou sulfato de potássio, o produto continuou tendo a validade relativamente curta de apenas algumas semanas. Apesar disso, fabricava-se água oxigenada de potência industrial, com 30% de concentração, para branqueamento, e com graus de 3% e 6% para uso doméstico. O maior estímulo à produção de H_2O_2, contudo, veio do programa militar do Terceiro Reich das décadas de 1930 e 1940.

Os cientistas e engenheiros nazistas usaram H_2O_2 para o primeiro motor de foguete com combustível líquido para aviões, testado pela primeira vez em 1936. Um caça movido a foguete, o Komet, chegou a entrar em serviço perto do final da Segunda Guerra Mundial. Era movido por H_2O_2 reagindo com uma mistura de hidrazina e metanol, e podia alcançar velocidades de 965km/h. A água oxigenada foi também uma parte necessária do primeiro míssil balístico do mundo, o V2, que se tornou operacional em setembro de 1944; ele foi direcionado sobretudo para Londres e mais tarde para Antuérpia, depois que as forças aliadas recapturaram esse porto.

A água oxigenada também foi necessária para acionar os pistons das catapultas que lançaram a mais destrutiva das "armas milagrosas" alemãs, o V1, também conhecido como bomba voadora ou "*doodle-bug*". Protótipos dos mísseis *cruise* de hoje, essas bombas foram projetadas com o intuito de devastar Londres, onde, de fato, causaram enormes danos materiais. Embora o sistema de direção das V1 fosse primitivo, e seu tempo de vôo determinado por um número fixo de rotações de um pequeno mostrador,

6 Oriundo de uma família de camponeses pobres, Thénard (1777-1857) lavava garrafas para se sustentar enquanto estudava química na Escola Politécnica em Paris. Logo revelou-se um químico brilhante e obteve uma cátedra com apenas 37 anos. Descobriu um pigmento azul luminoso que se tornou conhecido como azul de Thénard e foi muito usado em porcelanas no século XIX. Mais tarde tornou-se político e foi membro da Câmara dos Deputados da França.

eram uma arma terrível. Das cerca de cinco mil lançadas sobre Londres, 2.419 atingiram aquela infeliz cidade entre junho de 1944 e março de 1945, algumas causando devastações pavorosas.[7] O V1 era lançado a partir de uma rampa, por meio de uma catapulta de pistom que o impelia no ar numa explosão de oxigênio e vapor, gerada pela reação de 100kg de água oxigenada e permanganato de potássio.

A água oxigenada tinha de ser extremamente concentrada (80% H_2O_2) e, para produzir isso, químicos alemães criaram um método baseado na reação de uma antraquinona, primeiro com gás hidrogênio, H_2, e depois com gás oxigênio, O_2, a reação total sendo $H_2 + O_2 = H_2O_2$.[8] Depois a antraquinona era regenerada e o processo repetido inúmeras vezes. O método era tão eficaz que continua sendo usado até hoje.

O uso de água oxigenada na guerra não é uma invenção humana; há vários milhões de anos, o besouro-bombardeiro aperfeiçoou um método de lançamento semelhante. Esse inseto, *Stenaptinus insignis*, que pode ser encontrado em países tropicais, como o Quênia e a Malásia, tem cerca de 2cm de comprimento. Quando ameaçado, expele pelo ânus rápidos jatos ferventes de uma substância irritante, o quinol, que é capaz de dirigir contra o inimigo. A pressão para emitir o borrifo do líquido e a temperatura elevada deste são geradas a partir da decomposição catalítica de água oxigenada por catalase. O quinol e a água oxigenada são mantidos numa bolsa dentro do besouro, e o fluido da enzima em outra, separadas por uma válvula que o animal abre quando se sente ameaçado. O inseto pode disparar até 30 jatos antes de ficar sem munição; contanto que escape a seu predador, pode reabastecer-se de água oxigenada em menos de um dia.

A produção de água oxigenada aumentou rapidamente após a Segunda Guerra Mundial, embora em papéis menos sensacionais do que acionar aviões e mísseis e lançar armas. Aos usos mais antigos de branqueamento de linho, algodão e polpa de madeira juntaram-se outras funções, como a manufatura de perborato, agente branqueador muito usado antigamente em sabões para lavagem de roupas. Hoje, esse composto foi substituído em grande medida por percarbonato de sódio, que é simplesmente uma combinação de carbonato de sódio e água oxigenada na razão de um para 1,5.

7 O pior desastre foi provocado pelo V1 que atingiu a Guards Chapel perto do palácio de Buckingham durante um culto no domingo, 18 de junho, matando 120 fiéis, sobretudo soldados, e ferindo gravemente outros 150.

8 Na década de 1990, essa reação era realizada com ozônio (O_3), e não oxigênio, e o produto era a inesperada molécula trióxido de diidrogênio, H_2O_3, em que há três átomos de oxigênio ligados com um hidrogênio em cada extremidade, isto é, H-O-O-O-H. Isso é muito menos estável que peróxido de hidrogênio, H-O-O-H.

A água oxigenada produzida atualmente vem do processo antraquinona, que produz uma solução aquosa com teor de 20 a 40%. Isso é depois concentrado por destilação a vácuo para graus comerciais de 50 a 70%. A destilação a vácuo é efetuada sob pressão muito reduzida, o que significa que a água pode ser removida a temperaturas inferiores a seu ponto normal de fervura de 100°, enquanto a água oxigenada, que normalmente ferve a 155°, fica para trás. O produto final é guardado e transportado em tanques de aço inoxidável ou alumínio. Acrescentando estabilizadores à água oxigenada é possível ampliar a tal ponto sua validade que menos de 0,1% dela se decompõe por mês. Essa proteção é fornecida por agentes complexantes, como estanato de sódio e vários fosfatos, que se ligam a quaisquer metais presentes, tornando-os assim incapazes de catalisar a decomposição.

Fabrica-se mais de um milhão de toneladas de água oxigenada por ano no mundo inteiro. Cerca de 30% disso vai para o branqueamento de polpa e de papel, e 20% para o branqueamento de tecidos, com uma quantidade semelhante sendo convertida para os mais estáveis peróxidos sólidos. Os 30% restantes são usados de muitas maneiras na indústria: como recurso químico; desinfetante para limpeza e desodorização de água poluída; separar metais de seus minérios, por exemplo, na extração e purificação de urânio; e para produtos destinados à lavagem de roupas e louça. (Uma quantidade relativamente pequena é vendida ao público em sua forma líquida tradicional.) A água oxigenada é também usada para fabricar o clorofenol PCMX mencionado anteriormente.

A água oxigenada tem outras propriedades valiosas, afora sua capacidade de alvejar e matar germes. Numa emergência, pode aumentar vastamente as reservas de alimentos, permitindo desprender a celulose de resíduos de outra forma incomíveis, como palha e forragem, da indigerível lignina a que está quimicamente ligada. O material tratado poderia então ser usado como forragem para ruminantes como vacas, que são capazes de digerir celulose. O truque é usar uma solução alcalina de 1% de água oxigenada num pH de 11 a 12. A natureza também lança mão dessa técnica, e fungos que se alimentam de madeira (e até cogumelos) secretam sua própria água oxigenada alcalina.

Embora seja, teoricamente, um forte agente oxidante, a água oxigenada precisa ser ativada para funcionar. Na indústria isso é feito com um ácido, como o ácido sulfúrico (H_2SO_4), que depois é convertido em ácido peroxisulfúrico (H_2SO_5), conhecido como ácido de Caro, ou com ácido acético (CH_3CO_2H), que é convertido em ácido peroxiacético (CH_3CO_3H), e é isso que efetua a oxidação real. Como alternativa, a água oxigenada pode ser ativada por um álcali, ou por um catalisador, ou até por luz UV. Basicamente, esses vários processos decompõem H_2O_2 em fragmentos mais ativos, como íons HO^+ e HO_2^-, ou radicais livres HO• (o ponto significa o elétron solitário).

A indústria química gosta da água oxigenada porque os produtos finais de seu uso só podem ser água e oxigênio. A aura de aprovação ambiental que a envolve atualmente é tamanha que chega a ser um halo — em outras palavras, a água oxigenada é vista como uma dádiva de Deus pelos que condenam os produtos químicos por si mesmos, mas, apesar disso, querem usufruir dos benefícios da indústria química.[9] Na verdade, seus adeptos ampliaram seu uso para muito além do que ela pode verdadeiramente realizar, e não há provas científicas que sustentem suas afirmações.

Dizem que acrescentar uma xícara de água oxigenada à água do banho e ficar mergulhado nela por 30 minutos rejuvenesce e desintoxica. Batidinhas no rosto com uma solução a 3% elimina a acne. Borrifar o corpo com essa solução após o banho de chuveiro tonifica a pele, e uma irrigação do cólon feita com ela é igualmente tonificante para os intestinos. Molhar plantas com uma solução feita de uma parte da solução a 4% e 40 partes de água lhes faria bem, e sementes germinadas por imersão nessa solução produziriam plantas melhores. Galinhas criadas com água contendo algumas gotas de água oxigenada poriam ovos mais saborosos, e seriam elas próprias mais saborosas depois de parar de pôr ovos; por fim, dar um pouco de água oxigenada às vacas as faria produzir mais leite. Todas essas afirmações deveriam ser consideradas com ceticismo, embora seja provável que tais usos não façam muito mal.

Uma utilização, porém, parece ser ainda mais absurda. Diz-se que beber uma solução de água oxigenada muito diluída em água da fonte (naturalmente) previne ou cura todo tipo de doença, da esclerose múltipla à Aids, para não falar de câncer, artrite e asma. A Igreja de Sião, que tem vários milhares de adeptos no Canadá e em Hong Kong, costumava exortar seus fiéis a tomar uma dose diária da panacéia. (É bom que os leitores saibam que a princípio a água oxigenada tem um gosto adocicado, mas, alguns minutos depois, sente-se um ressaibo amargo.) Os que se dispuserem a seguir este conselho duvidoso precisam ser advertidos de seus efeitos colaterais desagradáveis. A "limpeza" do corpo com água oxigenada pode resultar em náusea, dores de cabeça, fadiga, furúnculos e diarréia — coisas que, segundo afirma-se enganosamente, seriam todas parte do processo de eliminação de tóxicos pelo corpo.

9 É literalmente uma dádiva de Deus porque está presente na água da chuva, provavelmente derivada de ozônio.

Ozônio

Este pode ser o gás que protege a Terra dos raios fatais do sol, mas, como substância química, também ele é mortal, não só para germes como para o ser humano. Isso não impede, porém, que nos beneficiemos de seu uso em coisas tão diversas quanto água engarrafada, piscinas e águas de esgoto sanitário.

Em 2001 o FDA aprovou o uso de ozônio como agente antimicrobiano — mas apenas em certas situações que não envolvem a exposição de pessoas a esse gás tóxico. Cem anos atrás, havia muito mais entusiasmo com relação a ele: na verdade, havia tal certeza de que matava germes que geradores de ozônio foram instalados em igrejas e prédios públicos, e os que viajavam no metrô de Londres eram "protegidos" com ele. Numa época em que se acreditava que a maior parte dos germes espalhavam-se pelo ar que respiramos, parecia claro que um potente gás oxidante que os matasse seria indubitavelmente o melhor método de lidar com a ameaça.

Comentadores médicos chegavam até a fundamentar essa teoria mencionando a melhor condição de saúde das pessoas que viviam em áreas onde o nível de ozônio era erroneamente considerado alto, como à beira-mar ou em regiões montanhosas. A teoria, é claro, estava errada, e hoje sabemos que respirar gás ozônio pode apenas lesionar os pulmões. Atualmente, contudo, fabrica-se ainda mais ozônio que antes, embora a maior parte dele seja usada para desinfetar a água, desde a água puríssima empregada na manufatura de produtos farmacêuticos até aquela que os esgotos descarregam em rios.

O gás ozônio ocorre na atmosfera nas regiões superior e inferior. Lá em cima, funciona como uma camada protetora que filtra a perigosa radiação UV do sol. Cá em baixo, é um poluente que prejudica tanto as plantas quanto os animais. Era produzido sobretudo a partir dos gases do escapamento dos automóveis, antes da introdução dos conversores catalíticos. Embora os motores dos carros mais antigos não emitissem ozônio como tal, soltavam óxidos de nitrogênio e principalmente dióxido de nitrogênio (NO_2). Este pode ser decomposto por luz solar forte em óxido nítrico e átomos de oxigênio ($NO + O$), que reagiam então com o oxigênio comum (O_2) para formar o ozônio (O_3). Assim, em dias de sol quente, o nível de ozônio nas cidades e em seus arredores podia chegar a 0,1p.p.m., o que é o limite legal para a exposição profissional; até níveis de nada menos que 0,25p.p.m. já foram registrados. A taxa natural de ozônio no ar é apenas

0,002p.p.m., o que é seguro. Componentes da atmosfera, como poeira, catalisam sua decomposição de volta em oxigênio comum.

O ozônio é solúvel em água em até 570p.p.m., e, embora uma solução como essa não seja muito estável, é um germicida poderoso. A água das piscinas públicas é freqüentemente esterilizada com ozônio, embora, além disso, seja necessário acrescentar um pouco de hipoclorito porque o excesso de ozônio é removido antes que água seja devolvida à piscina.[10] De todo modo, ele não persistiria por tempo suficiente para oferecer a melhor proteção aos banhistas. É por essa razão que a ozonização de reservatórios de água não seria viável em muitas áreas: quando a água se deslocasse até o consumidor, todo o ozônio já teria desaparecido, e a proteção que ele oferece teria se perdido. Apesar disso, em alguns países, como a França, a ozonização foi empregada durante um século (a primeira dessas estações de tratamento foi instalada na Holanda em 1893), e é a maneira preferida de garantir a segurança de reservatórios públicos de água. O ozônio é um agente oxidante ainda mais forte que o hipoclorito, sendo até capaz de eliminar o *Cryptosporidium*, que é um tanto resistente ao hipoclorito muito diluído. A ozonização está se tornando mais popular sobretudo nos lugares onde se teme a cloração. Em 1987 foi instalada na Califórnia uma estação de ozonização para tratar a água potável, e menos de dez anos depois havia mais de 250 dessas estações em operação naquele estado.

Os que tomam água engarrafada podem também agradecer ao ozônio por assegurar sua "pureza". A água carbonatada é protegida por sua acidez, mas a não carbonatada é suscetível à proliferação de micróbios. A melhor maneira de lidar com isso é ozonizar a água, que permanecerá então livre de germes quando a garrafa for fechada. O ozônio também nos protege desinfetando a água de torres de refrigeração e tratando aquela que é descarregada pela indústria. Efluentes industriais podem estar contaminados de muitas maneiras, e sua oxidação com o ozônio elimina não só a contaminação microbiana como outros tipos de poluição. O ozônio para esses processos é feito no local e usado imediatamente depois que se forma.

A água para aquários, criadouros de peixes, incubadoras de ovas de peixe e fazendas de camarões fica mais bem protegida pela ozonização que pela cloração. Geradores de ozônio podem ser facilmente instalados, e é possível removê-lo da água passando-a por um filtro de carvão antes de retornar aos tanques de peixes ou camarões. O gás está sendo usado também para limpar a água de esgotos, principalmente se ela for descarregada

10 Faz-se isso passando a água por um filtro de carvão que catalisa a decomposição de ozônio em oxigênio.

perto de praias freqüentadas. Além de matar bactérias, ele elimina o cheiro repelente dessa água ao oxidar os sulfetos que têm mau cheiro, como o sulfeto de hidrogênio, transformando-o em sulfeto inodoro.

O ozônio foi identificado pela primeira vez em 1840 pelo químico alemão Christian Friedrich Schönbein, na Universidade da Basiléia, na Suíça, e ele o batizou com a palavra grega *ozon*, que significa "cheirar". De certo modo, a história desse gás remonta aos gregos antigos, que notaram o estranho cheiro que por vezes acompanha uma tempestade com trovoada e raios; de fato, níveis elevados de ozônio são produzidos por raios. De início, Schönbein pensou que havia descoberto um novo elemento semelhante ao cloro, mas finalmente provou que se tratava simplesmente de outra forma de oxigênio, com três átomos de oxigênio unidos, em vez dos dois habituais.

É possível produzir ozônio de duas maneiras: a melhor é passar o ar através de tubos de vidro concêntricos com superfícies metalizadas e aplicar uma descarga corona de 15 quilowatts entre eles. O ar que emerge de um tubo como esse terá 2% de ozônio, e há geradores capazes de produzir até 500 gramas de ozônio por hora, embora muitas aplicações de pequena escala exijam apenas de um a dois gramas por hora. O outro método de gerar ozônio consiste em submeter o ar à luz ultravioleta, e isso será suficiente se somente baixas concentrações do gás forem necessárias. É possível condensar ozônio a partir de uma corrente de ar se ele for resfriado abaixo de seu ponto de fervura de –112°, e isso fornece um líquido azul que, quando sua temperatura baixa a –193°, forma um sólido violeta-preto. Tanto o líquido quanto o sólido são perigosamente explosivos.

Supergermes?

Algumas pessoas têm medo de que o abuso de produtos químicos antimicrobianos acabe levando a cepas resistentes que poderiam ser até mais mortíferas que aquelas com que convivemos atualmente. É discutível se esses medos têm fundamento. Reagentes químicos que são germicidas poderosos não atacam simplesmente um micróbio em um ponto vulnerável, digamos, uma enzima-chave, situação que ele poderia ser capaz de resolver desenvolvendo uma enzima modificada que não fosse vulnerável ao agente atacante. Isso sem dúvida aconteceu com os antibióticos, mas estes, por sua própria natureza, devem ser altamente seletivos no modo como atacam, do contrário poderiam infligir danos similares a células vivas do corpo humano. Por outro lado, os desinfetantes são mais parecidos com bombas de fragmentação, espalhando seus mísseis químicos por todos os pontos vulneráveis do micróbio, sejam eles enzimas, ARN, moléculas de membranas ou moléculas mensageiras. Além disso, atacam tão rapidamente e são tão mortíferos que os micróbios têm pouca chance de desenvolver as múltiplas estratégias necessárias para derrotá-los.

Limpadores instantâneos de boxes

O segredo dos limpadores instantâneos de boxes é tornar a água melhor para dissolver a sujeira.

Comecei este capítulo com um comentário irônico sobre as cozinhas modernas, de como são limpas e pouco usadas para seu propósito tradicional de preparar alimentos a partir de legumes crus e ingredientes básicos. De fato, hoje em dia muita gente provavelmente passa mais tempo no banheiro que na cozinha, o que sem dúvida explica o sucesso imediato obtido pelo produto que vamos discutir agora. O curioso é que ele não foi desenvolvido para transformar os boxes em zonas livres de germes, embora sem dúvida ajude ao tornar a limpeza deles tão mais fácil.

Contanto que um boxe ajulejado esteja limpo, para começar, é possível mantê-lo limpo para sempre. Você precisa apenas borrifar as paredes com um dos novos limpadores de azulejo depois de tomar sua chuveirada. Não é preciso esfregar, enxaguar, secar nem se preocupar. O primeiro desses produtos foi formulado por Robert Black em Jacksonvillle, na Flórida, em 1997, e a idéia surgiu no dia em que sua mulher pediu-lhe para limpar o boxe. Ele achou o serviço tão desagradável que decidiu inventar uma forma melhor de fazê-lo do que com os produtos de limpeza tradicionais. O resultado final foi a patente norte-americana 5.910.474. Os principais ingredientes do produto foram um surfactante, um agente quelante e um solvente. Uma receita típica, como a que foi dada na patente, consistia em um surfactante não-iônico de etileno glicol (1,5%), etilenodiamino-tetracetato de diamônio e álcool isopropil (4%), mais algumas gotas de fragrância. O limpador contém um surfactante não-iônico chamado Antarox BL-225, que foi escolhido em razão de suas excelentes propriedades limpadoras e solubilizantes.

Outras companhias apressaram-se a produzir suas próprias versões do produto. Algumas não eram particularmente boas, mas todas se baseavam numa combinação semelhante de ingredientes ativos, cada um dos quais com um papel a desempenhar. Um bom limpador de boxe precisa ter um agente antibacteriano, como sais quaternários de amônio, do contrário ficaria contaminado, e os usuários acabariam borrifando o boxe com germes, junto com os agentes limpadores. Em 1999, o fabricante de uma marca de limpador de boxe teve de recolher um quarto de milhão de frascos vendidos nos Estados Unidos porque estavam contaminados.

Há três tipos principais de surfactantes: catiônico, aniônico e não-iônico. Os dois primeiros têm um grupo positivamente carregado em sua frente (cátions são íons positivamente carregados); e a terceira categoria não tem nenhum. A função do surfactante é tornar a água mais "molhada". Em termos científicos, ele reduz a tensão superficial das gotículas de água em tal medida que elas se desagregam, formando um filme de água, o qual simplesmente escorre das várias superfícies. Normalmente, a água permanece na forma de gotas nas superfícies do boxe; estas evaporam e deixam uma marca causada pelos resíduos nelas contidos, como sais dissolvidos, óleos corporais e resquícios de cremes para a pele e sabonete.

O agente quelante está presente no limpador de boxe para dissolver íons metálicos como cálcio e magnésio que a água pode conter, sendo estes os metais que explicam a "dureza" da água, impedindo a formação da espuma. A melhor maneira de manter esses metais solúveis é acrescentar EDTA. Essa molécula é idealmente estruturada para se enrolar em torno de íons de cálcio e magnésio, impedindo-os de precipitar, como tendem a fazer.

O solvente num limpador de boxe está lá para solubilizar os vestígios dos vários óleos que se desprendem do corpo humano, ou dos cremes para a pele que passamos nele. Robert Black escolheu álcool isopropil (mais corretamente chamado 2-propanol) como solvente seguro; é usado em cremes para o corpo e loções pós-barba há muitos anos e geralmente considerado seguro.

A maneira habitual de remover óleo e gordura é atacá-los quimicamente com um agente químico que seja alcalino, com um pH de cerca de 12, porque isso decompõe o óleo e a gordura em íons de glicerol e ácido graxo, que são solúveis na água e podem ser lavados. Obviamente, no estreito espaço de um boxe, o usuário está nu, sendo portanto necessário evitar um *spray* limpador que seja uma solução alcalina. Por esta razão, esses produtos têm um pH de cerca de 5 (o mesmo da água da chuva), e, para que se mantenham com esse pH, podem ser tamponados com citrato de sódio e ácido cítrico.

Depois que borrifamos o interior de um boxe com um limpador, as paredes ficam aparentemente limpas. Haverá certamente alguns resíduos dos ingredientes do produto limpador, mas estes atuarão como uma barreira na próxima vez que o boxe for usado. É claro que se seu boxe já estiver manchado pelo tempo, e o cimento entre os azulejos manchado de mofo, você terá de submetê-lo a uma limpeza completa antes de incorporar um limpador instantâneo de boxe à rotina de sua toalete.[11]

---

11 O mofo tende a se formar no cimento branco porque ele retém a água tempo suficiente para que isso ocorra. O melhor agente para matá-lo é a água sanitária, em particular o produto espessado que permanecerá em contato com o cimento até que o mofo tenha sido todo removido. Atualmente encontram-se cimentos e impermeabilizantes com agentes antimofo incorporados.

Capítulo 5

Está tudo na cabeça

Neste capítulo, examinamos os efeitos de substâncias químicas sobre o cérebro. Falaremos primeiro das drogas usadas para tratar formas comuns

O cérebro humano

O cérebro humano pesa 1,4kg e flutua no fluido cerebrospinal no interior do crânio. Consiste em uma camada externa, conhecida como substância cinzenta, que é o córtex cerebral, e uma camada interna, branca, com cavidades conhecidas como ventrículos. O cérebro é alimentado por grandes artérias que bombeiam 1,7 litro de sangue para ele a cada minuto, fornecendo-lhe o oxigênio e a glicose de que precisa. Na verdade, o cérebro requer 20% do oxigênio que o corpo absorve.

Por ocasião do nascimento, o cérebro tem cem bilhões de células nervosas (neurônios), cada uma das quais dotada com algo entre mil e dez mil conexões com outros neurônios, perfazendo um total de cem trilhões de ligações — muito mais do que tem até o mais avançado computador do mundo. Após o nascimento, e daí em diante, o cérebro perde cerca de meio milhão de neurônios por dia, o que soa muito assustador, mas é pouco em termos percentuais (0,0005%), embora essa perda explique a redução de cerca de 10% de capacidade que o cérebro sofre ao longo de um período de vida normal.

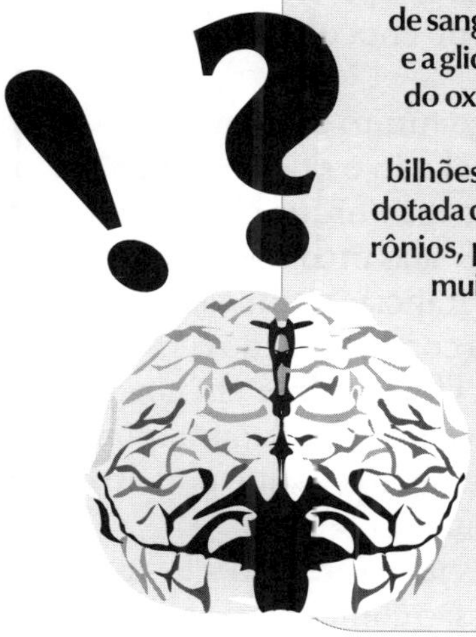

de depressão, depois do lítio, empregado para tratar uma doença mental muito mais grave, e por fim do alumínio, que foi acusado de causar o mal de Alzheimer. Antes de começarmos a tratar da química das moléculas que podem aliviar a mente perturbada, porém, devemos nos voltar para a doença que provavelmente afeta o maior número de pessoas em algum momento de suas vidas: a depressão.

Depressão e antidepressivos

Estimou-se que, em qualquer momento dado, 5% de qualquer população sofre de depressão, e são muitos hoje os que procuram a ajuda dos médicos. Estes têm uma variedade de produtos que podem proporcionar vários tipos de alívio, dependendo da qualidade da depressão envolvida.

Qualquer pessoa pode ser afetada por depressão, inclusive os ricos, famosos e poderosos. Na verdade, a depressão de pessoas como Winston Churchill, Charles Dickens e Florence Nightingale está bem documentada. Ela tampouco é uma doença de sociedades avançadas. Por vezes somos induzidos a acreditar nisso e a imaginar que, em épocas anteriores, as pessoas tinham vidas mais simples, livres das tensões das dívidas, da insegurança no emprego, da perda de bens, da competitividade e do colapso dos relacionamentos. Todos ficamos deprimidos às vezes quando as coisas não vão bem, mas isso é parte da vida, e sabemos que quando as circunstâncias mudarem nossa depressão irá desaparecer. Enquanto isso, tratamos de nos alegrar, seja com um drinque, um cigarro, uma barra de chocolate ou saindo para uma noitada com amigos.

A depressão clínica, por outro lado, é algo muito diferente e pode ser precipitada por eventos traumáticos. Em geral não é possível determinar suas causas, e os efeitos escapam a nosso controle porque ela é produzida pela maneira como o cérebro lida com as moléculas mensageiras essenciais que asseguram seu funcionamento. Essas substâncias químicas, chamadas neurotransmissores, são um elemento-chave da composição do cérebro e podemos tê-las em excesso — ou escassamente. Uma mulher em cinco e um homem em dez tendem a sofrer de depressão clínica em algum momento de suas vidas; depois que se sofre um desses episódios — que podem durar até dois anos —, é provável que outros ocorram.

Os médicos da Grécia e da Roma antigas já se referiam a essas enfermidades que hoje reconhecemos como depressão clínica. No século IV a.C.,

Hipócrates descreveu-as, e no século II d.C. o grande médico romano Galeno atribuiu-as a um excesso de "bile negra", um dos quatro "humores" que supostamente governavam nossa saúde. Na Idade Média, falava-se de melancolia, termo que designava uma tristeza inexplicada, e Shakespeare, quando usa a palavra em *Noite de reis* (Ato II, cena IV), parece descrever a depressão clínica.

Viola

... Ela se consumia em pensamentos,
E com uma melancolia verde e amarela
Quedava como a paciência num monumento
Sorrindo da dor ...

Hoje reconhecemos várias formas de depressão que fazem uma pessoa procurar ajuda médica em vez de sofrer em silêncio. Há a depressão causada por um acontecimento específico ou um por conjunto de circunstâncias; essa forma, conhecida anteriormente como depressão reativa, é muito diferente daquela sem causa óbvia alguma, que era conhecida como depressão endógena. A primeira é chamada atualmente de depressão unipolar, significando que a pessoa envolvida foi afetada por um evento esmagador, como a morte de um cônjuge ou o rompimento de uma relação, fracasso nos exames ou a perda de um emprego. (Uma forma de depressão mais prolongada é a chamada distimia. Esta dura por dois anos ou mais e faz-se presente durante algum tempo quase todos os dias.) O distúrbio em que o paciente oscila entre dias de depressão profunda e outros de euforia artificial, anteriormente conhecido como doença maníaco-depressiva, é hoje chamado de depressão bipolar. Há outras formas, como a depressão puerperal, a doença afetiva sazonal, que ocorre no final do outono e no inverno, e a depressão secundária, que ocorre como parte de outras doenças, como diabetes, cardiopatia coronariana, artrite, Aids, câncer e acidente vascular cerebral.

Tratamentos médicos eficazes para esses estados mentais começaram a se tornar disponíveis pela primeira vez por volta de 1900, quando apareceram os primeiros "sedativos". Estes eram derivados de ácido barbitúrico, um produto químico simples fabricado pela primeira vez no final do século XIX pelo químico alemão Adolf von Bayer. No ano 1900, mais de dois mil variantes barbiturados já haviam sido produzidos e testados, e alguns, como o fenobarbital (também conhecido como fenobarbitona), tornaram-se os tratamentos usuais para depressão. Um barbiturado conhecido como Seconal (secobarbital sódico) foi usado no tratamento da insônia. Outro, Pentotal (tiopental sódico) tornou-se conhecido como a droga da verdade porque se acreditava que fazia pessoas sob interrogatório fornecerem informações mais prontamente. Hoje os barbiturados raramente são usados porque uma superdose pode matar. De fato, o perigo que representavam era tão grande que sempre que se perdiam comprimidos de fenobarbitona, ou quando eles eram roubados, transmitiam-se advertências por rádio para todo o país.

Os médicos recorriam também a outros métodos para tratar a depressão severa, como a eletroconvulsoterapia, em que um forte choque elétrico era aplicado no cérebro. Isso afetava tanto os neurotransmissores que seus efeitos ficavam amortecidos, proporcionando alívio.

Antidepressivos mais aprimorados foram descobertos por acidente. A anfetamina, por exemplo, foi originalmente prescrita na década de 1930 como descongestionante nasal, mas provocava insônia como efeito colateral. Esse medicamento, conhecido pelo nome de benzedrina, era dado também às tripulações dos bombardeiros na Segunda Guerra Mundial para mantê-las despertas em missões longas. Hoje sabemos que o principal efeito da anfetamina é causar um aumento súbito de duas moléculas mensageiras, dopamina e noradrenalina, ao mesmo tempo que inibe os efeitos de um terceiro neurotransmissor, a serotonina. A ação da anfetamina sobre a serotonina também inibe o apetite, e é por isso que a droga é muito apreciada pelos que fazem dieta; já sua ação sobre a noradrenalina faz dela uma favorita entre estudantes que se preparam para exames, bem como entre soldados que vão entrar em batalha.

Na década de 1950, tornou-se possível para os médicos prescrever tratamentos menos agressivos e mais seguros. A primeira das modernas drogas antidepressivas foi a iproniazida. Foi concebida originalmente como tratamento para a tuberculose, mas os médicos que a usavam começaram a relatar que melhorava muito o estado mental de seus pacientes. Relataram também que outra droga, a risperidona, tinha o efeito justamente oposto. Desenvolvida para aliviar a pressão arterial elevada, tornava também os pacientes agudamente deprimidos. Isso estimulou os pesquisadores a investigar os mecanismos pelos quais o cérebro operava e, no caso da risperidona, eles descobriram que ela reduzia as reservas de moléculas mensageiras do cérebro.

As companhias farmacêuticas começaram a pesquisar essa área e produziram medicamentos capazes de afetar a química do cérebro de maneira positiva. Um dos primeiros a serem comercializados foi o Tofranil (nome genérico, imipramina), que consistia em três anéis de átomos. Era tão eficaz que se desenvolveram outros medicamentos baseados na mesma estrutura de três anéis, tornando-se conhecidos como antidepressivos tricíclicos. Outros tranqüilizantes, como eram chamados nessa época, baseavam-se numa estrutura de dois anéis, e alguns, como o Valium (nome genérico, diazepam) e o Librium (nome genérico, clordiazepóxido), passaram a ser amplamente prescritos. Ambos atuavam convertendo-se no corpo em outra forma da droga chamada nordazepam. O comprimido para dormir Mogadon (nome genérico, nitrazepam) também é desse tipo. Quase todas essas drogas já foram substituídas, embora o Valium continue sendo usado por cirurgiões como relaxante muscular.

A depressão clínica pode ser identificada por um conjunto de sintomas que devem estar presentes por pelo menos duas semanas. São eles: sentimento de infelicidade e tristeza, falta de interesse por atividades que normalmente dariam prazer, letargia, insônia, perda do apetite, ansiedade permanente e até sintomas físicos como pulsação acelerada, dores de cabeça, dores de estômago e perda de peso. Juntos, é provável que levem o médico a prescrever um remédio antidepressivo moderno, dos quais os mais conhecidos são Prozac, Zoloft e Paxil; destes, o Prozac tornou-se o mais popular. Essas drogas afetam a química do cérebro de modo a restaurar os níveis naturais dos neurotransmissores.

Os bilhões de neurônios do cérebro têm axônios que se estendem a partir deles e ao longo dos quais são transmitidas mensagens. Eles projetam também filamentos conhecidos como dendritos, que os conectam, mas é ao longo dos axônios que as mensagens são transmitidas. Um tanto curiosamente, contudo, os axônios não ligam uma célula do cérebro diretamente a outra. Ao longo do percurso há um intervalo, chamado sinapse, e é nessa junção que as moléculas mensageiras operam. Elas são liberadas a partir da extremidade do neurônio, passam através da brecha da sinapse e em seguida acionam um receptor que leva a mensagem adiante. Há muitas dessas moléculas mensageiras (por exemplo, o óxido nítrico, de que tratamos no Capítulo 3), mas três foram identificadas como particularmente importantes na determinação de nosso humor; elas são a dopamina (também chamada 3-hidroxitiramina), a noradrenalina (também chamada norepinefrina) e a serotonina (também chamada 5-hidroxitriptamina).[1]

A dopamina é produzida por nosso corpo a partir do aminoácido tirosina, e a noradrenalina é formada a partir da dopamina, ao passo que a serotonina é feita a partir de outro amioácido, o triptofano. Quimicamente, essas moléculas mensageiras são todas aminas, o que significa que têm centros de nitrogênio ativos, e são chamadas de aminas biogênicas por surgirem dentro do corpo.

Embora não possamos vincular diretamente essas substâncias químicas cerebrais a estados mentais específicos, há algumas indicações de quais são as emoções com que estão envolvidas.

1 Outros neurotransmissores são a acetilcolina, o glutamato e o ácido gama-aminobutírico (GABA).

Neurotransmissores e emoções

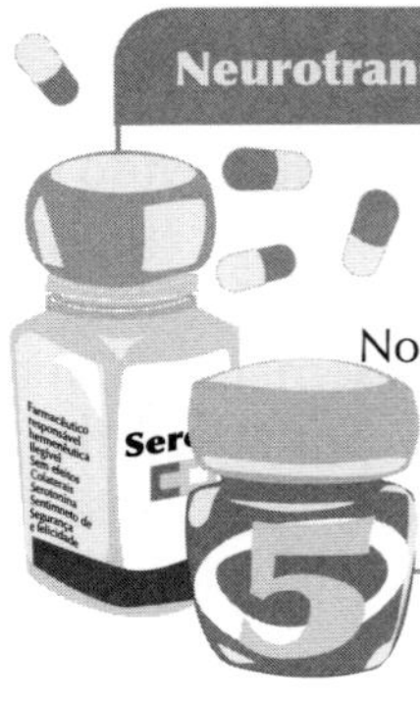

Neurotransmissores	Efeitos positivos	Sentimentos resultantes de sua falta
Dopamina	**Sensação geral de bem-estar**	**Retraimento e inibição**
Noradrenalina	**Energia, vigilância, motivação**	**Rejeição e desalento**
Serotonina	**Sentimento de segurança e felicidade**	**Vulnerabilidade e avidez**

A própria serotonina desempenha vários papéis no organismo e está associada aos padrões de vigília e sono e a sentimentos de bem-estar, segurança e confiança, além de controlar o apetite. Estudos mostraram que os prisioneiros em geral têm baixos níveis de serotonina, tal como as crianças que manifestam comportamento anti-social. Esse neurotransmissor atua como um freio sobre o comportamento impulsivo, e os indivíduos que o possuem em níveis altos tendem a pensar antes de agir, ao passo que os que têm níveis naturalmente baixos tendem a agir primeiro e pensar depois, comportamento que os coloca muitas vezes em apuros. Os macacos com baixos níveis de serotonina são em geral os que exibem mais cicatrizes no corpo, prova de sua tendência a recorrer à violência.

Os neurotransmissores são liberados a partir do axônio transmissor na sinapse, e é aí que as coisas podem desandar. Depois que transmitiu sua mensagem, uma molécula mensageira pode ser desativada por uma enzima conhecida como *monoaminoxidase*, ou ser reabsorvida no axônio transmissor, pronta para ser usada de novo, processo conhecido como recaptação. Ambos os processos reduzirão o nível da molécula neurotransmissora na sinapse em tal medida que isso pode interferir com a tarefa precípua da molécula, resultando em mudanças de humor e depressão.

Há duas maneiras de lidar com a falta de moléculas mensageiras: bloquear a atividade das enzimas *monoaminoxidase* ou obstruir o processo de recaptação. O primeiro método tende a afetar todos os três neurotransmissores, ao passo que o segundo pode ser mais cuidadosamente dirigido porque cada molécula mensageira tem um mecanismo de recaptação específico. Em teoria, portanto, deveria ser possível exercer um controle mais apurado sobre a molécula que se suspeita ser a causadora do problema. Os primeiros tranqüilizantes antidepressivos eram do primeiro tipo e coletivamente conhecidos como inibidores da monoaminoxidase (IMAOS). Não só tinham uma ação bastante indiscriminada, como também interferiam em outros processos fisiológicos nos quais as monoaminoxidases eram utilizadas, o que podia dar lugar a efeitos colaterais indesejáveis como suor excessivo, constipação, ganho de peso e boca seca.

A abordagem alternativa, de controlar a recaptação, teve por alvo sobretudo a serotonina e a noradrenalina, e assim temos inibidores seletivos da recaptação da serotonina (ISRS), inibidores da recaptação da noradrenalina (IRNA) e ainda medicamentos que afetam ambas, conhecidos como inibidores da recaptação da serotonina-noradrenalina (IRSN). Há alguns medicamentos que têm por alvo receptores específicos de serotonina, dos quais 14 tipos foram identificados. (Há cinco receptores em várias partes do cérebro que são ativados por dopamina e pelo menos oito por noradrenalina.)

O ISRS mais famoso é o Prozac, que, tratando a depressão clínica, transformou tanto a vida das pessoas que foi chamado de "luz do sol líquida". Segundo alguns pacientes, o medicamento não só curou sua depressão como lhes proporcionou uma melhor qualidade de vida. Outros chegaram a dizer até que, graças ao Prozac, tinham a impressão de ter descoberto suas verdadeiras personalidades. O que é então essa molécula notável?

Prozac

Embora tenha sido atacado em alguns livros e artigos, esse medicamento oferece notáveis benefícios: faz desaparecer a depressão, aumenta a confiança e detém o distúrbio da bulimia nervosa, que consiste na ingestão excessiva de alimentos.

A história do Prozac iniciou-se em 1970, quando Bryan Molloy e Robert Rathburn, dos Laboratórios de Pesquisa Eli Lilly, nos Estados Unidos, deram início a um projeto de pesquisa com o objetivo de encontrar um novo antidepressivo que não tivesse os efeitos colaterais das primeiras drogas tricíclicas. O líder da equipe de pesquisa era Ray Fuller, que acabaria por ganhar o aclamado Discoverer Award da Associação de Fabricantes Farmacêuticos em 1993. Infelizmente, ele morreu de leucemia em 1996, após toda uma vida dedicada à pesquisa de fármacos, tendo publicado mais de 500 artigos sobre resultados de pesquisas nas áreas de neurofarmacologia e neuroquímica.

Nesse meio tempo, outro pesquisador da Eli Lilly, o farmacologista nascido em David Wong, Hong Kong, estudava mecanismos de recaptação nas sinapses. Usando o tecido cerebral de ratos, procurava encontrar algo que impedisse a ocorrência da recaptação. Wong experimentou algumas das moléculas que Molloy fizera e, no dia 24 de julho de 1972, ao testar o composto identificado pelo código L110,140, constatou que ele era um potente inibidor da recaptação da serotonina e fraco inibidor da recaptação da noradrenalina. O produto químico L110,140 era a fluoxetina, hoje conhecida como Prozac. (A Eli Lilly não deu prosseguimento imediato à descoberta de Wong porque, na época, estava mais interessada em outro medicamento, a desipramina, que bloqueava apenas a recaptação da norepinefrina.)

Depois que testes com animais mostraram que ela era segura e eficaz, a fluoxetina foi experimentada com seres humanos voluntários em 1976. Obteve impressionante sucesso, foi patenteada em 1982 e finalmente introduzida no mercado dos Estados Unidos em 1988, com o nome comercial Prozac. Em 1994, havia se tornado o medicamento antidepressivo mais vendido no mundo.

Outras companhias farmacêuticas logo começaram a vender medicamentos ISRS rivais, como o Zoloft (nome genérico, sertralina, nome comercial nos Estados Unidos, Lustral) da Pfizer, que foi seguido pelo Paxil (nome genérico, paroxetina, nome comercial nos Estados Unidos e no Reino Unido, Seroxa) da SmithKline Beecham. Outros competidores foram o Luvox (nome genérico, fluvoxamina, nome comercial nos Estados Unidos, Favertin) da Solvay, e o Celaxa (nome genérico, citalopram, nome comercial nos EUA, Cipramil) dos Laboratórios Forest.[2] Apesar desses competidores, o Prozac conseguiu 35% do mercado dos antidepressivos, muito lucrativo e em expansão, ao passo que o Zoloft ficou com 15% e o Paxil com 11%.

A SmithKline Beecham afirmou que o Paxil era particularmente bom no tratamento de pessoas acometidas de "fobia social", em outras palavras, pessoas intensamente tímidas que por isso evitam a companhia de outras. Depois que o FDA aprovou o medicamento para o tratamento desse distúrbio, em maio de 1999, a companhia promoveu uma campanha maciça para divulgar ao mesmo tempo o distúrbio e o tratamento para ele. Logo o Paxil era prescrito em níveis que se aproximavam dos do Prozac. Alguns clínicos e psiquiatras, no entanto, não se convenceram de que existia essa doença, a fobia social, e criticaram o novo medicamento dizendo que algumas pessoas são tímidas por natureza e não precisam de tratamento; para

2 O Prozac é assim chamado no Reino Unido, nos Estados Unidos e no mundo inteiro.

alguns, insistiram, a timidez é uma reação perfeitamente normal a certas situações. Seja com for, o Paxil foi visto como uma dádiva de Deus por aqueles cuja timidez interferia constantemente em suas vidas, e as vendas do medicamento elevaram-se tanto que hoje geram mais de três bilhões de dólares por ano.

Nesse meio tempo, a Eli Lilly tomava medidas para tornar o Prozac um antidepressivo ainda melhor. Como a atividade do medicamento residia em apenas uma de suas duas estruturas conhecidas como enantiômeros (ver quiralidade, no "Glossário"), seria melhor prescrever apenas a forma ativa, conhecida como enantiômero R-fluoxetina. Embora isso fosse aumentar o custo da fabricação, teria o benefício de reduzir a dose necessária para assegurar o mesmo benefício, reduzindo ao mesmo tempo a intensidade de qualquer efeito colateral. A Eli Lilly assinou um acordo com a companhia que o fabrica, a Sepracor, que detém a patente para produzi-lo.

O Prozac é prescrito em doses de 20mg por dia para depressão e 60mg por dia para bulimia nervosa. A mais famosa usuária do Prozac para este último distúrbio foi Diana, a princesa de Gales; ele foi prescrito para ela em 1994. O Prozac não é recomendado para crianças, adultos com distúrbios do fígado ou mães que estejam amamentando. Algumas pessoas que tomaram o medicamento tiveram efeitos colaterais como náusea, diarréia, dores de cabeça e assim por diante, mas essas reações são raras.

O problema com o Prozac e com os outros ISRS é que os efeitos colaterais tendem a aparecer antes dos benefícios terapêuticos, em tal medida que as pessoas para quem é prescrito podem ser levadas a abandonar o tratamento antes de começar a se beneficiar dele. Ainda não se compreendeu por que esses antidepressivos demoram tanto tempo para agir, uma vez que elevam os níveis de seus neurotransmissores-alvo numa questão de minutos após serem tomados. Essa elevação, contudo, é somente o primeiro passo numa seqüência que leva finalmente ao alívio. Embora o medicamento aumente o volume de mensageiros químicos na sinapse, essas moléculas não encontram nenhum alvo a que se ligar porque muitos dos receptores se fecharam por falta de estimulação, e sua reativação demanda tempo.

O Prozac acumula-se gradualmente no organismo até atingir certo nível; daí em diante permanece constante, mesmo que a dose seja aumentada, e continua nesse nível por vários dias mesmo que o tratamento cesse. É metabolizado pelo fígado, que o converte em norfluoxetina; esta é também um ISRS e atua da mesma maneira que o próprio Prozac. É isso que explica em parte a longa duração do efeito desse medicamento no organismo. A meia-vida do Prozac é de quatro dias, e da norfluoxetina, de nove. Isso significa que, mesmo que não se tome mais Prozac, nove dias se passarão antes que o nível desses agentes no corpo caia à metade, e outros nove antes que caiam a um quarto, e possivelmente um mês para que não tenham mais efeito.

Como os benefícios do Prozac levam tanto tempo para se fazer sentir, é necessário monitorar os pacientes que estejam deprimidos a ponto de ter idéias suicidas durante a parte inicial do tratamento. Uma vez que o Prozac comece a atuar, porém, os resultados podem ser realmente notáveis. Diz-se que torna o tímido socialmente confiante, faz do desconfiado um atrevido, transforma introvertidos em extrovertidos e pessimistas em otimistas. Como não é de surpreender, tornou-se um dos medicamentos mais prescritos para o tratamento de problemas relacionados à ansiedade, fobia social, ataques de pânico, agorafobia, distúrbio obsessivo-compulsivo, bulimia, condições de dor crônica e dores de cabeça ocasionadas por tensão. O Prozac dá confiança a pessoas que antes careciam dela; esse tipo de

Ataque assassino

O Prozac chegou às manchetes em 1990 de uma maneira que seus criadores não poderiam prever. Afirmou-se que ele havia sido responsável pela matança ocorrida numa oficina gráfica em Louisville, no Kentucky. O assassino foi um homem de 47 anos, Joe Wesbecker, que trabalhava na gráfica havia 17 anos, operando uma das sete enormes prensas; uma delas era tão terrível que, segundo diziam, o capataz fazia exigências sexuais dos operários que não queriam se encarregar de operá-la. Wesbecker chegava a ter de trabalhar às vezes em turnos duplos, e em 1988 ficou tão deprimido que seu médico prescreveu-lhe antidepressivos. Quando estes pareceram não funcionar, ele experimentou Prozac em setembro de 1989.

No dia 17 desse mês, Wesbecker, que estava de licença por motivo de saúde, foi para o trabalho armado com uma AK47 e três pentes de munição, que usou para atirar em 20 dos colegas de trabalho de que menos gostava, matando oito deles. Em seguida deu um tiro em si mesmo com um revólver.

Em 1994 os sobreviventes e as viúvas dos mortos moveram uma ação contra Eli Lilly, os fabricantes do Prozac. O tribunal deu ganho de causa à companhia, embora esta já tivesse conseguido fazer um acordo com os queixosos, comprometendo-se a pagar uma indenização de valor não revelado. Embora pareça improvável que o Prozac tenha tido alguma culpa pelo comportamento violento de Wesbecker, a história conferiu má reputação ao medicamento por algum tempo.

ação foi demonstrado cientificamente com os ratos. Numa colônia de ratos, há um macho dominante; constatou-se que ele tem duas vezes o nível de serotonina dos demais machos no grupo, algo que se desenvolve naturalmente. Quando tiveram seu nível de serotonina aumentado, os subalternos pararam de se deixar intimidar por ele e não mais lhe permitiram se apossar da melhor comida.

Dois anos após o início da venda do Prozac nos Estados Unidos, os médicos faziam mais de 60 mil prescrições por mês do medicamento; cinco anos depois, quase cinco milhões de norte-americanos já o haviam tomado. Como não é de surpreender, os benefícios foram exagerados; houve exagero também nos casos em que o medicamento foi parar nas manchetes por razões erradas — ver boxe. Com o tempo, o Prozac deixou de ser controverso e ainda continua a proporcionar resultados notáveis para a vasta maioria dos usuários. Não provoca os efeitos colaterais associados aos antidepressivos de estilo mais antigo, sobre alguns dos quais pairou a suspeita de viciarem.

Outro aspecto positivo do Prozac é que mesmo uma superdose não tende a matar, embora alguns tenham conseguido se suicidar tomando entre 50 e 100 comprimidos (alguns dos que acabaram se salvando sofreram convulsões). Algumas das pessoas que questionam o Prozac dizem que ele produz mais efeitos colaterais que os antidepressivos mais antigos. Isso foi contestado, no entanto, pelo fato de menos pessoas terem parado de usá-lo por essa razão; além disso, a notificação de efeitos colaterais é hoje um procedimento reconhecido, e os pacientes estão mais propensos a relatá-los.

Os efeitos colaterais atribuídos ao Prozac provavelmente ocorrem porque, embora ele atue principalmente sobre os receptores 5-HT1, em algumas pessoas pode afetar também os receptores 5-HT2, causando náusea e dores de cabeça. Em geral, no entanto, tem apenas uma fraca afinidade por outros sistemas de receptores. Algumas pessoas podem também desenvolver uma erupção cutânea.

Até que ponto os efeitos colaterais se devem ao medicamento ou a causas não relacionadas? Isso pode ser visto a partir de uma série de testes duplos-cegos em que 1.800 pacientes receberam Prozac e 800 receberam um placebo. Como sempre nesse tipo de teste, nem os que tomavam as pílulas nem os que as administravam sabiam quais eram quais. Entre os que receberam Prozac, 20% relataram dores de cabeça nervosas, mas 16% dos que tomaram o placebo tiveram a mesma queixa, e esse foi o efeito colateral mais comumente relatado. Dos que tomaram Prozac, 18% relataram sensações de náusea, comparados com 10% dos que tomaram placebo. Dos que tomaram Prozac, 14% relataram insônia, contra 7% dos que tomaram placebo. Da mesma maneira, 12% relataram diarréia, comparados com

7%. Somente 5% em ambos os grupos relataram sintomas como os de resfriado (nariz escorrendo etc.). A probabilidade de suicídio é ligeiramente menor entre os que tomam Prozac: 1%, contra 3% no grupo placebo, e em ambos os grupos essa probabilidade é menor que entre os que tomaram antidepressivos do estilo mais antigo (4%).

Talvez, compreensivelmente, o sucesso do Prozac tenha produzido uma reação entre aqueles que o viram como parte de uma mentalidade da "dependência de drogas": em vez de enfrentar os problemas da vida, as pessoas tendiam a se tornar dependentes desse tipo de medicação. Escreveram-se livros criticando o medicamento, entre os quais o de Peter Breggin, *Talking Back to Prozac: What Doctors Won't Tell You About Today's Most Controversial Drug*. Por outro lado, *Prozac Nation: Young and Depressed in America* é muito favorável ao medicamento; foi escrito por Elizabeth Wurtzel, de 28 anos, que havia sido uma estudante viciada em drogas e deprimida, com impulsos suicidas, e se tornara uma jornalista e escritora feliz e bem-sucedida.

O livro de Peter Kramer, *Listening to Prozac: Antidepressants and the Remaking of the Self*, foi também muito favorável ao medicamento, mas *Prozac Backlash*, da autoria do psiquiatra, Joseph Glenmullen, de Cambridge, ressalta os efeitos colaterais do remédio, afirmando que ele produz tiques faciais e corporais e disfunção sexual em metade dos que o tomam. Diz ainda que quando os usuários param de tomá-lo podem sofrer uma crise de abstinência, com sintomas como tontura e ansiedade.

Mesmo os que preferem a medicina alternativa e não se permitem recorrer a medicamentos farmacêuticos como o Prozac ainda podem buscar o tipo de alívio que eles proporcionam. Há alternativas naturais para o Prozac e elas assumem diversas formas.

Quando há escassez de moléculas mensageiras no cérebro, poderíamos tentar corrigir isso tomando mais dos aminoácidos tirosina e triptofano como suplementos alimentares, porque o primeiro é uma molécula a partir da qual a dopamina e a noradrenalina são metabolizadas, e o segundo é o precursor da serotonina. A tirosina é abundante como componente da proteína presente em laticínios, ovos, salmão, castanhas e carnes processadas, e ocorre até como amina livre na laranja, na ameixa e no tomate. O triptofano está presente também em níveis relativamente altos na proteína de cereais, castanhas, carne, feijão, peixe e laticínios; alguns alimentos como queijo e salsichas podem conter a amina livre. Uma alimentação normal fornece toda a tirosina e o triptofano de que o corpo precisa para criar seus mensageiros químicos, mas só há uma pequena possibilidade de uma pessoa deprimida que tenha alimentação desequilibrada responder bem à maior ingestão desses tipos de proteína.

Se mudanças na alimentação não aliviarem sua depressão, você pode tentar plantas medicinais que são livremente compradas em lojas de alimentos naturais — talvez sejam eficazes. Sabemos que alguns remédios feitos com ervas realmente contêm ingredientes ativos e atuam da mesma maneira que as drogas farmacêuticas. Entre os remédios naturais mais populares estão a erva-de-são-joão e a kava-kava.

A erva-de-são-joão (*Hypericum perforatum*), planta nativa de regiões temperadas, cresce até nas encostas de montanhas nas regiões tropicais; tem folhas ovais a oblongas e flores de um amarelo vivo. Na Europa medieval, fazia-se uma infusão das pétalas com água fervente e tomava-se a mistura para restaurar o ânimo. É amplamente usada na Alemanha como antidepressivo brando e com aprovação médica, porque contém a molécula hipericina, que comprovadamente inibe a monoaminoxidase. Como os antidepressivos mencionados acima, contudo, leva tempo para agir.

Contanto que você não esteja tomando nenhuma outra forma de medicamento, é bem possível que a erva-de-são-joão lhe pareça benéfica; ela pode ser ingerida como chá, tintura ou na forma de cápsula. Se você estiver tomando algum remédio, porém, precisa estar consciente dos riscos. Uma pesquisa do Instituto Nacional de Saúde dos Estados Unidos mostrou que a erva reage de maneira negativa com alguns remédios. Isso tende a ocorrer com pílulas anticoncepcionais, medicamentos para a redução do colesterol e drogas para evitar a rejeição de órgãos transplantados. A erva-de-são-joão não deixa tampouco de ter seus efeitos colaterais: indigestão, reação alérgica e cansaço; pode também tornar os usuários mais sensíveis a queimaduras de sol.

A kava-kava (*Piper methysticum*) é uma planta verde folhosa originária das ilhas do Pacífico Sul. Era usada pelos nativos na forma de uma infusão feita com as raízes da planta desenvolvida. Hoje está em geral disponível na forma de cápsulas e é popular como antidepressivo. Há quem afirme que testes duplos-cegos que usaram doses de 400mg mostraram que a planta é tão eficaz quanto o Valium. Os constituintes ativos da kava-kava são um grupo de compostos cíclicos conhecidos como lactonas e pironas. Embora estes possam estar presentes em quantidades muito variáveis, certamente têm efeitos farmacológicos, agindo sobretudo como sedativos, relaxantes musculares e analgésicos, além de ter um efeito calmante. Os nativos das ilhas do Pacífico Sul continuam a tomar kava-kava em ocasiões sociais, embora em partes da região sua venda e seu uso sejam regulados por leis, como a nicotina e o álcool. Em particular, a kava-kava não deveria ser usada por mulheres grávidas ou lactantes, nem por pessoas que dirigem automóveis ou operam máquinas. Mais séria é a advertência do FDA de que os usuários de kava-kava podem ter o fígado gravemente afetado, embora isso seja raro. Os efeitos colaterais menos graves da planta são náusea, vômito, perda do apetite e dores abdominais, embora, mais uma vez, eles não sejam apresentados por todos que a ingerem.

Se a erva-de-são-joão e a kava-kava não o atraem, há outros tratamentos para depressão branda a que você poderia recorrer antes de procurar o médico. Homeopatia, acupuntura, medicina chinesa, reflexologia ou aromatoterapia talvez possam lhe dar o apoio de que você precisa para atravessar uma fase difícil, mas há pessoas para as quais essas panacéias não funcionam e antidepressivos do tipo Prozac também não são de muita valia. Para elas, somente um tratamento médico mais potente pode ser eficaz, e é nesse caso que a solução é o mais curioso de todos os remédios: o lítio.

A litioterapia

O mais leve de todos os metais pode ter um profundo efeito sobre o cérebro, a ponto de permitir que as pessoas que sofrem do mais incapacitante tipo de depressão levem uma vida normal.

Estimou-se que, nos Estados Unidos e na Europa, perto de meio milhão de pessoas tomam lítio para aliviar as mudanças de humor da depressão bipolar (doença maníaco-depressiva). Esse metal pode desempenhar um papel biológico controlando neurotransmissores no cérebro e, assim, ter um efeito calmante em distúrbios mentais demasiado esmagadores para responder aos antidepressivos usuais.

A finalidade da terapia com lítio não é corrigir uma deficiência de um elemento essencial. Na verdade, o organismo humano parece não ter qualquer necessidade biológica desse metal, embora tenhamos quantidades razoáveis dele em nosso corpo. O lítio encontra-se amplamente disperso na natureza, e tomamos um pouco dele diariamente na comida e na água. Valores típicos nos alimentos são, por exemplo, 0,5p.p.m (peso seco) no milho e no repolho, 0,3% na alface e 0,2% na laranja; batatas podem ter até 30p.p.m. se cultivadas em solos ricos em lítio. Assim, absorvemos um pouco de lítio na comida que ingerimos, mas isso é facilmente excretado, não se acumulando em nossos tecidos ou órgãos. O adulto médio tem cerca de 7mg de lítio no corpo, e o nível no sangue é de cerca de 4p.p.b., o que mostra quanto esse metal é relativamente pouco importante. Esse baixo nível não surpreende diante do pequeno teor de lítio de nossos alimentos.

Não podemos descartar totalmente a possibilidade de o lítio ter algum papel biológico nos animais, e pelo menos um experimento no passado sugeriu que talvez tenha uma função a desempenhar. Verificou-se que cabras alimentadas com uma dieta livre de lítio engordavam menos que as que recebiam uma dieta normal.

Embora não fosse reconhecido como tal, o lítio tem uma longa história no tratamento de doenças. As águas da antiga Éfeso, então uma cidade grega e hoje parte da Turquia, tinham fama de serem boas para o cérebro — pelo menos foi o que escreveu Sorano de Éfeso, médico que nasceu ali no século II d.C. e clinicou em Roma. Sua especialidade eram as doenças das mulheres, e seu livro *Sobre doenças agudas e crônicas* tem uma seção a respeito de distúrbios nervosos. Na verdade, as águas em torno de Éfeso têm um teor de lítio acima do normal, mas não num nível que pudesse apresentar algum efeito sobre quem as bebesse.

A história do lítio começou realmente perto do final do século XVIII. O primeiro mineral descoberto que continha lítio foi a petalita, encontrada na década de 1790 na ilha sueca de Utö por um visitante: o cientista brasileiro José Bonifácio de Andrada e Silva. Quando a pedra foi analisada, constatou-se que seus elementos totalizavam menos de 100%, o que naturalmente intrigou os investigadores. O problema foi resolvido em Estocolmo, em 1817, quando Johan August Arfvedson (1792-1841) concordou em examiná-la mais detidamente. Após dedicar muitos dias à tarefa, continuou capaz de explicar apenas 96% do peso do mineral, mas extraiu a dedução óbvia de sua pesquisa. Em janeiro de 1818, explicou os 4% restantes como um novo metal e anunciou a descoberta do lítio, que, segundo ele, era um novo metal alcalino — e estava correto. Chamou-o de lítio porque foi descoberto numa "pedra", ou *lithos* em grego antigo.

No mesmo ano relatou-se que, quando borrifado numa chama, o lítio proporcionava uma bonita cor vermelha, e esse provou-se um método útil e rápido para detectar sua presença. Logo depois de sua descoberta, o lítio foi encontrado em outros minerais e até nas águas das estâncias hidrominerais de Karlsbad, Marienbad e Vichy. A mensuração de quantidades minúsculas de lítio requeria uma técnica mais sensível que o teste da chama, e esta foi finalmente proporcionada pelo espectroscópio, que permitiu que o lítio fosse revelado pela linha vermelha característica em seu espectro. Com isso tornou-se possível detectar o lítio na água do mar, em 1859, (numa concentração de apenas 0,17p.p.m.); nos anos seguintes ele revelou-se presente também em uvas, algas marinhas, tabaco, vários legumes, leite, sangue e urina humana.

Embora o lítio seja um metal alcalino, como sódio e potássio, Arfvedson não foi capaz de isolá-lo por eletrólise, como Humphry Davy havia feito para os outros metais alcalinos. William Brande conseguiu fazê-lo em 1821, mas as quantidades do metal que obteve foram tão minúsculas que não pôde registrar suas propriedades. Isso só seria feito em 1855, quando o famoso químico alemão Robert Bunsen (1811-99), e o menos conhecido químico britânico, Augustus Matthiessen (1831-70),[3] foram capazes, independentemente um do outro, de isolar uma quantidade suficiente do metal para estudá-lo por meio da eletrólise de cloreto de lítio fundido.

O metal lítio não é usado como tal porque é rapidamente atacado pela umidade. De maneira bastante surpreendente, e ao contrário do sódio, não reage com o oxigênio na atmosfera, a menos que seja aquecido a 100°, mas, novamente em contraste com o sódio, reage com o nitrogênio atmosférico para formar nitreto de lítio.

Sendo o mais leve de todos os metais, o lítio produz ligas também leves; a mais importante delas é a liga com alumínio, que pode ser usada para reduzir o peso de aviões e naves espaciais, e com isso economizar combustível. É empregado também na fabricação de baterias de longa duração para equipamentos eletrônicos em que o tamanho compacto e a leveza são importantes. Essas baterias, que em geral têm lítio como o anodo e iodo como o eletrólito sólido, podem ter uma duração de dez anos.

O carbonato de lítio (Li_2CO_3) é o composto de lítio mais importante por si só, e, como é pouco solúvel na água, é fácil prepará-lo e isolá-lo. É usado no refino de alumínio, em vidro, esmalte e cerâmicas, e serve de matéria-prima para outros compostos de lítio. É na forma de carbonato purificado que se prescreve o lítio como tratamento de depressões extremas, e, embora esse seja apenas um uso pequeno do metal em termos de quantidade, é provavelmente o mais benéfico de todos. Um aspecto intrigante é que até hoje não compreendemos inteiramente como ele opera sua mágica no cérebro.

No século XIX, o lítio esteve na moda como tratamento para a gota, a dolorosa doença em que pontiagudos cristais de ácido úrico formam-se entre as juntas, especialmente as dos pés. Como o ácido úrico não é muito solúvel, depois que os cristais se formam levam muito tempo para se dissolver de novo. Como o sal de lítio de ácido úrico é muito solúvel, no entanto, pensou-se que tomar águas ricas em lítio auxiliaria a removê-lo do corpo — pelo menos era o que dizia um certo dr. Ure em 1843. Essa sugestão foi difundida pelo eminente médico vitoriano sir Alfred Garrod (1819-1907), que havia observado a rapidez com que uma solução de carbonato de lítio dissolvia ácido úrico, pelo menos no tubo de ensaio, e recomendou a ingestão de grandes doses. A teoria de que o lítio é o melhor remédio para

3 Nascido em Londres, Augustus Matthiessen estudou na Alemanha; em 1862, com apenas 31 anos, tornou-se professor de química no Hospital St. Mary's de Londres. Mais tarde transferiu-se para o hospital St. Bartholomew, também em Londres, mas morreu um ano depois, aos 39 anos.

a gota vigorou por mais de meio século, até que finalmente foi provado que ele não assegurava absolutamente benefício algum. De fato, em 1912, um certo dr. Pfeiffer mostrou que tomar compostos de lítio na realidade tornava mais lenta a eliminação do ácido úrico em pacientes com gota.

Nesse meio tempo, outros médicos tentavam usar lítio no tratamento de outras afecções. Em 1846, apareceram os sais de lítio na *British Pharmacopoeia*, e entre eles estava o carbonato de lítio, que podia ser usado para tratar indigestão, e o citrato de lítio, que atuava como diurético. Em 1871, William Hammond recomendou grandes doses de brometo de lítio para "mania aguda" e "depressão aguda", e um neurologista dinamarquês, Carl Lange, prescreveu uma mistura de sais alcalinos, cujo principal componente era o lítio, dizendo que funcionava bem para a "depressão periódica". Essas sugestões, que estavam muito além de seu tempo, não foram levadas em conta pela classe médica. Depois, em 1949, um médico australiano, John Cade, fez por acaso a grande descoberta graças à qual o lítio se tornaria o melhor tratamento para essas doenças.

Cade realizava experimentos com cobaias, injetando-lhes a urina recolhida de pacientes maníaco-depressivos no hospital em que trabalhava, na esperança de provar que sua doença era de fato causada por excesso de ácido úrico. Os animais recebiam também injeções de sal de lítio de ácido úrico. Cade verificou, para sua surpresa, que as cobais, em geral animais extremamente tensos, ficavam tão calmas que podiam ser deitadas de costas, e assim permaneciam placidamente por horas a fio.

Cade experimentou então o carbonato de lítio em seu paciente mais agitado, que fora internado numa enfermaria de segurança cinco anos antes. O homem reagiu tão bem que poucos dias depois pôde ser transferido para uma enfermaria comum do hospital, e em dois meses teve condições de voltar para casa e retomar seu antigo trabalho. Quando os achados de Cade foram publicados, outros médicos começaram a tratar doentes maníaco-depressivos com carbonato de lítio e verificaram que ele os curava igualmente. Por volta da década de 1960 o tratamento já era aceito em toda a Europa, e na década de 1970 também nos Estados Unidos, apesar da publicidade adversa anterior feita ali, segundo a qual o cloreto de lítio (LiCl) causava a morte dos que o usavam como substituto do sal.

Depois da Segunda Guerra Mundial, o LiCl havia sido vendido com o nome de Westsal para uso por cardiopatas submetidos a dietas sem sal. Em 1949 vários pacientes morreram envenenados pelo lítio, e alertas urgentes sobre o Westsal foram veiculados na imprensa e pelo rádio. O FDA chegou a proibir por completo a utilização de sais de lítio e realizou suas próprias pesquisas com eles, mostrando que, em doses grandes, o lítio pode ser danoso para os rins. Essa proibição vigorou por cerca de 20 anos, até que teve de ser suspensa para que os médicos norte-americanos e seus pacientes pudessem gozar dos benefícios da litioterapia.

O lítio é prescrito em geral como carbonato de lítio em comprimidos de 250mg e tem sua eficácia máxima quando seu nível no sangue situa-se entre 0,6 e 1,2 por litro[4] (ver "unidades" no "Glossário"). É perigoso tomar uma dose maior que 2,5g em qualquer momento, e um nível de 15mg por litro no sangue indica um envenenamento moderado. A litioterapia pode ter efeitos de longo prazo porque parece causar danos permanentes aos rins, razão pela qual só se costuma prescrevê-lo para uma pessoa por no máximo cinco anos; é também por isso que ela deve ser regularmente monitorada durante todo esse período.

Hoje é raro que os médicos prescrevam um medicamento cujo mecanismo de ação no corpo não seja compreendido, mas o lítio recai nessa categoria, embora haja teorias para explicar sua ação. A primeira teoria, e ainda considerada a explicação mais provável, foi formulada em meados da década de 1980 por Michael Berridge e colaboradores na Unidade de Neurofisiologia e Farmacologia de Insetos em Cambridge, na Inglaterra. Segundo ele, o lítio deprime o nível de inositol, uma molécula semelhante ao açúcar encontrada nas membranas das células em todo o corpo, inclusive no cérebro. Outras partes do corpo podem obter inositol na forma de fosfato de inositol a partir de nossa alimentação, sobretudo de cereais, legumes e frutas cítricas, mas nada desse fosfato de inositol chega ao cérebro, que, por isso, precisa fabricar o seu próprio. A produção e a reciclagem dessa substância é suscetível à interferência do lítio porque ele pode penetrar nas células do cérebro.

O fosfato de inositol é responsável pela transmissão de sinais de fora para dentro de uma célula, o que faz com a ajuda de íons cálcio. Depois que fez seu serviço, o fosfato de inositol é reciclado pela enzima inositol monofosfatase, transformando-se de novo em inositol. É essa enzima que realmente controla a sensibilidade de uma célula cerebral a estímulos externos, e, se ela for excessivamente sensível, o resultado será oscilações de humor e comportamento maníaco. O lítio amortece a atividade da inositol monofosfatase, mas somente naquelas células onde ela é excessiva, o que explica por que não tem efeito sobre pessoas que não estão deprimidas e por que nem todos obtêm um alívio com ele.

Uma explicação adicional do modo de atuação do lítio foi sugerida por uma equipe de pesquisadores na Merck Sharp & Dohme, em Harlow, na Inglaterra. Howard Broughton, Scott Pollack e John Atack examinaram

4 Isto é equivalente a cerca de 4,2 a 8,4mg por litro, o que é o mesmo que entre 4 e 8p.p.m.

a maneira como o lítio afeta o comportamento da enzima e concluíram que ele o faz ocupando um lugar na molécula que seria normalmente ocupado por magnésio; depois que isso ocorre, a enzima deixa de atuar como deve.

À primeira vista, parece incompatível com a química desses elementos o fato de que o lítio e o magnésio sejam intercambiáveis, porque ambos estão em grupos adjacentes da tabela periódica. O lítio está no grupo 1, e o magnésio no grupo 2, gerando íons diferentemente carregados Li^{+} e Mg^{2+}. Apesar disso, eles realmente têm similaridades químicas, estando ligados pela chamada relação diagonal entre elementos em grupos diferentes. É possível, portanto, que o ambiente numa enzima que atrairia e reteria um íon magnésio seja igualmente atraente para um íon lítio, mas, uma vez que ele esteja presente, a atividade da enzima é inviabilizada, até que ele se retire. A substituição de magnésio por lítio depende da concentração de lítio no corpo, e é preciso que esta seja mantida num nível suficientemente elevado para que ele possa competir com sucesso com o magnésio e desativar uma quantidade suficiente de células nervosas no cérebro.

Há outras teorias para explicar como o lítio opera. O dr. Adrian Harwood do University College de Londres acredita que ele desabilita a enzima glicogênio-sintase-quinase 3, que é parte de uma via de transdução de sinais sensitivos.

Claramente ainda há muito a fazer para se chegar a uma compreensão do modo como o lítio atua no corpo; até que isso seja conhecido, não há nenhuma possibilidade de se encontrar um medicamento alternativo mais seguro, ou de tornar a litioterapia mais bem dirigida para um alvo, de modo que menor quantidade da substância possa ser prescrita, e o tratamento continuado pelo tempo necessário. Mas, seja como for que opere, até agora o lítio parece ter incontestável eficácia no tratamento de formas extremas de depressão.

Em 1991, no livro *Lithium in Biology and Medicine*, estudos epidemiológicos nos Estados Unidos indicaram que áreas nas quais a água potável tem níveis relativamente altos de lítio, isto é, mais de 70p.p.b., as taxas de criminalidade e de suicídios eram mais baixas. A dedução óbvia seria que as autoridades deveriam ajustar o nível desse metal na água fornecida em lugares em que a criminalidade fosse alta e os suicídios mais freqüentes. Mas esse emprego de lítio nunca será feito, até porque esse metal nunca será barato o bastante, mesmo que fosse possível convencer uma companhia de fornecimento de água a levar a cabo um experimento semelhante durante os anos necessários para se provar sua eficácia.

O lítio pode estar também envolvido em outros tratamentos médicos. Por exemplo, foi possível demonstrar que cremes baseados em lítio inibem o herpes genital, aliviando assim uma afecção que talvez leve suas vítimas a precisarem de tratamentos antidepressivos.

Mal de Alzheimer e alumínio

Qual é a causa do mal de Alzheimer? Mais de 20 fatores de risco foram sugeridos, sobretudo com base em indícios epidemiológicos, mas durante muitos anos a acusação se voltou contra o alumínio — erroneamente, como se revelou.

Sabemos que a incidência do mal de Alzheimer (MA) está claramente associada à idade avançada e que algumas pessoas correm maior risco em virtude de uma predisposição genética. É possível que o MA seja agravado por deficiência de vitaminas e falta de estimulação mental, mas estas não são sua *causa*. A origem real ainda permanece desconhecida, mas atualmente há fortes contendores: disfunção enzimática, falha genética, invasão microbiana ou toxinas, como metais. Foi esta última categoria que pareceu ao mesmo tempo explicar a doença e proporcionar uma maneira de evitá-la. O acusado foi o alumínio. Durante 25 anos, muito tempo, dinheiro, esforço e publicidade foram gastos na tentativa de controlar o impacto desse metal em nossas vidas, mas também há 25 anos este é um esforço inútil.

A primeira pessoa a ser diagnosticada com MA foi Auguste D.,[5] uma alemã de 51 anos que em 1901 começou a tornar-se esquecida, desorientada, com dificuldade de ler e que manifestava um ciúme obsessivo pelo marido. Ela foi admitida no Asilo de Frankfurt, onde seu caso ficou a cargo do neurologista Alois Alzheimer (1864-1915). O médico documentou o declínio progressivo das condições mentais da mulher, observando que era propensa a surtos em que gritava e batia os pés, tornando-se incapaz de lembrar os nomes dos familiares e por fim totalmente apática e incontinente.

Depois de sua morte, em abril de 1906, o cérebro de Auguste foi enviado para Alzheimer, então na Clínica Psiquiátrica Real, parte da Escola Médica de Munique. Ele constatou que o órgão estava enormemente encolhido, o que o surpreendeu, porque se tratava de uma mulher relativamente jovem. Examinou amostras de tecido e, corando-as com prata e inspecionando-as ao microscópio, descobriu depósitos curiosos nas células nervosas danificadas. Alzheimer relatou seus achados na 37ª Conferência dos Psiquiatras Alemães em Tübingen em 1907 e publicou-os numa destacada revista psiquiátrica alemã, sob o título “Uma nova doença do cór-

5 Seu sobrenome não foi revelado.

tex". Seu nome foi dado à doença em 1910 pelo eminente psiquiatra alemão Emil Kraeplin; ele referiu-se a ela como a doença de Alzheimer na oitava edição de seu influente *Manual de Psiquiatria*, e o nome pegou. Nem os sintomas, nem os achados de Alzheimer eram novos, mas foi conveniente para Kraeplin divulgá-los como uma nova doença porque isso valeria uma valiosa publicidade para a Escola Médica de Munique, garantindo assim um fluxo contínuo de recursos para a instituição.[6]

Hoje sabemos muito mais sobre o MA. Há dois tipos da doença: o chamado tipo familiar e o esporádico, em outras palavras, as formas hereditária e não-hereditária. Ambas têm a mesma evolução implacável e os mesmos sintomas. O MA é caracterizado por dois tipos de formação anormal no cérebro: emaranhados fibrosos dentro de células cerebrais e placas senis esféricas nos espaços entre as células. As primeiras são compostas de uma proteína anormal chamada tau, ao passo que as segundas são grumos de outra proteína chamada amilóide.

A proteína tau é produzida sobretudo por células nervosas do cérebro, para ajudá-lo a manter os microtúbulos que atuam como condutos ao longo dos quais moléculas podem ser rapidamente transportadas pelos axônios. Mas quando a proteína tau está sobrecarregada com fosfato ela se gruma, formando uma massa emaranhada, embora isso só seja observável com a ajuda de um poderoso microscópio eletrônico.

As fibrilas amilóides costumam ser acusadas de matar neurônios no cérebro, mas é possível que elas sejam mais um sintoma que uma causa de MA. Pelo menos essa é a teoria proposta por um grupo de pesquisadores encabeçado por Peter Lansbury Jr. da Escola de Medicina, nos Estados Unidos. Ele afirma que é um precursor solúvel, uma cadeia mais curta de proteína, que faz o estrago, criando buracos em membranas celulares, e que esses buracos podem permitir que cálcio e outros íons penetrem no neurônio e o matem.

A maioria dos pesquisadores do MA, no entanto, ainda acredita que as placas são mais perigosas e que são elas que levam à disfunção e à morte final do neurônio. Em 1984, descobriu-se que as placas consistem no peptídio beta-amilóide, um produto residual de proteína que o cérebro tem dificuldade de eliminar, e é então acumulado como depósitos. Uma proteína no plasma liga-se a esses depósitos e os protege, impedindo que sejam decompostos para reciclagem por enzimas que digerem proteínas. Essa proteína protetora, conhecida como proteína amilóide sérica, é produzida pelo corpo numa taxa de 50 a 100mg ao dia, e todo o excesso é excretado

6 Alguns céticos acreditam que esse abuso da mídia como forma de obter recursos para pesquisas continua ainda hoje, e não só na Alemanha.

pelo fígado. Ela protege os depósitos amilóides indesejados tão bem quanto protege outras proteínas amilóides. Como veremos, a remoção da proteína amilóide sérica da corrente sanguínea oferece uma maneira possível de eliminar as placas.

As partes do cérebro mais afetadas no MA são as regiões corticais externas e o hipocampo e a amígdala, profundamente encravados no cérebro. A perda de células nervosas na região do hipocampo não pode ser reposta, e é ela que provoca o sintoma mais óbvio da doença, a aguda perda de memória. Não pode haver cura para essa deficiência, o máximo que podemos esperar é detê-la depois que foi diagnosticada.

Atualmente o MA aflige um número cada vez maior de pessoas porque é uma doença da velhice, e nas sociedades desenvolvidas a população está se tornando mais idosa. Nos Estados Unidos, quatro milhões de pessoas sofrem da doença, no Reino Unido cerca de meio milhão e o total global hoje ultrapassa os 12 milhões. A incidência de MA aumenta com a idade, e pelo menos 15% das pessoas com mais de 80 anos são afligidas por ela. Entre os que têm de 60 a 65 anos a doença é rara, atingindo apenas 0,1%. (A forma genética do MA, que explica 5% dos casos, pode ter início em pessoas de apenas 35 anos.)

O agente ambiental por muito tempo considerado a causa mais provável do MA é o alumínio. O que tornou esse metal alvo de suspeitas foi o papel que desempenhava numa doença com sintomas semelhantes: a demência da diálise. Como o nome sugere, a demência da diálise afligia pacientes submetidos a hemodiálise como tratamento para os rins, nos quais são conectados a uma máquina que é capaz de filtrar as toxinas do sangue, desempenhando assim a função que os rins não são mais capazes de levar a cabo.

Na década de 1960, foi noticiado que pacientes submetidos a hemodiálise duas ou mais vezes por semana começavam a sofrer de demência; em outras palavras, começavam a se comportar estranhamente, falar de maneira ilógica, mostrar-se esquecidos, confusos e desajeitados. A causa da demência da diálise era o alumínio, dissolvido a partir do equipamento de diálise, que penetrava diretamente na corrente sanguínea e, através dela, no cérebro. Por volta dessa época, um grupo em Newcastle, na Inglaterra, relatou que placas retiradas dos cérebros das vítimas dessa demência continham níveis elevados de alumínio. Além disso, quando sais de alumínio eram injetados em coelhos e gatos, produziam-se emaranhados fibrosos em seus cérebros.

O alumínio que causava a demência da diálise, no entanto, não resultava no tipo de material fibroso ou nas placas amilóides associadas ao MA, e nos coelhos e gatos as fibrilas estavam presentes não só no cérebro como em outras partes do sistema nervoso. Na verdade, os efeitos assemelhavam-se muito mais a uma reação tóxica ao metal, tanto nos animais quanto nos seres humanos. Quando tratados com medicamentos para remover o alumínio de seu corpo, os pacientes acometidos de demência da diálise se recuperavam. Tratava-se, nesse aspecto, de uma doença muito diferente do MA, mas quando relatou-se que se encontrara também alumínio nas placas retiradas dos cérebros de vítimas do MA, pareceu lógico supor que esse metal podia ser a causa da doença. O vínculo entre alumínio e MA foi amplamente divulgado e ganhou amplo crédito. O temor alastrou-se.

Mas nem todos subscreveram essa teoria. Sir Martin Roth, professor emerito de psiquiatria na Universidade de Cambridge e reconhecido especialista em MA, não a apoiou e declarou isso publicamente, mas foi uma voz solitária. Os que acreditavam, e eram muitos, teriam claramente de enfrentar uma árdua tarefa para eliminar o impacto do alumínio, porque hoje ele é parte da vida cotidiana.

O alumínio é o terceiro elemento mais abundante na crosta terrestre, depois do oxigênio e do silício, e é o metal mais abundante. Seu óxido é tão insolúvel que apenas um pouco dele penetra nas águas naturais. Uma pequena quantidade é carregada para os rios e, através deles, para o mar a cada ano, mas a concentração na água do mar é de apenas cerca de 0,5p.p.b., porque ele precipita no fundo. Quando o solo fica ácido e o pH cai abaixo de 4,5, o alumínio torna-se mais solúvel, e isso pode afetar plantas e plantações, reduzindo o crescimento das raízes e a captação de fosfato. Por essa razão as chuvas ácidas são tão danosas para as plantas.

Um pouco de alumínio penetra na cadeia alimentar, mas a maior parte dele passa por nosso trato digestivo sem ser absorvida porque está presente sobretudo como material insolúvel. Como há alguns sais solúveis de alumínio, como o citrato, existe a possibilidade de um pouco de alumínio conseguir penetrar na corrente sanguínea se encontrar ácido cítrico de frutas, mas isso não serve a nenhum propósito útil. O alumínio não tem papel algum no metabolismo humano, mas, dada a quantidade que absorvemos diariamente, talvez também não surpreenda que tenhamos cerca de 60mg dele em nosso corpo.

Na vida cotidiana, encontramos em geral o alumínio na forma de latas ou papel laminado, e ele é facilmente reciclado. Seus componentes também são úteis, em especial o alume (que é sulfato de alumínio e potássio), sulfato de alumínio, hidróxido de alumínio e óxido de alumínio. O primeiro foi usado durante séculos como mordente no tingimento de tecidos e para estancar hemorragias; o segundo é usado na purificação da água; o terceiro pode ser tomado para alívio da indigestão; e o quarto pode ser usado como jóia. (Várias pedras preciosas são feitas da forma cristalina do óxido de alumínio. A presença de traços de outros metais cria várias cores: o ferro produz o amarelo do topázio, o cobalto cria o azul das safiras, e o cromo, o vermelho dos rubis. Hoje, tudo isso pode ser fabricado artificialmente de maneira fácil e barata.)

No fim das contas, faz séculos que usamos o alumínio — ver boxe; seria possível que com isso tenhamos posto em risco nossa saúde mental, inadvertidamente?

Sendo o alumínio tão abundante no solo, todas as plantas absorvem um pouco dele. O arbusto do chá absorve muito, e o alume é usado como fertilizante nas plantações de chá. Este fornece uma quantidade significativa de

O alumínio na história

Em uma época tão remota quanto o século I d.C., o médico do exército romano Dioscórides (c.40-c.90) escreveu o livro *De materia medica*, em que recomendou alume para estancar sangramentos e tratar de várias doenças de pele como eczema, úlceras e caspa — casos em que de fato ele seria de pouco benefício. O mundo antigo obtinha seu alume de depósitos naturais na Grécia e na Turquia. Durante séculos ele foi negociado e exportado por Constantinopla, mas na Idade Média descobriu-se que podia também ser feito com argila e ácido sulfúrico. A descoberta da alunita, uma rocha de sulfato de potássio e alumínio, em Tolfa, em território controlado pelo papa, deu lugar ao monopólio papal da manufatura do alume na Europa da década de 1460 em diante. A indústria empregava oito mil homens e produzia 1.500 toneladas de alume por ano, gerando grande renda para Roma.

Esse estado de coisas continuou até o início da produção inglesa de alume no começo do século XVII, no norte do Yorkshire, onde fora descoberto um grande depósito de argila xistosa de alume. A produção ali rompeu o monopólio papal, e o preço do alume caiu enormemente. A produção em Yorkshire continuou por mais de 250 anos. Apesar de a fabricação de alume ter sido a primeira verdadeira indústria química, havia pouca compreensão da natureza do produto ou do processo de manufatura.

Nos séculos XVIII e XIX, o alume era usado pelos fabricantes de papel como conservante, pelos médicos para estancar hemorragias, por cientistas para preservar preparações anatômicas e por tintureiros como mordente para fixar tinturas a tecidos (os íons de alumínio aderem às fibras do tecido e o pigmento adere aos íons de alumínio).

alumínio na dieta dos que preferem essa bebida. Os alimentos vegetais mais ricos em alumínio são espinafre (104p.p.m., peso seco), aveia (82p.p.m.), alface (73p.p.m.), cebola (63p.p.m.) e batata (45p.p.m.). Alimentos processados têm ainda maior quantidade, sobretudo o queijo processado, que tem 700p.p.m., ao passo que os bolos e biscoitos têm grande quantidade porque o fosfato de sódio e alumínio é usado como fermento.

Quando o alarme em torno do alumínio começou, percebeu-se que a comida podia entrar em contato com esse metal de várias maneiras: panelas de alumínio, papel laminado, vasilhas, embalagens "quentinhas" e latas de bebida. Ruibarbo cozido em panelas de alumínio é capaz de dissolver parte do metal em virtude do ácido oxálico que contém. De fato, essa era a maneira tradicional de limpar as panelas quando elas ficavam com manchas escuras após um uso prolongado.

Dadas todas essas fontes do metal, talvez não seja de surpreender que nossa ingestão média de alumínio por dia varie entre 5 e 10mg, mas somente uma pequena fração disso é absorvida, provavelmente menos de 0,1%. Componentes da alimentação como silicato, fluoreto e fosfato impedem essa absorção mediante a formação de sais insolúveis. Mesmo no caso da porção solúvel, é praticamente impossível que ela passe do trato digestivo para a corrente sanguínea, na qual tipicamente os níveis de alumínio são medidos apenas em frações de p.p.m. De todo modo, nossos rins são excelentes para remover esse metal. A conseqüência é que o metabolismo do corpo tem pouca necessidade de se defender de um ataque maciço de alumínio, que em condições normais nunca ocorre. Nos pacientes de diálise, porém, ele ocorria, e desse modo ganhava acesso ao cérebro.

Apesar das provas históricas de que as pessoas não estavam ameaçadas pelo alumínio, desenvolveu-se uma campanha de fervor quase religioso com o objetivo de extirpar todas as fontes possíveis de contaminação com esse metal. Descobriu-se sua presença em lugares bastante surpreendentes, inclusive em aditivos alimentares. Na Europa, quatro deles eram permitidos, e tinham os números de código E173, E541, E554 e E556. O primeiro é um pó metálico de alumínio, que era usado para fazer decorações "prateadas" em bolos e cobrir amêndoas confeitadas. O segundo é o fosfato de sódio e alumínio, usado como agente emulsificante. O E554 é silicato de sódio e alumínio, e o E556 é silicato de cálcio e alumínio, que podem ambos ser acrescentados a alimentos em pó, como "branqueadores de café" instantâneos, misturas para bolos e sopas em pacote, para evitar que se aglutinem numa massa sólida.

Menos bem divulgado era o alumínio que ingerimos através de certos tratamentos médicos, a saber, misturas para indigestão e remédios prescritos para úlceras gástricas e duodenais, que se baseavam em hidróxido de alumínio. Se a hipótese do alumínio estivesse correta, seria de esperar uma incidência muito maior de MA entre as pessoas que tomavam esse tipo de medicação, mas esse não parecia ser o caso. (Surgiram dois estudos que pareciam mostrar um risco ligeiramente maior, mas um terceiro mostrou que não havia risco algum.) O hidróxido de alumínio era administrado na forma de uma suspensão coloidal ou em comprimidos. A forma líquida continha cerca de 4% e era condimentada com óleo de menta e sacarina; costumava-se prescrever até 100ml por dia (em doses de 15ml a cada duas ou quatro horas), o que representava uma ingestão diária de 4.000mg. Os comprimidos continham 500mg.

Ainda menos bem divulgado foi o uso do alumínio na purificação da água. Uma solução de sulfato de alumínio pode purificar a água de beber assim como limpar águas servidas e remover o fosfato de esgotos. Foi o primeiro desses usos que pôs o sulfato de alumínio de repente sob os holofotes da mídia, no Reino Unido, quando o motorista de um caminhão-tanque carregado com esse produto chegou a uma companhia local de abastecimento de água e ninguém sabia lhe dizer o que fazer com o material. O resultado foi o que se tornou conhecido como acidente de Camelford.

Durante mais de um século o sulfato de alumínio fora parte da indústria da água, usado em grande escala como agente floculante e clarificador. Ele atua formando um precipitado volumoso e insolúvel de hidróxido de alumínio e sulfato de cálcio, conhecido como "floco", que captura sujeira e bactérias ao se formar, deixando a água cristalinamente limpa. Deixa porém, atrás de si, 0,2mg de alumínio dissolvido por litro; isso representa apenas 0,2p.p.m., embora o mesmo valor possa ser expresso na quantidade aparentemente mais alarmante de 200p.p.b. (Este é o nível máximo recomendado na água potável pela União Européia e a Organização Mundial da Saúde.) A água contribui com cerca de 0,03mg para o total de cerca de 5mg de alumínio que a pessoa média consome por dia na alimentação; isto é, menos de 1%.

Prepara-se o sulfato de alumínio fazendo o hidróxido de alumínio reagir com ácido sulfúrico; geralmente ele é fornecido às estações de tratamento de água na forma de uma solução concentrada que é armazenada em tanques subterrâneos e usada quando necessário. Primeiro é diluído e depois acrescentado à água a ser tratada, reagindo então com o bicarbonato de cálcio naturalmente presente na água para formar o "floco".

Em julho de 1998, em Camelford, no norte da Cornualha, na Inglaterra, nosso motorista de caminhão-tanque chegou à estação local de tratamento da água com uma carga de 20 toneladas de solução concentrada de sulfato de alumínio, e, não conhecendo bem o local, bombeou-a para o que pensou ser o depósito. Na verdade, despejou a carga diretamente nos ductos, contaminando a água que seria fornecida a 20 mil pessoas. O líquido afetado continha até 50p.p.m. de alumínio, embora por vezes a concentração chegasse a dez vezes isso, e alguns habitantes do lugar realmente tomaram chá e café feitos com ela. Algumas das pessoas afetadas têm feito campanhas desde então para serem indenizadas, citando uma variedade de males que essa água teria causado. Até hoje, várias comissões de investigação não encontraram prova alguma que corrobore essas alegações. De fato, em maio de 2002, um artigo publicado pelo Grupo de Pesquisas Pediátricas de Câncer Infantil, da Universidade de Oxford, mostrou que nos dez anos que se seguiram ao acidente a taxa de mortalidade entre os habitantes de Camelford expostos à água contaminada foi ligeiramente mais baixa que a de populações vizinhas que não sofreram a exposição.

A presença de alumínio na água potável comum foi uma revelação para muita gente e tornou-se causa de inquietação. Levantamentos epidemiológicos logo afirmaram ter encontrado relações entre isso e a incidência de MA (9 entre 13 estudos publicados chegaram a essa conclusão), embora seja difícil avaliar o alumínio de outras fontes presente na alimentação. Apesar disso, os que se envolveram na campanha contra o alumínio passaram a exigir que ele deixasse de ser usado no tratamento da água, e as companhias começaram a ceder a essas exigências.

Esses achados, porém, eram também incongruentes com o emprego muito difundido de hidróxido de alumínio para o tratamento, com prescrição médica, de úlceras pépticas e como remédio para a indigestão ácida vendido livremente nas farmácias, que envolviam ambos a ingestão de 3 *gramas* por dia, quantidade até então considerada perfeitamente segura pelos médicos. Alguns pacientes que sofrem de hiperfosfatemia (excesso de fosfato no sangue) tomavam, sob prescrição médica, doses ainda mais altas de hidróxido de alumínio porque este reage quimicamente com qualquer fosfato em seus alimentos, formando fosfato de alumínio insolúvel, o que evita sua absorção através da parede do trato digestivo.

Remédios contra a indigestão livremente vendidos estavam disponíveis na forma líquida e de comprimidos. Eram vendidos para transtornos estomacais e, misturados com trissilicato de magnésio, também combatiam a azia e evitavam a constipação.

Outros usos do alumínio, no entanto, passaram a ser identificados por aqueles que os pretendiam proibir. O alumínio na forma de alume podia ser encontrado também nos armários dos banheiros. Esse composto atua como um poderoso adstringente, isto é, estanca sangramentos ao precipitar proteínas; e o chamado "lápis hemostático" é freqüentemente usado em cortes acidentais feitos com a lâmina de barbear. Uma solução fraca de alume pode ser utilizada para endurecer a pele e prevenir pés doloridos. O cloreto de alumínio básico atua como um bom desodorante corporal e era preferido nos cosméticos ao próprio alume, por ser menos irritante para a pele.

Por volta de 1990, a campanha contra o alumínio estava em ritmo crescente quando, de súbito, foi solapada: análises químicas mais sofisticadas das placas retiradas dos cérebros de vítimas do MA mostram que elas não contêm absolutamente metal! Essa pesquisa foi feita em Oxford, em 1992 e repetida em Cingapura em 1999, em ambos os casos com uso da microscopia nuclear. Essa técnica é particularmente boa para detectar a presença de um metal como o alumínio, mas nenhuma quantidade significante desse metal pôde ser encontrada no tecido cerebral. O novo trabalho foi publicado por Frank Watt e colegas na extremamente conceituada revista de ciência *Nature*, e mais tarde confirmado por outras pesquisas.

Watt concluiu: "Os resultados, tomados em conjunto com trabalhos anteriores sobre a análise das placas neuríticas usando microscopia nuclear, sugerem não haver fundamentos para se considerar o alumínio um fator na etiologia do mal de Alzheimer. É possível que investigações anteriores usando tecido tratado, em que o alumínio foi detectado em placas neuríticas e emaranhamentos neurofibrilares, tenham motivo na contaminação ou redistribuição elemental."

Outros trabalhos tiveram de ser realizados antes que o alumínio fosse completamente inocentado. Em 2000, um grupo de voluntários recebeu grandes doses diárias de hidróxido de alumínio durante 40 dias, tempo durante o qual sua urina foi monitorada. Isso mostrou que eles excretaram o metal absorvido em mais de dez vezes, em alguns casos, 20, a taxa normal, sem que isso tivesse absolutamente efeito algum sobre o sistema imune do corpo. A conclusão óbvia foi que o alumínio é bem tolerado pelo corpo, o que talvez não seja de surpreender considerando-se a abundância desse elemento no ambiente natural.

Então o alumínio é seguro? Não inteiramente, e os que sofrem de disfunções renais deveriam evitá-lo. Embora 99% do alumínio ingerido passe através do corpo sem ser absorvido, essas pessoas não são capazes, ao contrário da maioria, de excretar o 1% que é absorvido. Os demais não precisam mais temer o alumínio, embora possam, à medida que envelhecem, temer o início do MA. Haveria alguma forma de evitar essa doença mudando nosso comportamento? Provavelmente não. A melhor esperança que podemos ter é que a ciência médica descubra uma cura para ela, ou, melhor ainda, algo que evite seu aparecimento. Para que isso aconteça, precisamos entender plenamente suas causas. E há várias pistas delas.

Tratamentos para o mal de Alzheimer (MA)

O mal de Alzheimer é uma enfermidade que muitos temem, e com que um número ainda maior tem de conviver porque ela afeta alguém que amam; é difícil diagnosticar seu início e quase impossível evitá-lo ou desacelerá-lo. Mas estão chegando ao mercado novos medicamentos que talvez possam mudar tudo isso.

Como já observamos, a mudança física mais óbvia que ocorre no cérebro dos que sofrem de MA é a formação de proteínas trapaceiras, que são desviantes por terem se "dobrado" incorretamente; "dobrar" é o termo técnico para a maneira como uma cadeia de proteínas arranja-se na estrutura necessária para levar a cabo suas funções no corpo. As enzimas fabricam proteínas o tempo todo, e para muitos propósitos elas fazem isso ligando-se a aminoácidos para formar longas cadeias. Mas não basta apenas unir os aminoácidos certos; as cadeias devem se "dobrar" corretamente. Quando proteínas deixam de se dobrar em sua estrutura correta, as coisas começam realmente a dar errado. As proteínas mal dobradas tomam a forma de massas de fios emaranhados, mais propriamente conhecidas como fibrilas amilóides, que podem se depositar em qualquer tipo de tecido do corpo.

A seleção evolucionária produziu maneiras de dobrar proteínas em estruturas úteis, apesar de sua tendência natural para se dobrar em fibrilas. Quando nosso corpo perde o controle sobre o dobramento das proteínas, formam-se fibrilas, e as conseqüências manifestam-se na forma da doença de Creutzfeldt-Jakob (a forma humana da encefalopatia espongiforme bovina, ou "mal da vaca louca"), do MA e do mal de Parkinson. Algumas vítimas dessas enfermidades podem terminar com *quilos* de fibras de proteínas mal dobradas em seus corpos. É claro que um remédio que impedisse esse dobramento defeituoso parece oferecer a maior esperança de prevenir a doença, e há sinais de alguns que talvez sejam capazes disso.

Por enquanto, há outras maneiras de aliviar a MA. Antidepressivos podem combater um dos primeiros sintomas da doença, a depressão crônica, à medida que as vítimas começam a compreender que estão perdendo o controle sobre a mente. Medicamentos antiinflamatórios não esteroidais (AINE), como o ibuprofeno, podem ajudar a proteger contra o MA porque células inflamadas do cérebro tendem a se agrupar em torno das placas, causando danos a neurônios saudáveis. Muitos AINE podem ser comprados sem receita médica como remédios genéricos, e são comumente usados para tratar dores de cabeça (por exemplo, paracetamol), dores musculares (ibuprofeno) ou ambas as coisas (aspirina). Um AINE natural é a curcumina, derivada da cúrcuma, um dos ingredienes do *curry*.

Metabólitos reativos de oxigênio podem danificar e matar células, e, à medida que envelhecemos, é mais difícil para nosso corpo eliminar essas substâncias químicas naturais. A perda da audição na velhice deve-se a esses metabólitos, e o grau da perda auditiva dá alguma indicação do grau de eficiência do corpo em eliminá-los. Há alguns indícios de que vitaminas antioxidantes são benéficas, e se elas forem escassas na alimentação é possível que isso exacerbe o MA.

O MA afeta aquelas partes do cérebro ricas no mensageiro químico acetilcolina (Ach), produzido por uma enzima chamada colineacetiltransferase. Depois de fazer seu trabalho a Ach precisa ser eliminada, e isso é feito por uma outra enzima, a acetilcolina-esterase. O perigo é que, à medida que nosso cérebro envelhece, essa enzima continue eficaz na remoção da Ach, mas a colineacetiltransferase perca pouco a pouco sua capacidade de produzi-la. Para a maioria das pessoas isso não é problema, porque elas têm capacidade de produzir mais Ach do que o realmente necessário. Mas, para outras, a taxa de perda atinge um ponto crítico, e dali em diante passa a não haver Ach suficiente para fazer todo o serviço. A relação entre níveis reduzidos de Ach e o surgimento do MA foi estabelecida há quase 30 anos, em 1976.

Uma meta óbvia para a pesquisa de medicamentos foi encontrar produtos químicos capazes de bloquear a enzima que remove a Ach, preservando com isso a quantidade dela no cérebro. Essa linha de pesquisa produziu alguns medicamentos úteis, mas, embora eles possam desacelerar o progresso da doença, não são capazes de deter completamente o declínio da capacidade do cérebro de produzir Ach, e assim seus efeitos acabam por diminuir gradualmente.

Drogas destinadas a deter ou mesmo prevenir o MA podem ser testadas numa cepa especial de camundongos que foram modificados por engenharia genética para acumular placas amilóides no cérebro. A primeira droga especificamente destinada ao tratamento do MA foi o tacrine, aprovado para uso nos Estados Unidos em 1993, mas não liberado no Reino Unido em razão de sérios efeitos colaterais. Uma versão aprimorada foi produzida pela companhia japonesa Eisai e chamada donepezil. Esse medicamento, lançado nos Estados Unidos em 1996 e na Grã-Bretanha em 1997, foi seguido pela rivastigmina, em 1998. O tacrine e o donepezil são tratamentos para casos brandos ou moderados de MA, mas a rivastigmina parece até aumentar o nível de Ach nas partes do cérebro mais afetadas pela doença.

Melhor ainda é a galantamina, que se tornou disponível em 2000, uma droga descoberta nos bulbos das anêmonas e dos narcisos. Ela melhora a atividade mental e neutraliza as dificuldades comportamentais. Algumas pessoas que tomaram o medicamento mostraram até sinais de recuperação, e não apenas uma desaceleração da doença. A galantamina não só bloqueia a decomposição da Ach como estimula os receptores de nicotina do cérebro, que por sua vez estimulam neurônios a liberar mais Ach. Pensa-se que a nicotina proteja também contra o MA porque pode imitar os efeitos da Ach. Medicamentos mais novos estão a caminho: especialmente promissores são os que reforçam os receptores de nicotina. Por enquanto eles são apenas números de código, como GTS-21, SIB-1553A e TAK-147, embora alguns já tenham nomes genéricos, como nefiracetam e huberzine; este último foi extraído inicialmente de uma erva chinesa, a *Huperzia serrata*.

Outra linha de pesquisa procurou contrapor-se à toxicidade metálica não do alumínio, mas do cobre. Descobriu-se que a presença de cobre no sangue agrava o MA. Esse metal é essencial para todas as células vivas no corpo, mas não o devemos ter em excesso. A droga clioquinol pode reduzir a quantidade de cobre livre no corpo, facilitando sua eliminação, e estudos com camundongos com MA mostram que ela pode até remover placas em seus cérebros. Alguns metais parecem atrair peptídios amilóides e assim iniciar a formação de placas. O zinco parece ter essa capacidade, e o clioquinol liga-se também a esse metal e o torna inativo.

A abordagem mais promissora ao tratamento do MA parece ser impedir a formação de proteínas amilóides, o que por sua vez evitaria os efeitos em cascata da formação de emaranhados que conduzem à inflamação, à destruição de neurônios e aos sintomas externos da doença. Uma equipe liderada por Mark Pepys, da Royal Free & University College Medical School, em Londres, descobriu que um derivado da simples molécula do ácido pirrolidina-2-carboxílico tem a capacidade de dissolver fibras amilóides ao reagir com um componente sérico de que elas dependem para se manter estáveis. A molécula reage com esse componente e o remove através do fígado, e as fibrilas, desprotegidas, começam a se decompor. A equipe relatou seus achados na *Nature* em 2002.[7]

O agente ativo foi descoberto quando Pepys testou os milhares de moléculas que integram a coleção da companhia farmacêutica Roche para ver se elas se ligariam ao componente sérico. O resultado do teste com o composto número Ro-15-3479 foi positivo, e a partir disso Pepys criou um composto ainda mais eficaz: CPHPC.[8] Ele não era tóxico, era bem tolerado e extremamente potente, em doses baixas, na remoção do componente indesejado da corrente sanguínea. À medida que o nível desse componente baixa, isso é registrado, e os depósitos amilóides que ele protegia se dissolvem na corrente sanguínea, ficando com isso expostos ao ataque por enzi-

7 Volume 417, p. 254.

8 Seu nome químico completo é R-1-[6[R-2-carboxi-pirrolidina-1-il]-6-oxo-hexanoyl] ácido pirrolidina-2-carboxílico.

mas recicladoras de proteínas. Testes com camundongos foram tão bem-sucedidos, e logo o CPHPC foi testado em pacientes humanos no estágio terminal do MA; provou então ter efeitos benéficos, embora não tenha sido capaz de salvá-los.

Finalmente, uma equipe dos Laboratórios de Pesquisa Eli Lilly encabeçada por Kelly Bales publicou um artigo na *Nature Neuroscience* de maio de 2002 relatando que uma única injeção de um anticorpo chamado m266 foi capaz de melhorar a memória de camundongos que sofriam de MA. Se o mesmo acontecerá com os pacientes humanos da doença, ainda não se sabe.

Um exame de urina para MA encontra-se agora disponível nos Estados Unidos. O Alzheim Alert detecta uma ameaça à proteína neural que está presente unicamente nessa doença e cujo nível aumenta à medida que o mal progride e as células cerebrais morrem. A companhia farmacêutica Nymox produz o teste, que requer uma amostra de 50ml de urina a ser analisada nos laboratórios da companhia em Nova Jersey. O custo é de 295 dólares, e os resultados são conhecidos em cinco dias úteis após o recebimento do material. A companhia afirma ter uma taxa de sucesso de 90% na detecção da doença.

Existem hoje todas as razões para se acreditar que o MA se tornará uma doença evitável e até tratável ainda durante a vida do leitor deste livro. Isso poderá ter também um efeito colateral ainda insuspeitado: fumantes idosos que hoje se valem da nicotina para se precaver contra o MA deixarão de ter essa desculpa.

Capítulo 6

Polímeros disfarçados

Neste capítulo trataremos de quatro polímeros que desempenham vários papéis em nossas vidas. Em geral não pensamos que os produtos que os contêm são obra da indústria: fraldas descartáveis, chiclete, o chamado "asfalto sussurrante" e CDs. Os polímeros de que esses produtos dependem são ácido poliacrílico (também conhecido como poliacrilato), SBR (borracha butadieno-estireno), SBS (estireno-butadieno-estireno) e policarbonato.

Talvez um dia os nomes desses materiais nos venham a ser tão familiares quanto os de outros polímeros presentes em nossas vidas, como *nylon*, poliéster, PVC e Teflon, e é possível que eles continuem em uso daqui a cem anos. Se a indústria que os fabrica ainda existirá, isso é discutível, porque a quimiofobia continua a infectar um número cada vez maior de pessoas. Essa é uma questão de que tratarei no próximo capítulo. Por enquanto, deixe-me explicar a contribuição que quatro polímeros dão às nossas vidas e por que eles fazem tanto sucesso.

Artigos descartáveis[1] e polímeros superabsorventes (SAP)

Embora seja raro pensar sobre a emissão de "dejetos" pelo corpo humano, esse é um problema para as pessoas que têm pouco ou

1 Fraldas descartáveis para bebês, fraldas e absorventes para adultos incontinentes e produtos de higiene feminina.

nenhum controle sobre a eliminação ou a remoção deles — a saber, os bebês, as mulheres menstruadas, os adultos incontinentes e talvez até os viajantes espaciais. Graças a um polímero dos mais notáveis, todas elas podem levar vidas mais confortáveis.

Uma mãe pode sentir enorme prazer ao alimentar seu bebê, mas provavelmente não sente quase nenhum ao trocar suas fraldas, e um pai ainda menos. Ao longo de um dia, um bebê produz cerca de 500ml de urina e mais de 10g a 50g de fezes. A maneira de lidar com isso não tende a ser tema de discussão em grupos sociais educados ou mesmo sem educação. Não é também um tópico que ocupe muito lugar nos registros históricos. Os químicos acabaram por se defrontar com aquilo que os escritores preferiram ignorar ao longo das eras e descobriram uma solução que hoje é usada pela maioria dos pais modernos: a fralda descartável. A solução de um problema, porém, levou a outro, como veremos, e agora os químicos trabalham para resolver este também.

Os povos primitivos que viviam em climas temperados e frios precisavam enrolar seus bebês para mantê-los aquecidos, e isso representava um problema: como lidar com a maneira um tanto aleatória com que seus filhos urinavam e defecavam. Lançou-se mão de todo tipo de material natural na tentativa de absorver a sujeira indesejada. Foram provavelmente os esquimós que tiveram maior dificuldade em encontrar materiais adequados, mas eles resolveram o problema com musgo, com que forravam fraldas de pele de foca. Em regiões menos remotas, as mães usavam capim ou feno dentro de uma pele macia, como a de coelho, ao passo que em vilas e cidades usavam-se fraldas de pano, embora estas exigissem lavagens freqüentes e tivessem de ser trocadas toda vez que o bebê as sujava, para minimizar as assaduras.

Com a Revolução Industrial vieram materiais melhores, sobretudo quadrados baratos de algodão absorvente que davam boas fraldas. Limpar, lavar e secar essas fraldas tornou-se um serviço considerável na criação de um bebê. As coisas foram ligeiramente simplificadas na década de 1940 com a introdução de calças plásticas para cobrir a fralda e impedir vazamentos, e de papel macio que podia ser posto dentro da fralda, permitindo que as fezes fossem contidas e jogadas na privada. Esses anos viram também o aparecimento das primeiras fraldas descartáveis, que consistiam em um grosso enchimento de papel macio com uma cobertura externa de plástico, mas sua capacidade era tal que só conseguiam aparar uma descarga de urina. Não se tornaram populares e não foram sucesso comercial.

Depois, em 1961, a companhia Procter & Gamble, dos Estados Unidos, introduziu as fraldas Pampers, que continham fibras de celulose feitas com polpa de madeira e eram muito mais absorventes. Porém ficavam tão volumosas que os médicos se queixavam de que forçavam os bebês a abrir demais as pernas, e advertiam que isso podia afetar o desenvolvimento dos ossos. Em 1976 a Kimberley Clark, dos Estados Unidos, introduziu as fraldas Huggies, em forma de ampulheta, que sanavam esse problema (embora hoje se pense que fraldas volumosas talvez sejam até benéficas, porque estimulam um maior desenvolvimento das articulações do quadril).

A retenção de líquido é o xis do problema nos absorventes. Materiais que absorvem e retêm água podem fazer isso atraindo-a para átomos carregados (íons) ou formando um tipo de ligação fraca com a água, conhecida como ligação ou ponte de hidrogênio. A água é muito propensa a formar pontes de hidrogênio e é atraída para os muitos átomos de oxigênio presentes na celulose; esta tem vários oxigênios que transportam hidrogênio, e também eles podem fazer ligações de hidrogênio com a água. É por isso que a celulose absorve a água facilmente e é usada na forma de lenços de papel, papel higiênico, toalhas de papel para a cozinha e na forma de algodão e linho em toalhas de mesa, de mão e banho. E explica por que tecidos atoalhados dão excelentes fraldas reutilizáveis. Já se empregou até serragem, em grande parte celulose, em antiquados absorventes para pessoas incontinentes por essa mesma razão.

Embora a água vá aderir à celulose por meio de pontes de hidrogênio, estas não são muito fortes e podem se romper facilmente, liberando o líquido de novo. Em conseqüência, essa água absorvida pode ser facilmente transferida para outras coisas com que o material celulósico entra em contato, como a pele. Deixe um bebê com uma fralda tradicional molhada ou suja por muito tempo e o resultado será invariavelmente assaduras na forma de pele vermelha, inflamada ou em carne viva, o que é claramente doloroso. Isso pode ser amenizado com a aplicação de óleos ou loções, mas a afecção demora a sarar porque o bebê tem de continuar usando fraldas, e elas estão fadadas a ficar molhadas e sujas de novo.

Atualmente as assaduras provocadas por fraldas são raras, e isso se deve principalmente às fraldas descartáveis, que tornam a troca de fraldas rápida, fácil e higiênica. Para a maioria dos pais, o principal inconveniente é o preço, e na verdade o bebê requer em média algo em torno de seis mil reais em fraldas descartáveis antes de aprender a ir ao banheiro.

Foi na década de 1980 que apareceu um tipo radicalmente novo de fralda descartável, revolucionando o mercado desse produto. Um polímero superabsorvente (SAP) substituiu o grosso enchimento de fibra de polpa, tornando as fraldas mais finas e inteiriças, e com capacidade de absorver muito mais umidade. A essa altura o SAP já havia provado seu valor revolucionando o mercado da higiene feminina, ao substituir as toalhas higiênicas por absorventes discretos. Logo fitas adesivas eram acrescentadas às fraldas, tornando a operação de trocá-las muito mais fácil. Uma só fralda resistia a vários jorros de urina e, quando ficava suja, era simplesmente retirada, enrolada e jogada fora. Seu destino final era ser incinerada ou atirada num aterro sanitário, dependendo do sistema local de tratamento do lixo. Antes de considerarmos mais atentamente este preocupante problema, examinemos a química por trás da própria fralda.

O SAP é um polímero sem dúvida notável em sua capacidade de conter grandes quantidades de água, inchando à medida que o faz. De fato, os 10g de ácido poliacrílico em seu núcleo podem conter 50 vezes seu peso em água, ou 30, se submetido à pressão equivalente ao peso de um bebê sentado sobre eles.

O ácido poliacrílico foi mencionado pela primeira vez numa revista científica alemã sob o nome *Kunststoffe* (isto é, "materiais sintéticos") em 1938. O artigo em questão relatava uma pesquisa do químico W. Kern, que havia polimerizado uma solução aquosa de ácido acrílico e obtido o polímero. Pode-se obter um polímero modificado começando com um ácido acrílico parcialmente neutralizado, de modo que haja grupos ácidos e grupos de acrilato de sódio presentes na solução, e o produto é o mais útil poliacrilato (ver polímeros). O resultado é que alguns dos grupos presos à cadeia de carbono são grupos de sal, que são iônicos, e isso aumenta enormemente a capacidade de absorver água do polímero, por razões explicadas a seguir.

No produto comercial, o polímero inclui também uma pequena quantidade de agente de ligações cruzadas, o que é necessário para tornar o polímero insolúvel na água. (Quanto mais ligações cruzadas houver, mais insolúvel torna-se o polímero, porém quanto mais insolúvel ele for, menos capaz será de inchar, e, assim, menos água absorve.)

Registraram-se patentes para fraldas superabsorventes e produtos médicos baseados em SAP pela primeira vez em 1968, mas só no início da década de 1980 as primeiras fraldas descartáveis SAP foram vendidas no Japão, onde fizeram sucesso instantâneo. Em 1984 estavam à venda nos Estados Unidos e cerca de dois anos depois na Europa. Hoje são vendidas no mundo inteiro, consumindo uma proporção significativa dos três milhões de SAP produzidos por ano. (Os Estados Unidos fabricam cerca de 20 bilhões de fraldas descartáveis por ano.) Outros usos para o SAP são fraldas para a incontinência de adultos — uma área que cresce rapidamente — e absorventes femininos.

Muitas companhias químicas fabricam SAP, e a maior delas é a BASF, que responde por um quarto da produção global; a fatia da América do

Norte é cerca de 40% e a da Europa, de 30%. A maior parte do SAP deve ser feita perto dos locais onde se fabrica ácido acrílico, porque esta matéria-prima é muito reativa e tende a desaparecer rapidamente, mesmo quando se acrescentam inibidores especiais para preservá-lo. Por conseguinte, há grande quantidade de fábricas em todo o mundo, e as maiores são capazes de fabricar mais de 500 mil toneladas por ano, embora a maioria tenha uma capacidade cerca de dez vezes menor.

O poliacrilato tem outros usos. Sua mistura com borracha produz um material que pode ser utilizado como impermeabilizante. À medida que absorve água, ele incha, e à medida que incha comprime os polímeros de borracha uns contra os outros, criando uma membrana impermeável que evita maior penetração. As paredes do túnel que atravessa o canal da Mancha são protegidas dessa maneira. As fitas flexíveis que podem ser enroladas em canos d'água para vedar vazamentos têm composição similar.

Grânulos de SAP são usados para combater a umidade em espaços confinados, como guarda-roupas e guarda-louças, onde a umidade elevada pode provocar cheiro rançoso, e em lixeiras de cozinha, onde os micróbios podem proliferar. Depois que fica saturado, o SAP pode ser aquecido num forno para liberar a água absorvida e reutilizado um sem-número de vezes. Um emprego muito diferente do material ocorre na horticultura. Misturando-se um punhado de grânulos de SAP no adubo composto em que as sementes ou mudas serão plantados, assegura-se que mais água ficará retida e que as plantas irão prosperar melhor. Há vários produtos comerciais disponíveis para situações em que as plantas tendem a receber água de maneira irregular ou limitada, como em peitoris de janela ou cestas penduradas. Mas estes são usos relativamente pequenos de SAP comparados ao mercado das fraldas descartáveis.

Uma fralda descartável tem quatro componentes:

1. O forro da parte interna, que é feito de tecido de polipropileno, porque é macio em contato com a pele. Essa camada possui também duas abas que correm ao longo do comprimento da fralda e atuam como uma barreira para evitar que a urina vaze.
2. A camada de refluxo, projetada para dispersar a urina a partir de seu ponto de impacto. É feita de celulose ou de uma mistura de polímeros.
3. A importantíssima camada absorvente, que consiste numa mistura do SAP disperso em lanugem de celulose, tudo isso contido numa camada de tecido.
4. O revestimento externo, feito de polipropileno impermeável e semelhante a tecido ao toque. Fazem parte dessa camada também as fitas adesivas que fecham a fralda e os elásticos nas bordas para prender as pernas, impedindo que o excesso de urina vaze nas roupas ou na cama. Essa camada externa pode também ser tornada permeável com

milhões de minúsculos furinhos que permitem a circulação de ar, reduzindo a quantidade de vapor dentro da fralda e permitindo que a pele do bebê mantenha-se mais seca.

O SAP funciona com base no princípio da osmose, segundo o qual a água tende a passar através de uma membrana a partir de uma solução menos concentrada para uma mais concentrada, até que as concentrações em ambos os lados sejam as mesmas, quando cessa a osmose. A água passa para dentro do SAP numa tentativa frustrada de diluir a concentração de sódio e íons acrilato. Se água pura estiver em contato com o SAP, ela continuará a ser absorvida até que nada menos de três mil vezes o peso do SAP em água seja incorporado, produzindo um gel incolor. Isso não acontece numa fralda porque a urina não é água pura, aproximando-se mais de uma solução com 1% de sal. À medida que a água transfere-se para o SAP, a própria urina fica mais concentrada, até que o equilíbrio seja atingido; é por isso que uma fralda absorverá no máximo 50 vezes seu peso em urina, e isso é mais do que o suficiente.

Como seria de se esperar, as fraldas descartáveis não foram vistas com bons olhos por grupos ambientalistas, que previram o problema que criariam ao virar lixo. Mas eles fizeram campanha contra ela lançando mão de outros argumentos. "Fraldas descartáveis associadas a infertilidade masculina", era uma manchete típica em jornais por toda a Grã-Bretanha e os Estados Unidos em setembro de 2000, e as notícias baseavam-se num artigo publicado nos *Archives of Disease in Childhood* que relatava a pesquisa de uma equipe liderada pelo professor Wolfgang Sippell, do departamento de pediatria da Universidade de Kiel, na Alemanha. Esse estudo envolvera 48 bebês do sexo masculino cujas mães usavam fraldas descartáveis e descobrira que, na média, a temperatura de seus escrotos era um grau mais alta que a de meninos que usavam fraldas laváveis de algodão.

Como a produção de esperma é inversamente proporcional à temperatura dos testículos, isto é, quanto maior a temperatura, menos desenvolvido e móvel o esperma, o achado permitiu aos pesquisadores conjecturar que os meninos que usavam fraldas descartáveis poderiam talvez sofrer problemas posteriormente. Na mídia, essa pesquisa foi vinculada também ao muito propalado declínio da fertilidade dos homens ocidentais na segunda metade do século XX. Claramente, se a teoria estivesse correta, quanto antes as fraldas descartáveis fossem abolidas, melhor.

Essa notícia alarmante tirava partido dos temores dos pais acerca da capacidade que teria sua prole de se reproduzir, e por isso despertou o interesse da mídia. Como aparecera numa revista respeitável, certamente fora examinada por outros pediatras competentes antes de ser publicada, e por isso não podia ser descartada como mero alarmismo. Sem dúvida o uso de fraldas descartáveis causava uma elevação de um grau na temperatura da área genital dos bebês do sexo masculino. Isso parecia lógico, porque, na época em que o estudo foi realizado, a lâmina de trás das fraldas descartáveis era não só impermeável como bloqueava efetivamente o ar quente e úmido do interior. Meninos que usavam fralda de algodão não sentiam esse efeito, contanto que as mães não os vestissem com calças de plástico sobre a fralda. Com a circulação de ar mais livre, o ar mais fresco tenderia a penetrar na região sob a fralda.

O segundo ataque às fraldas descartáveis podia ser levado mais a sério, e veio daqueles que estavam preocupados com sua não-biodegradabilidade, o que significa que as fraldas usadas que iam para os aterros sanitários levariam séculos para se decompor. Fraldas reutilizáveis de algodão, portanto, deveriam ser preferidas às descartáveis porque reduzem a quantidade desse tipo de lixo. De fato, elas são bem aceitas e até incentivadas em alguns lugares, embora a ecoanálise tenha mostrado que oferecem pouco benefício em termos do consumo total de energia e uso de recursos.

Mais séria é a crítica de que as fraldas descartáveis dependem da indústria petroquímica e, como tal, derivadas em última análise de combustíveis fósseis, o que tornará sua produção insustentável a longo prazo.

Essas contestações precisam ser enfrentadas. Somos capazes de produzir fraldas descartáveis que sejam ao mesmo tempo biodegradáveis e feitas com recursos renováveis? A resposta é sim, embora as primeiras tentativas de fazê-lo tenham logrado apenas um sucesso limitado.

Marlene Sandberg, advogada sueca de 42 anos, mãe de dois meninos, percebeu que as fraldas descartáveis existentes poderiam ser tornadas muito mais aceitáveis, em termos da preservação do ambiente, e criou um produto que é vendido sob a marca Nature Boy & Girl. Trata-se de uma fralda composta, em 70%, de recursos biodegradáveis e renováveis; a maior parte da camada absorvente é constituída de algodão, e as camadas externas plásticas são feitas de um polímero biodegradável derivado do milho. É claro que ainda há algum SAP nesse produto, mas muito menos que nas fraldas descartáveis convencionais. Embora tenha sido bem recebido, esse desenvolvimento ainda desagradou a Rede Ambientalista Feminina, cuja porta-voz teria declarado: "Uma fralda descartável, não importa do que seja feita, contribui para um grande problema com o lixo." Além disso, os fabricantes estabelecidos de fraldas põem em dúvida as afirmações de Sandberg e sustentam que, se as fraldas dela terminarem num aterro sanitário, não desaparecerão. Dizem que esse novo tipo de fralda tem mais a ver com marketing inteligente do que com ciência inteligente — e até certo ponto estão certos.

Mas nada impede que um dia todos os componentes de uma fralda descartável provenham de recursos renováveis. Poderão então ser eliminadas por biodegradação nos tanques dos geradores de metano, ou misturadas a outras matérias orgânicas na fabricação de fertilizantes, ou até queimadas em incineradores para gerar calor, embora, dado seu grande conteúdo de água, este pareça um método menos provável. Outra solução para o problema do que fazer com fraldas descartáveis usadas está sendo testada na cidade de Santa Clarita, na Califórnia. Ali, elas são coletadas na beira das estradas; depois são esterilizadas e separadas em papel e plásticos numa unidade que processa uma tonelada por hora. A polpa é usada para fazer papel, e o plástico para fazer móveis e deques de jardim.

Uma companhia mexicana, a Absormex, afirma que sua fralda Natural Baby Supreme é inteiramente biodegradável e que conseguiu isso acrescentando às camadas de plástico um agente que estimula sua decomposição por luz solar, calor ou ação mecânica. De fato, elas são tão sensíveis aos raios ultravioleta do sol que têm de ser vendidas em embalagens que as protejam dos raios UV.

Enquanto isso, os químicos continuam a aperfeiçoar as fraldas descartáveis existentes. Um problema gerado pelo SAP é que ele nem sempre consegue absorver bem toda a urina, porque suas partículas podem formar uma camada impermeável em seu exterior, que as impede de funcionar apropriadamente. A criação de um SAP com uma área de superfície melhor, com menos tendência a gelificar, logo resolveu esse problema. Uma outra versão de SAP poderá chegar brevemente ao mercado: é baseada num gel polimetacrilato, que, além de ser um absorvente melhor que o poliacrilato comum, atua também como um desodorizante, o que é um fator-chave em produtos para idosos incontinentes. Outras companhias também estão trabalhando para encontrar maneiras de neutralizar os tióis presentes na urina, que lhe conferem seu odor característico.

Goma de mascar: hidrocarbonetos poliméricos 1

Os chicletes eram feitos inteiramente de fontes naturais; hoje muitos materiais sintéticos entram em sua composição; o resultado é um produto melhor e também muito mais saudável.

A comunicação face a face entre pessoas envolve não só a palavra falada mas também gestos, linguagem corporal — e cheiro. Nada interfere mais com o desejo de continuar uma conversa que a halitose. Que podemos fazer para evitar isso ou remediar a situação? Uma resposta é enxaguar a boca com Listerine ou algum outro anti-séptico bucal desse tipo, mas às vezes, durante um dia de trabalho, isso não é possível. A outra resposta é ajudar a boca a se refrescar mascando chiclete.

Alguns cheiros vêm do que comemos, como cebola crua e alho: as moléculas de enxofre que esses alimentos contêm são expelidas na expiração. A situação pode durar algumas horas e geralmente nós mesmos nos damos conta do cheiro. No entanto, se essas moléculas estão sendo geradas por bactérias na boca que proliferam em resíduos de comida, ou vivem em cáries ou gengivas doentes, não temos consciência de sua presença em nosso hálito, e isso pode prejudicar seriamente nossa vida profissional e social sem que o saibamos.

Uma parte da toalete de uma pessoa é a higiene bucal, e, mesmo que você escove os dentes e até use fio dental depois do café da manhã, é pouco provável que isso lhe assegure a proteção de que precisa durante todo o dia. A maneira mais simples de refrescar seu hálito é mascar um chiclete. Isso não só acrescentará um sabor de menta a seu hálito, como removerá partículas de alimento e bactérias dos dentes, e, ao estimular o fluxo de saliva, lavará sua boca.

As gomas de mascar modernas podem ser produtos sofisticados da indústria alimentícia, mas ainda estão longe do ideal — um grande problema é a desfiguração do ambiente humano pelos chicletes descartados. Em 2000, um levantamento das calçadas e da principal rua comercial de Londres, a Oxford Street, mostrou que havia mais de um quarto de milhão de chicletes mastigados pregados nelas. O governo de Cingapura proibiu o chiclete em 1992 porque ele interferia nas bordas de borracha das portas corrediças dos trens do metrô. (Suspendeu parcialmente a proibição em 2002, permitindo a venda de gomas de mascar sem açúcar em farmácias, desde que receitadas por um médico ou dentista.) O chiclete gruda tão bem no asfalto e na borracha porque eles são semelhantes: asfalto, borracha e chiclete são feitos de hidrocarbonetos poliméricos.

Teoricamente, deveria ser possível fazer gomas de mascar que não desfigurassem espaços públicos. Uma solução óbvia seria torná-las comestíveis, de modo que, ao acabar de mascar, pudéssemos engoli-las discretamente, em vez de sermos obrigados a cuspi-las e jogá-las fora. Ou poderiam se tornar biodegradáveis, algo provavelmente difícil, porque deveriam permanecer inalteradas na boca, mesmo expostas à saliva e a enzimas digestivas, para depois se tornarem subitamente suscetíveis a outras enzimas no ambiente. Sem dúvida os departamentos de limpeza pública terão de continuar lutando com o problema, porque a goma de mascar é particularmente persistente.

As pessoas mascaram gomas durante milhares de anos, e as gomas que mascavam provinha de árvores que exsudam esse tipo de substância

A química da saliva

Em média, uma pessoa saudável secreta meio litro (500ml) de saliva por dia. A quantidade produzia pelas seis glândulas que temos na boca varia de apenas 0,3ml por minuto, quando o corpo está em repouso, a nada menos de 5ml por minuto, quando começamos a mastigar, embora isso caia para cerca de 1,5ml por minuto após 20 minutos.

A saliva é 99,5% água, mas as substâncias químicas dissolvidas nos outros 0,5% desempenham um papel decisivo na saúde bucal e dental, além de ter o papel óbvio de fornecer enzimas digestivas. As substâncias químicas presentes na saliva consistem em moléculas, íons inorgânicos e macromoléculas.

As moléculas orgânicas são, em ordem decrescente de quantidades relativas: ácidos graxos, uréia, aminoácidos livres, ácido úrico, lactato, e glicose; suas freqüências relativas refletem aproximadamente as do plasma do corpo, embora em níveis muito mais baixos.

Os íons inorgânicos são, novamente em ordem decrescente de importância: cloreto, potássio, sódio, fosfato, bicarbonato, cálcio e magnésio. O cálcio e o fosfato são essenciais para manter os dentes em boas condições, porque o esmalte do dente é fosfato de cálcio, e dessa maneira a saliva ajuda a reparar os dentes. A saliva tem o pH neutro 7, apropriado para promover a remineralização do esmalte do dente. Ela só é capaz disso quando o pH não cai abaixo de 5,5, situação em que ocorre uma ligeira desmineralização.

As macromoléculas são proteínas, glicoproteínas, anticorpos e lipídios, além das enzimas amilase, peroxidase e lisozima (que é um agente antibacteriano). O número de proteínas detectadas na saliva cresceu consideravelmente nos últimos anos, e hoje temos conhecimento de 50, embora as funções de algumas ainda sejam obscuras.

A falta de saliva, conhecida como xerostomia, é um sintoma de muitas doenças, sendo inclusive um efeito colateral de alguns medicamentos comuns. Mascar chiclete é um remédio ideal.

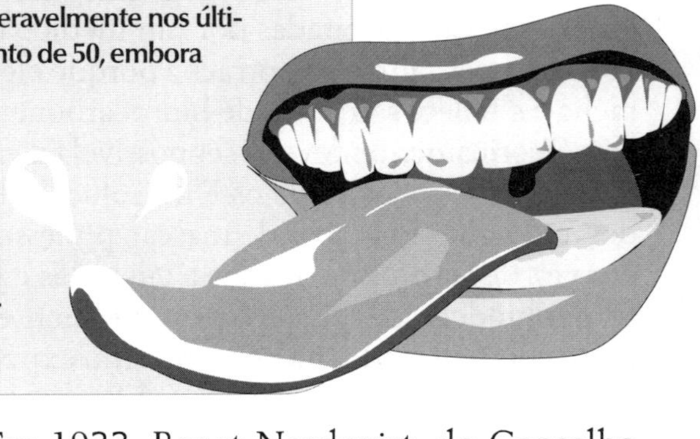

quando sua casca é ferida. Em 1933, Bengt Nordqvist, do Conselho Nacional de Antigüidades da Suécia, topou com o mais antigo pedaço de goma de mascar descartado jamais descoberto quando investigava uma morada pré-histórica, uma cabana de nove mil anos de idade na ilha de Orust. Que se tratava de uma goma de mascar ficou provado pelo fato de ainda haver marcas de dentes impressas nela. Como a goma era a resina de uma bétula, não devia ser muito diferente de alguns chicletes "sem açúcar" atuais, que são adoçados com xilitol, cujo nome mais comum é açúcar de bétula. Muito provavelmente foi um adolescente da Idade da Pedra que descartou essa goma de mascar, porque as marcas mostravam que os dentes que a haviam mascado estavam em bom estado.

Os gregos antigos certamente mascavam goma. O médico Dioscórides, que viveu no século I d.C., recomendava que se mascasse a mástica ou almécega por seus poderes curativos. Trata-se da resina aromática que exsuda de cortes na casca da almecegueira (*Pistacia lentiscus*), nativa da região mediterrânea, crescendo bem em áreas litorâneas e particularmente nas ilhas gregas. Nos tempos romanos, a resina de almécega era o único produto de exportação da ilha grega de Quios, embora a maior parte dela se destinasse à fabricação de verniz. Nos meses do verão, fazia-se grande quantidade de incisões verticais na casca do tronco da almecegueira, das quais exsudava uma seiva que endurecia lentamente, formando grandes gotas ovais do tamanho de ervilhas. Estas eram colhidas a cada 15 dias entre junho e setembro.

As origens do costume moderno de mascar goma podem ser encontradas entre os indígenas norte-americanos da Nova Inglaterra, que mascavam a goma da pícea, também obtida por meio de cortes na casca da árvore. No início do século XIX, os colonos norte-americanos já haviam assimilado o hábito de mascar goma, e em 1848 John Curtis de Bangor, no Maine, começou a vender goma de pícea com o nome "State of Maine Pure Spruce Gum". Dois anos depois ele se mudou para Portland e mudou o nome do produto para American Flag. Fabricou também goma de mascar com cera de parafina e açúcar, que vendeu sob nomes como goma Sugar Cream e goma White Mountain.

O grande avanço em matéria de goma de mascar veio com a introdução do chicle, um látex extraído do tronco do sapotizeiro (*Achras zapota*), que cresce nas florestas de Iucatán, na Guatemala, e em outras regiões da América Central. Os norte-americanos apenas redescobriam a goma de mascar desfrutada outrora pelo povo da civilização maia que floresceu até cerca de 800 d.C.

Reza a tradição que o general Antonio López de Santa Anna (1797-1876), ex-presidente do México, levou um pouco de chicle para Nova York e deu-o a um fotógrafo de Staten Island chamado Thomas Adams, sugerindo que aquilo talvez pudesse ser usado para substituir a borracha. A substância provou-se inviável para esse propósito, mas Adams chegou à conclusão de que poderia ser usada como goma de mascar e, junto com o seu filho Horatio, de 12 anos, transformou-a em tiras, que vendeu, a um centavo a unidade, como Adams Nova York Chewing Gum. O ano era

1871, e o chicle revelou ser a base ideal para uma goma de mascar; além de macio e elástico, retinha bem os sabores. Ele seria o principal ingrediente da goma de mascar durante 50 anos, até ser substituído na década de 1940 pelos polímeros sintéticos. A desvantagem do chicle era a necessidade de colhê-lo de árvores isoladas no meio da selva. Fizeram-se tentativas de cultivar a árvore em plantações, mas elas fracassaram.

Houve época em que os Estados Unidos importavam sete mil toneladas de chicle por ano da América Central, mas atualmente importa menos de 200 toneladas. Talvez isso já seja muito: a colheita só pode ser feita de árvores com pelo menos 20 anos de idade, e estas fornecem apenas cerca de um quilo de goma cada vez que são sangradas, o que só pode ocorrer a intervalos de três ou quatro anos. A seiva flui melhor à noite e nas primeiras horas da manhã. O leite é colhido e depois aquecido, o que provoca sua polimerização numa massa pegajosa, quando é derramado em fôrmas de madeira para esfriar e endurecer. A colheita do chicle está envolta em perigos; além das cobras venenosas que vivem na floresta, os que extraem o látex estão expostos à mosca do chicle, que pode pôr ovos no nariz ou nos ouvidos dos coletores; as larvas que deles resultam comem a carne à sua passagem, causando deformidades faciais. Além disso, os extratores ganham somente dois dólares por quilo de chicle, o que contribui apenas com uma pequena porcentagem para o valor da goma de mascar feita com ele.

A goma de mascar dos nossos dias é feita de polímeros elásticos sintéticos (elastômeros), e estes ainda são um componente pequeno, ao menos em termos do preço final. O preço de uma caixa de chicletes tem em média a seguinte composição: matérias-primas 20%; fabricação 25%, distribuição 10%, vendas e promoção 30% e lucro 15%.

Além do chicle, as gomas naturais usadas outrora provinham sobretudo de plantas tropicais com nomes como *chiquibul*, *jelutong*, *perillo*, *sorv* e *tunu*. (O látex das plantações de seringueiras não servia por não ter a textura adequada.) Essas gomas são derivadas do isopreno, uma simples molécula de hidrocarboneto produzida pelas árvores. O isopreno é um líquido volátil que ferve a 34° e cuja fórmula química é C_5H_8. A molécula consiste numa cadeia de quatro átomos de carbono, com uma ligação dupla em cada extremidade e um grupo metil (CH_3) preso a um dos carbonos do meio. O isopreno, como todos esses materiais duplamente ligados, é polimerizado sob a influência de catálise, e no estado natural são as moléculas de oxigênio do ar que desencadeiam esse processo. Pode-se acelerar isso colhendo a seiva, acidificando-a e fervendo-a. Ela coagula então numa massa macia, borrachenta. A polimerização produz longas cadeias de hidrocarboneto que são macias, elásticas e mastigáveis.

A maior desvantagem das gomas naturais é que podiam ter um sabor muito forte. Idealmente, a goma-base não devia ter ela própria gosto algum, porque isso permitiria o acréscimo de ampla variedade de sabores agradáveis. Por essa razão, os fabricantes de goma de mascar preferem usar material feito de isopreno puro. Este é produzido em grande escala pela indústria petroquímica para a fabricação de várias borrachas sintéticas.

Uma vez transposto o rubicão que separava os elastômeros naturais dos artificiais, obviamente não havia mais razão para limitar a escolha de elastômeros apenas a polímeros de isopreno. Assim, hoje empregam-se outros materiais, entre eles poliisobutileno, acetato de polivinil, laurato de polivinil e principalmente co-polímeros de butadieno com estireno. A Exxon Mobil Chemicals, parte da gigantesca companhia de petróleo, produz polímeros de alta pureza para gomas de mascar. O Vistanex LM é um poliisobutileno de baixo peso molecular, ao passo que o Vistanex MM é um polímero de alto peso molecular, com a adição de um antioxidante. A companhia fornece também o Butyl 007, um co-polímero de isobutileno com pequenas quantidades de isopreno.

As gomas sintéticas, que foram introduzidas nos Estados Unidos por causa da crescente escassez daquelas de origem vegetal, são hoje as únicas utilizadas na fabricação de gomas de mascar. Entre as aprovadas para esse uso estão: borracha de estireno-butadieno, copolímero de isobutileno-isopreno, cera de parafina, cera de petróleo, polietileno, poliisobutileno, álcool polivinil e resina terpeno sintética — ver **polímeros de hidrocarbonetos** no "Glossário" para mais informações sobre estas gomas.

A mais famosa companhia fabricante de chiclete do mundo continua sendo aquela que Adams fundou e que, em 2002, tornou-se parte do grupo de companhias Cadbury-Schweppes. Outro famoso fabricante de chiclete é a Wrigley, fundada por William Wrigley em Chicago, em 1892. Ele começou fabricando sabão, depois passou a fabricar fermento em pó e para aumentar as vendas deste produto, dava caixas de chicletes como brinde. Isso surtiu o efeito desejado, mas Wrigley logo se deu conta de que lucraria mais fabricando chicletes. Seu produto mais vendido, o Wrigley's Spearmint Gum, foi lançado em 1906; em quatro anos era a marca que mais vendia nos Estados Unidos, até hoje o maior mercado de chicletes do mundo. Em média, um norte-americano masca 300 chicletes por ano, a um custo total de mais de dois bilhões de dólares. A menta plantada para dar sabor a esses chicletes ocupa cerca de 150km^2 em estados como Idaho, Oregon e Winsconsin.

Na Europa, mais de 80 ingredientes são permitidos nos chicletes, e nos Estados Unidos, cerca de 50. O chiclete médio contém pelos menos 15 e muitas vezes 20 ingredientes; alguns têm até 30. Os ingredientes essenciais de todo chiclete são: goma-base, adoçantes, sabores, emulsificante, umectantes e conservantes. Esta lista reproduz sua ordem de importância para assegurar um bom produto, mas não sua ordem de importância como componentes. Numa barra tradicional de Wrigley's Spearmint Gum, o principal ingrediente é o açúcar, que explica metade de seu peso. Depois vem a goma-base, que constitui cerca de um terço; os demais ingredientes, inclusive um pouco de água, representam em geral 1% ou 2% cada um.

As borrachas tornam-se mais macias quando absorvem óleo, e o mesmo ocorre com gomas-base quando ceras lhe são acrescentadas; elas tornam a goma mais flexível porque asseguram uma lubrificação entre os filamentos de polímero. As ceras também consistem em cadeias de grupos de CH_2 ligados uns aos outros. As produzidas pela indústria petroquímica são mais padronizadas. As ceras que têm cadeias mais curtas (25 a 30 carbonos) são chamadas cristalinas, e as que têm cadeias mais longas (35 a 50 carbonos) são chamadas microcristalinas.

Entre as ceras naturais usadas como plastificantes estão a de carnaúba e a cera de abelha, e as duas são misturadas para se obter a consistência certa e controlar a taxa de liberação do sabor. As ceras de petróleo têm a vantagem de proporcionar maior durabilidade ao produto. As ceras, como aditivos alimentares, são designadas por números na União Européia, como E907 para cera cristalina e E905 para cera microcristalina; esta última, porém, tende a não ser usada, por causa da acusação feita por um grupo de pressão de que causaria câncer em animais de laboratório. (A prova de que era carcinogênica nunca foi apresentada, mas a publicidade adversa bastou para que deixasse de ser aceitável como aditivo alimentar.)

Outros ingredientes importantes da goma de mascar são emulsificantes como lecitina e monoestearato de glicerila, necessários para amaciá-la e permitir que os vários componentes combinem-se para formar uma mistura homogênea. Umectantes são incluídos para evitar que a goma resseque e fique dura. O melhor umectante é a glicerina. Emulsificantes e umectantes, juntos, constituem menos de 1% do produto.

Vários adoçantes são acrescentados às gomas de mascar. O tradicional é o açúçar de confeiteiro, que é açúcar pulverizado a uma fineza de 200 mícrons ou menos. Entre outros adoçantes são usados xarope de milho, sorbitol, manitol, xilitol, aspartame e acesulfame. O xarope de milho é o que confere melhor textura à goma, mas é contraproducente em termos de higiene dental. Como o açúcar, pode alimentar, na boca, a bactéria *Streptococcus mutans*, produtora de ácidos que podem corroer o esmalte dos dentes, causando cáries. O xilitol, o arpartame e o acesulfame são muito mais seguros; o primeiro, embora seja um carboidrato como o açúcar, não é fermentado em ácido, fornecendo, portanto, uma forma segura de doçura. Como o aspartame e o acesulfame são intensamente doces, só é necessária uma quantidade ínfima deles, mas, de todo modo, esses adoçantes artificiais não provocam cáries.

Os sabores correspondem a cerca de 1% de um chiclete, e os mais populares são hortelã, na forma do produto químico carvona, e menta, que é principalmente mentol. Ésteres de fruta são usados às vezes para chicletes com sabor de fruta. O chiclete médio dura cerca de 20 minutos, e, nos produtos atuais, o sabor perdura todo esse tempo. No Japão, foi lançada uma inovação em matéria de goma de marcar, o Mystery Gum, que mudava de sabor à medida que era mascado, tendo em diferentes momentos sabor de pêssego, uva, abacaxi e morango.

Um conservante típico usado em gomas de mascar é o BHT (hidroxitolueno butilado, aditivo alimentar de código E321 na UE), que, sendo um poderoso antioxidante, impede que a goma seja atacada pelo oxigênio. Somente 100p.p.m. (0,01%) da substância é o bastante. Como esse conservante não é permitido em alguns países, é preciso recorrer a outros antioxidantes, como alfatocoferol. Quando usavam-se gomas naturais para fazer chiclete também era necessário acrescentar antioxidantes, porque as ligações duplas em suas cadeias de polímeros eram igualmente suscetíveis a ataque químico pelo oxigênio do ar, o que leva à formação de ligações cruzadas, e com isso endurece a goma. (Esses antioxidantes substituíam os que ocorriam naturalmente nas gomas vegetais e eram removidos durante sua lavagem e purificação.)

A goma de mascar é feita em grandes tonéis, nos quais uma tonelada de goma é derretida, e os outros ingredientes acrescentados. Depois mexese tudo até obter uma consistência de massa de pão; no caso do chiclete tra-

Viagra em chiclete

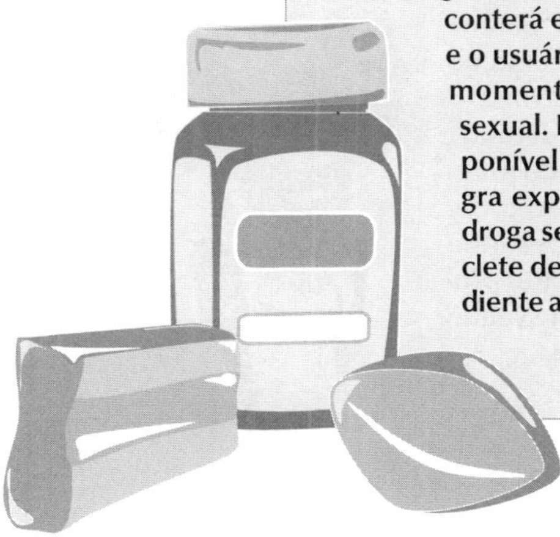

Em novembro de 2000, a companhia Wrigley patenteou uma goma de mascar com Viagra. Cada barra de goma conterá entre 5mg e 100mg de citrato de sildenafil, e o usuário a mascaria cerca de uma hora antes do momento em que pretende ter uma atividade sexual. Provavelmente esse chiclete só estará disponível depois de 2013, quando a patente do Viagra expirar, e versões genéricas mais baratas da droga se tornarem disponíveis. O benefício do chiclete de Viagra adviria da liberação lenta do ingrediente ativo, poupando alguns homens da irritação de estômago que sentem quando tomam o comprimido.

dicional, ela é enrolada em tiras finas, polvilhada, cortada em pedaços e embrulhada. Pode-se também passar a goma de mascar por rolos que a cortam e pressionam em pequenos blocos que recebem então uma camada de açúcar, ou, para produtos sem açúcar, de xilitol.

A goma de mascar pode conter substâncias ativas benéficas à saúde, como fluoreto para fortalecer o esmalte dos dentes, ou vitaminas. Existe até um tipo que contém p-clorobenzil-4-metil-benzil-piperazina, que previne enjôo em viagens. Ingredientes ativos desse tipo podem corresponder a 5% do produto. Sugeriu-se que outros medicamentos poderiam ser administrados dessa maneira, mas o método não foi aprovado. Teoricamente, é possível fabricar uma goma de mascar contendo um medicamento que deva ser liberado lentamente, misturando-o com o acetato de polivinil (PVA) e incorporando isso à goma como um plastificante. Já se usa PVA como ligante em fármacos, para assegurar que a liberação da droga se faria lentamente.

É possível dotar gomas de mascar de outras propriedades, como não grudar em dentaduras, clarear os dentes e atuar como descongestionante nasal (ao incluir mentol ou eucalipto). Há um chiclete para os que usam dentaduras ou têm coroas em que os produtos comuns tendem a grudar. Sua goma-base é menos pegajosa.

O chiclete de bola tem uma goma de maior elasticidade, tornando possível fazer bolhas com ele. Foi inventado em 1906 por um norte-americano, Frank Fleer, que o chamou de Blibber Blubber. Mas o produto não

Hálito de cachorro

Um anúncio de televisão do chiclete X-cite, da Wrigley, foi um dos que suscitaram mais críticas no Reino Unido em 2003. Ele mostrava a amedrontadora imagem de um cachorro emergindo da boca de um homem com o objetivo de enfatizar que, com X-cite, podia-se ficar livre do "hálito de cachorro" ("*dog's breath*" é um nome comum para a halitose em países anglófonos). Em conseqüência do protesto, o anúncio foi considerado assustador para crianças pequenas, devendo portanto ser exibido apenas após as 21h. De todo modo, a publicidade que envolveu o caso resultou num enorme aumento das vendas do X-cite, provando mais uma vez que quando se trata de vender alguma coisa, quase toda publicidade é boa.

fez muito sucesso porque estourava facilmente antes que uma bola satisfatória pudesse ser formada e, o que era pior, grudava em todas as superfícies que tocava. O Dubble Bubble, lançado em dezembro de 1928, continua sendo vendido até hoje. A goma-base dos chicletes de bola é a SBR ou simplesmente borracha butil.

Em 1966, uma companhia dos Estados Unidos fez um teste de mercado com uma goma de mascar terapêutica que reduz a placa bacteriana dos dentes. Era baseada em bicarbonato de sódio (hidrogênio carbonato de sódio, $NaHCO_3$) que neutraliza os ácidos da boca. Segundo a companhia, a goma, que devia ser mascada após a escovação dos dentes, reduziria a placa em nada menos que 25% em um mês de uso regular. Para que se tornasse palatável, o gosto de bicarbonato de sódio foi disfarçado com uma combinação de adoçantes, entre os quais xilitol, e sabores como menta, hortelã, gaulthéria e canela.

Asfaltos sussurrantes: hidrocarbonetos poliméricos 2

Atualmente o tráfego é muito menos ruidoso do que costumava ser, e isso não se deve apenas a motores mais silenciosos e a isolantes sonoros; o ruído dos pneus, causado pelo atrito da borracha com a superfície da estrada, é uma causa importante do barulho do tráfego. Também ele pode ser enormemente reduzido mudando-se a natureza do asfalto usado na construção das estradas, providência que reduz ao mesmo tempo os borrifos quando o tempo está chuvoso. O segredo está em modificar o betume no asfalto, acrescentando-lhe polímeros.

Sujo, pegajoso, desagradável — isso é o alcatrão, um material que podia ser muito útil, mas causava graves inconvenientes se nós, nossas roupas ou sapatos entrássemos em contato com ele. Hoje não falamos mais de alcatrão ou de piche, mas de betume. O piche é o resíduo obtido com a destilação de óleos naturais de madeira como a terebintina; o alcatrão é o resíduo da destilação seca do carvão; já o betume é o resíduo da destilação de óleo cru.

O piche tem uma longa história e era usado para vedar as linhas de junção em barcos. O alcatrão era empregado sobretudo na construção de estradas, mas caiu em desfavor quando se descobriu que podia causar câncer. Hoje, o material preferido é o betume, utilizado tanto em estradas quanto em telhados, que não é carcinogênico. Talvez continuemos sem querer ter contato direto com o betume — nesse aspecto, não mudamos —, mas o material sofreu uma revolução nos últimos 20 anos. Por exemplo, não é mais sempre preto; podemos ter betume da cor que quisermos.

Antigamente o betume era tomado pelos 10% de um resíduo semelhante ao alcatrão que restava quando todos os hidrocarbonetos úteis haviam sido destilados do óleo cru. Mas, graças a métodos aperfeiçoados de refino, ele corresponde hoje a menos de 1% da maioria dos óleos, embora alguns óleos crus produzam metade de seu peso como betume. Das 1.500 fontes de óleo cru existentes no mundo todo, poucas são adequadas à produção de betume, contudo, a demanda desse material continua crescendo porque ele é essencial para a construção de estradas e pistas de decolagem e para a forração de telhados. Hoje a produção de betume é feita em usinas especialmente construídas nas refinarias modernas, e a produção total no mundo inteiro é de mais de 75 milhões de toneladas por ano. O que os químicos fizeram foi encontrar maneiras de melhorá-lo e até reduzir seus inconvenientes para o ambiente.

A composição química do betume é aproximadamente C_7H_{10}, com pequenas quantidades de oxigênio e nitrogênio, mas com até 6% de enxofre. Mas isso não nos diz grande coisa, porque de fato o material tem os mais diversos componentes, como a infusão preparada por uma bruxa. Sabemos, no entanto, que as moléculas do betume em sua maioria são grandes e não-voláteis, do contrário teriam evaporado quando do fracionamento do óleo cru.

O material tem dois tipos principais de ingredientes: os asfaltenos, insolúveis no heptano, e os maltenos, solúveis nesse solvente. De fato, o betume é uma dispersão coloidal de asfaltenos em maltenos. Os alfatenos são o componente menor, e suas moléculas são grandes. Os maltenos são o principal componente e consistem em moléculas aromáticas, saturadas e polares, nessa ordem de importância. As moléculas aromáticas são sobretudo derivadas de naftaleno, as saturadas são óleos viscosos, e as polares fornecem a adesão, a famigerada viscosidade do betume.

O betume não é bom como fonte de matérias-primas para a indústria, mas mostrou-se muito satisfatório para o capeamento de estradas convencionais. A demanda de estradas melhores, contudo, exigiu um tipo de betume aprimorado, e isso significou acrescentar-lhe ingredientes. Em si mesmo, o betume é um material termoplástico, o que significa que sua textura depende da temperatura; quanto mais alta ela for, mais flexível torna-se o betume, e quanto mais flexível ele se torna, mais se deforma sob a pressão de um tráfego pesado. Em certa altura, para neutralizar essa tendência, acrescentou-se ao betume a borracha reaproveitada de pneus, aumentando a força do material e tornando-o mais resistente à deformação. O acréscimo de enxofre e de compostos orgânicos de manganês também o tornam mais flexível e até mais forte, porém a melhor maneira de modificá-lo é acrescentar-lhe polímeros termoplásticos, em particular SBS (estireno-butadieno-estireno).

O betume modificado com SBS tem um desempenho muito melhor, tornando-se capaz de suportar uma carga maior e de não se deformar quando superaquecido. Em termos da pressão que pode suportar antes de desenvolver rachaduras, o betume modificado é cem vezes mais forte que o comum. O SBS é produzido por uma combinação de dois polímeros com propriedades muito diferentes e em geral incompatíveis. Há uma borracha altamente elástica no meio da seção do polímero, e esta provém do butadieno, com as duas extremidades da cadeia ocupadas por poliestireno, que é muito mais duro e fornece a resistência. Quando o SBS é acrescentado ao betume quente, este incha enormemente e depois, à medida que esfria, os blocos de poliestireno nas extremidades ligam-se para formar uma rede tridimensional. O SBS é usado principalmente em betume para estradas e telhados, ao passo que um material similar, o estireno-isopreno-estireno (SIS), é usado para adesivos fundidos e isolantes de betume.

De volta à Bíblia

Os hidrocarbonetos poliméricos de cadeia longa têm uma longa história. No mundo antigo, usava-se piche para impermeabilizar cascos de navios, vedar tanques e canais, como argamassa para tijolos e como um adesivo na fabricação de ferramentas, armas, mosaicos e marchetaria. Segundo a Bíblia, Noé foi instruído a construir a arca de madeira de cipreste e revesti-la de piche por dentro e por fora (Gênesis 6:14). A Torre de Babel foi construída de tijolos, com betume servindo de argamassa (Gênesis 11:3), e o cesto de junco em que Moisés foi deixado ao sabor das águas do Nilo foi vedado com piche (Êxodo 2:3). Embora todas essas histórias sejam sobretudo alegóricas, seus autores obviamente sabiam de que maneiras o betume era usado nos reinos antigos. O betume natural brotava do solo em vários lugares, e podia-se mesmo encontrar grumos de betume flutuando no mar Morto, então conhecido como lago Asfaltites, de que o termo asfalto deriva. Hoje, a palavra asfalto designa uma mistura de betume e outros componentes.

O mais antigo uso conhecido do betume foi descoberto em Mohenjo Daro, no vale do Indo; os arqueólogos encontraram ali um tanque d'água de cinco mil anos de idade construído com blocos de pedra ligados entre si com betume. (O material continua sendo empregado com esse propósito em reservatórios atuais.) Os povos do Mediterrâneo e os caldeus, os acádios e os sumérios mineravam betume de depósitos rasos e exportavam-no para toda parte. Poderíamos pensar que o uso de betume na construção de estradas é relativamente recente, mas ele foi usado com esse propósito no século VI a.C., nos dias do rei Nabucodonosor da Babilônia, embora naquele tempo servisse como argamassa em calçamentos de pedras.

Já se pensou que as múmias do Egito eram assim chamadas por causa de *mumiyah*, a palavra árabe para betume natural, e que as múmias eram pretas por terem sido revestidas com piche. Em 2001, os químicos Richard Evershed e Stephen Buckley, da Universidade de Bristol, submeteram 13 múmias de museus do Reino Unido a análises químicas. Detectaram todo tipo de resinas e conservantes usados pelos embalsamadores, mas não havia o menor vestígio de betume.[2] Na era romana, as múmias egípcias eram por vezes cobertas com uma camada de piche para ficarem impermeáveis, mas essa nunca foi a prática no tempo dos faraós. Então, revestiam-se as múmias com cera de abelha, e é possível que aí esteja a origem da palavra "múmia", porque a palavra copta para cera é *mum*.

O betume natural não é tão raro como poderíamos pensar. O cortesão e navegador britânico Sir Walter Raleigh (1552-1618) descobriu o famoso lago de Piche em Trinidad na década de 1590. Com uma extensão de mais de 50 hectares, ele contém mais de seis milhões de toneladas de betume, que continua a brotar do fundo quase com a mesma rapidez com que é removido e exportado. Um lago de piche ainda maior encontra-se em Guanoco, na Venezuela, com uma área de quase 500 hectares; extraiu-se betume dele de 1890 a 1935.

Os poços de alcatrão de La Brea, no Hancock Park, em Los Angeles, descobertos em 1769, durante uma expedição chefiada por Gaspar de Portolá, tornaram-se muito mais importantes pelo que foi extraído deles: a lama pegajosa do betume continha crânios e ossos de animais pré-históricos que haviam ficado presos nela. Mais de um milhão de espécimes de animais pré-históricos foram encontrados nesses poços de alcatrão, inclusive mamutes, mastodontes, tigres-dentes-de-sabre, preguiças gigantes e até um camelo.

A fotografia mais antiga que se preservou foi registrada com a ajuda de betume. Joseph Nicephore Nièpce (1765-1833) tirou-a no verão de 1826 de uma janela do segundo andar de sua casa em Chalone-sur-Saône, na Borgonha. Andara fazendo experiências com substâncias sensíveis à luz desde 1816, ano em que obteve suas primeiras imagens toscas, mas alcançou uma qualidade melhor na década de 1820. A fotografia, que mostra uma casa de fazenda e uma pereira, foi captada numa placa de cobre

2 A pesquisa foi publicada na revista *Nature* em 2001, vol. 413, p. 837.

coberta com betume. Ao ser exposta ao sol durante várias horas, possivelmente no curso de vários dias, o preto retinto do betume não só esmaeceu para um cinza claro, como a substância endureceu. Nièpce lavou a placa com uma mistura de óleo de lavanda e uma bebida alcoólica branca, removeu o betume não afetado, e o que ficou foi uma imagem permanente, impressa no betume endurecido em vários tons de cinza. Nièpce havia usado um material chamado "betume da Judéia", substância natural usada em processos de gravação. Embora chamado com o nome da área do Oriente Médio de onde viera originalmente, esse betume podia ser encontrado também no sudeste da França, onde Nièpce vivia.

Numa visita que fez a Londres em 1827, Nièpce levou consigo algumas de suas imagens, que chamava de heliografias. Esteve nos famosos jardins de Kew, onde conheceu o botânico Francis Bauer, membro da Royal Society, a quem exibiu amostras de seu trabalho. Reconhecendo imediatamente a importância do feito de Nièpce, Bauer o convenceu a apresentar um artigo sobre sua descoberta à Royal Society em dezembro daquele ano. Nièpce escreveu o artigo, mas não permitiu que fosse publicado porque não queria revelar os métodos que usara. Retornou à França, mas seu método de fotografia era lento demais para algum dia se tornar popular. Felizmente a foto da casa de fazenda com a pereira não foi destruída. Redescoberta e autenticada em 1925, hoje é exibida no Harry Ransom Humanities Research Center, na Universidade do Texas em Austin.

O betume e as estradas dos nossos dias

As reservas de betume natural não foram suficientes para suprir as demandas das nações industriais no século XIX, e outras fontes tornaram-se mais importantes. Entre elas estava o alcatrão produzido como subproduto das usinas de gás de carvão que abasteciam cidades na Europa e na América do Norte. O chamado coltar (de *coaltar*, alcatrão de carvão) era ideal para a construção de estradas.

Atualmente, todo betume vem do petróleo. Quando o óleo cru é aquecido a uma temperatura entre 300 e 350°, todo tipo de hidrocarboneto se destila. Alguns deles são gases (como o propano e o butano), mas na maioria são líquidos voláteis usados como combustível (por exemplo, gasolina para automóveis, querosene para aviões, diesel para caminhões). A temperatura de destilação eleva-se finalmente a 400°, e a pressão reduz-se a cerca de meia atmosfera, para remover mais dos hidrocarbonetos. O que resta é um resíduo pronto para ser usado como betume. São produzidas outras qualidades de betume soprando ar nesse material quando ainda está quente. Esse betume "soprado" fica parcialmente oxidado, o que o torna mais duro e mais viscoso, porque os átomos de oxigênio reagem para unir as cadeias de hidrocarboneto.

Muito já se fez para tornar as estradas mais econômicas, seguras e até menos nocivas ao ambiente, porque os materiais de que são feitas podem ser reciclados no capeamento de novas estradas. A capacidade de resistir a extremos de temperatura é igualmente importante, pois constroem-se estradas em montanhas muito altas e no círculo Ártico, onde suas superfícies podem ficar congeladas durante a maior parte do ano. Elas precisam de um tipo de betume mais macio que o usado para as estradas expostas ao intenso calor dos trópicos.

Hoje é possível fazer estradas capazes de suportar cargas maiores, reduzindo com isto o custo do transporte de matérias-primas e produtos acabados; elas podem ser feitas com menos material, para durar mais tempo antes de precisar de consertos ou reforma;[3] e podem ser menos lesivas ao ambiente produzindo menos poluição sonora e exigindo menos iluminação. É possível tornar as estradas mais seguras reduzindo os riscos associados a pistas molhadas, e torná-las esteticamente mais agradáveis dando-lhes outras cores além do preto. Pode-se obter betume colorido quando o material de base é quase incolor, como o produzido a partir de alguns tipos de óleo. Na verdade, já se usam asfaltos vermelhos, amarelos, azuis e verdes em pistas para pedestres, ciclovias e paradas de ônibus. Em túneis, é possível usar asfalto "branco", com a vantagem adicional de reduzir a necessidade de iluminação intensa.

As estradas consomem 80% do betume produzido. Ele constitui de fato apenas uma pequena porcentagem do asfalto que reveste a superfície de uma estrada, mas é o componente essencial, o adesivo que mantém os demais ingredientes unidos. Estes são areia, agregado, cal e borracha de pneus velhos, mas, como quer que seja usada, uma estrada moderna deveria ser construída para durar 50 anos, antes de precisar ser reconstruída.

O betume é ideal, porque quando aquecido fica fluido e mistura-se facilmente e quando esfria forma uma superfície dura, firme, durável e flexível. O SBS, um elastômero desenvolvido na década de 1960, parecia ideal para indústrias como a de calçados, que precisava de adesivos fortes. O material foi desenvolvido pela Shell Chemicals, que chamou seu produto de Kraton. Quando adicionado ao betume, ele acentuava as propriedades deste, sobretudo a flexibilidade e a elasticidade, o que melhorou muito seu uso em revestimento de telhados. Elevou também o ponto em que o betume amolece dos 50° usuais para 90°, e isso o tornou bom para

3 São os veículos pesados que mais estragam as estradas; a passagem de um veículo de 40 toneladas, cinco eixos e carga pesada tem o mesmo efeito que a de 500 mil carros.

superfícies de estradas; asfalto feito com Kraton não deforma sob o peso do tráfego, mesmo em países muito quentes.

Adicionam-se de 3 a 7% de SBS ao betume, dependendo de sua aplicação, e o custo é compensado pela durabilidade muito maior do capeamento da estrada (cinco vezes a da revestida com asfalto comum) e o menor número de consertos. É ideal para pontes e pistas de aeroporto, em que a tensão é particularmente alta. Pontes suspensas em geral não só suportam um tráfego pesado como tendem a estar sempre em movimento, curvando-se e dobrando-se de acordo com o volume da circulação e as condições meteorológicas. Além disso, nessas pontes o capeamento da estrada deve ser o mais leve possível, o que significa que o asfalto precisa ser não só forte e resistente a rachaduras como muito mais fino que numa estrada normal. A solução é incorporar 7% de SBS.

O asfalto pode ser aplicado quente (em geral é alisado numa temperatura de 100 a 140°) ou frio (quando o betume é emulsificado e misturado com agregados). Uma reação química entre as gotas de betume e a superfície do agregado os une. Em estradas que estarão normalmente molhadas, o betume precisa ter cerca de 1% de um surfactante (catiônico) para impedir que a água cause estragos.

Uma das primeiras superfícies a serem cobertas com betume modificado com polímeros foi a ponte de St. Quentin, de 600m, na França, em 1976. Em 1986 removeram-se amostras do capeamento para análise, e os testes mostraram que a substância de ligação não havia sofrido mudança significativa. Um desafio especial é representado pela estrada que cruza o deserto de Mojave nos Estados Unidos; as temperaturas ali podem variar entre 42° ou mais durante o dia e -0° durante a noite, e ela é usada por grande número de pesados veículos comerciais. Testes feitos pelo departamento de Transporte da Califórnia na auto-estrada interestadual 40, em que se aplicou betume modificado junto com asfalto comum, provaram conclusivamente que a nova forma é muito melhor. O asfalto comum mostrava sinais de desgaste após dois anos, e rachaduras e fadiga sérias após quatro, ao passo que o betume modificado continuava livre desses problemas.

As estradas modernas são também muito menos ruidosas quando feitas com asfalto poroso (também chamado "asfalto sussurrante", porque os veículos que trafegam sobre ele produzem muito menos ruído, ou "asfalto pipoca", por causa de sua textura). Ele proporciona quatro vantagens: reduz o barulho do tráfego à metade; reduz os respingos quando a estrada está molhada; torna as luzes menos ofuscantes em noites de chuva; economiza combustível ao reduzir o atrito entre os pneus e a superfície da estrada. O asfalto poroso reduz o ruído do tráfego que vem da compressão e expansão do ar aprisionado na banda de rodagem dos pneus; esse tipo de ruído depende muito da textura da superfície da estrada. Se ela for dura, isso pode aumentar o barulho do tráfego ao refletir os sons que vêm da parte inferior do carro, da caixa de marchas e do motor.

O asfalto poroso é feito com os chamados agregados *gap graded* (granulometria descontínua), um tipo de agregado parcialmente graduado para assegurar que não se comprimirá muito. A principal diferença entre o asfalto comum e o poroso é a porcentagem de espaço vazio. O asfalto comum tem apenas cerca de 5% de seu volume composto de vazios, ao passo que o asfalto poroso tem pelo menos 20% e geralmente mais. Há três tipos de agregados, dependendo de seu tamanho: graduado continuamente, *gap graded* e graduado uniformemente. Como seu nome indica, o agregado graduado continuamente tem pedaços de todos os tamanhos e, como tal, comprime-se bem, deixando poucos vazios. No outro extremo está o agregado graduado uniformemente, como grãos que recaem numa faixa de tamanho particular. Um agregado assim não se comprime efetivamente, deixando muitos vazios. Entre um e outro está o agregado *gap graded*, com uma porcentagem maior de pedaços grandes, significando também que haverá muitos vazios.

O asfalto poroso feito com uso de betume modificado tem uma séria desvantagem: não dura tanto quanto o asfalto comum. Talvez haja mais de uma razão para isso. Sua estrutura aberta permite mais contato entre betume, oxigênio e água, ocasionando um envelhecimento mais rápido. Ao mesmo tempo, há menos suporte que lhe permita resistir às pressões na estrada, o que leva à perda de pedras da superfície. Seus poros também podem ficar bloqueados com terra, o que reduz sua eficiência. Ele pode se tornar então mais suscetível ao dano por geadas se a água não puder ser escoada e congelar. O betume modificado com SBS reduz a taxa em que esses estragos ocorrem.

Os telhados também melhoraram graças a um betume melhor. As "mantas de telhado", antigamente consideradas a maneira mais barata e rápida de cobrir prédios industriais, costumavam ser feitas de uma camada de lã de vidro ou esteira de poliéster imprensada entre duas camadas de material baseado em betume, com cerca de 1,5mm de espessura, contendo calcário em pó ou talco. Após a crise do petróleo de 1973, quando combustíveis baratos para aquecimento deixaram de estar disponíveis, os telhados começaram a ser isolados como um meio de conservar energia. Isso elevava a temperatura da "manta de telhado" porque significava que o calor proveniente do sol não podia ser dispersado para o prédio, de modo que a cobertura ficava mais quente durante o dia e mais fria à noite. Essa maior flutuação da temperatura tornava-a mais sujeita a rachaduras e, portanto, a vazar.

A solução foi modificar o betume acrescentando-lhe polímero SBS, numa medida de até 12%, e misturando os dois a 180°. O betume resultante é extremamente elástico — pode ser esticado até mais de 15 vezes sua própria extensão antes de se romper — e pode ser até colorido. O resultado é que esse novo tipo de telhado está sendo usado em edifícios comerciais, prédios públicos e até em igrejas.

Orimulsão

Como todo mundo sabe, óleo e água não se misturam, e o mesmo pode ser dito de betume e água. Mas é possível fazer com que óleo e água *pareçam* se misturar, como uma emulsão, tornando as gotículas de óleo pequenas o bastante. Vemos isso em produtos como leite homogeneizado ou maionese. Mais uma vez, o mesmo aplica-se ao betume, e o fluido resultante é chamado orimulsão. O nome vem do delta do Orinoco, na Venezuela, onde há, segundo estimativas, 1.200 bilhões de barris de betume, no que consiste o maior reservatório inexplorado de combustível fóssil do planeta.

A orimulsão é uma emulsão de betume na água, mantida nesse estado pela adição de pequenas quantidades do surfactante etoxilato de nonilfenol. Foi desenvolvida na década de 1980 como resultado de pesquisas conjuntas da Petroleos de Venezuela, a companhia estatal de petróleo da Venezuela, e a companhia petrolífera gigante BP International. O surfactante mantém o betume suspenso na água da mesma maneira como os surfactantes dos detergentes mantêm a gordura suspensa na água, revestindo cada gotícula. As gotículas de betume medem cerca de 20 mícrons (20 milionésimos de um metro), e compõem 70% do volume total. O resultado é um fluido com a viscosidade de óleo cru de grau médio, e que, como o óleo, pode ser bombeado ao longo de oleodutos ou transportado para onde for necessário. Queima com mais eficiência que óleos combustíveis comuns, liberando 99,9% da energia que contém, e, por causa de seu conteúdo de água, queima numa temperatura mais baixa, o que promove a redução da emissão de alguns poluentes, como óxidos nitrogênios e particulados.

Nem todos consideram a orimulsão um recurso útil. Na verdade, sempre que ela é sugerida como um possível combustível, isso suscita a oposição dos ambientalistas, que a rotulam de "combustível do inferno", em geral por causa de seu alto conteúdo de enxofre e metais. (Sob esse aspecto, eles têm razão, porque ela contém quase 3% de enxofre, 100p.p.m. de níquel e 400p.p.m. de vanádio). A orimulsão foi usada como combustível em usinas de energia elétrica e fábricas de cimento, e foi exportada para os Estados Unidos, Grã-Bretanha, Alemanha, Itália, Dinamarca, Japão e Canadá, onde seu uso enfrenta às vezes vociferante oposição, freqüente o bastante para provocar sua proibição. Embora atualmente seja muito menos empregada na maioria desses países, continua sendo exportada para a China, a Coréia, as Filipinas e alguns países da América do Sul. Em 2001, a Venezuela exportou mais de seis milhões de toneladas de orimulsão.

Policarbonato

Policarbonato é o polímero da Era da Informação, tendo seus usos mais visíveis na fabricação de CDs e DVDs, telefones celulares e monitores de rastreamento por satélite. A razão de seu sucesso reside na incrível resistência e durabilidade. Aceita também todas as cores e pode ser misturado com outros polímeros. Existe, contudo, quem duvide da sua segurança.

Os que condenam as fraldas descartáveis talvez condenem também as mamadeiras de policarbonato. E, ao que parece, têm boas razões para isso, após a publicação de um artigo intitulado "Baby Alert" na revista norte-americana *Consumer Report* em maio de 1999, a que se seguiu um documentário no canal ABC. Tanto o artigo quanto o documentário advertiam para os perigos do bisfenol A (BPA). Traços desse produto químico estavam presentes no plástico de policarbonato de que as mamadeiras eram feitas e havia indícios de que poderia se dissolver nos conteúdos da mamadeira, podendo afetar o desenvolvimento sexual da criança, porque, segundo se dizia, o bisfenol A era um "*gender bender*", isto é, uma substância capaz de afetar o sistema endócrino.

O policarbonato foi feito pela primeira vez em 1898 por um químico alemão, Gunther Einhorn, que relatou como se formava um sólido insolúvel no recipiente de reação em que ele tentava fazer carbonatos orgânicos. Em 1902, dois outros químicos, Bischoll e Hedenstrom, produziram mais do material, que, embora fosse interessante, parecia ter pouca utilidade. Essa foi também a opinião do grande químico dos polímeros Wallace Carothers, o homem que trabalhou para a companhia química DuPont e descobriu a borracha sintética e o *nylon* na década de 1930. De fato, foi somente em 1953 que os laboratórios Bayer na Alemanha foram capazes de produzir uma amostra de policarbonato adequada para aplicações comerciais. O material chegou ao mercado na década de 1960 sob nomes como Xantar, feito pela companhia química alemã DSM, e Lexan, feito pela General Electric, nos Estados Unidos. Hoje, as companhias químicas Bayer e Dow acotovelam-se para tomar da General Electric a posição de maior produtora mundial de policarbonato.

O policarbonato é resistente, durável, e firme e permanece duro até a 140°, e flexível até a 20°. Não se queima facilmente e, com adição de produtos antifogo, passa em testes severos de inflamabilidade. Não é afetado pela maioria dos produtos químicos. Mistura-se com outros polímeros, e a mistura com ABS (estireno de butadieno acrilonitrilo) mostra-se mais forte que ele próprio. É naturalmente transparente, mas pode ser facilmente colorido; sua superfície presta-se também a ser gravada.

O policarbonato é fabricado a partir de bisfenol A, ou BPA, e cloreto de carbonil ($COCl_2$, também conhecido como fosgênio). O BPA tem vários usos, mas dois terços dele vão para a fabricação de policarbonato (o resto vai para a fabricação de resinas e produtos antifogo). É fabricado na escala de 50 mil toneladas em fábricas na Europa, Extremo Oriente e Estados Unidos

O bisfenol A consiste em dois fenóis conectados ao mesmo carbono, que também tem dois grupos metil (CH_3) presos a ele. Quando reage com cloreto de carbonil num solvente, o BPA polimeriza-se para formar cadeias em que unidades de carbonato (CO_3) interconectam BPA. Mais de 99,9% do BPA nunca deixa o local onde é fabricado, sendo imediatamente convertido em outros produtos. Nem a pequena quantidade de vapor que é perdida representa um problema porque é rapidamente degradado pela luz do sol, e qualquer quantidade que penetre na água ou no solo é degradada em um ou dois dias. Apesar de haver, ao que parece, pouco risco para os seres humanos ou o ambiente, já se expressaram preocupações com o BPA, e provou-se que a substância tem atividade endócrina.

"*Gender benders*" é a expressão que os ambientalistas cunharam para designar substâncias que afetam o sistema endócrino, ou, mais especificamente, aquelas que se comportam como o estrogênio, o hormônio feminino. Substâncias que afetam o sistema endócrino são as que podem perturbar a ação dos hormônios, não apenas aqueles envolvidos com o desenvolvimento sexual, embora geralmente suponha-se que esta é a ameaça que representam. Outros produtos químicos, como os pesticidas lindane e tributiltina, demonstraram atuar dessa maneira. Vários materiais manufaturados como estes foram usados no passado, mas depois corretamente proibidos; há alguns, no entanto, cuja ação nefasta sobre nosso sistema endócrino, ou mesmo o de animais, não ficou provada, e o BPA é um deles. Apesar disso, o clamor contra ele foi tal que o Instituto Nacional de Ciência Ambiental da Saúde e o Programa Toxicológico Nacional dos Estados Unidos instituíram um comitê conjunto para examinar a matéria. A conclusão final desta análise foi que doses baixas de BPA pareciam não produzir efeito algum.

É inegável, porém, que o BPA pode causar perturbações ao sistema endócrino; isso foi descoberto por acidente, na Escola de Medicina da Universidade Stanford em Palo Alto, Califórnia, onde uma pesquisa sobre leveduras foi anulada por um contaminador desconhecido, que acabou sendo identificado como BPA lixiviado de frascos de policarbonato que estavam sendo utilizados no estudo. Embora a concentração de BPA fosse de apenas 5p.p.b., ela foi suficiente para causar uma resposta estrogênica nas células de levedura. A ação estrogênica do BPA é fraca, não se comparando em absoluto ao efeito milhares de vezes mais forte do próprio estrogênio; mesmo assim, o fato de o material ter sido capaz de exercer um efeito estrogênico foi o bastante para condená-lo aos olhos de alguns, como Theo Colborn, Dianne Dumanoski e John Myers, autores do livro *Our Stolen Future*. O Fundo Mundial para a Vida Selvagem também tem reservas com relação ao BPA.

Os ambientalistas afirmaram que havia níveis detectáveis de BPA em corpos d'água naturais perto de fábricas que o produzem, e também isso gerou preocupação pública. Os níveis medidos foram de menos de 1p.p.b., e em alguns rios supostamente em risco não se conseguiu encontrar nenhum vestígio de BPA. De todo modo, a "concentração sem efeito observado" (NOEC, de *no-observed-effect-concentration*) para uma exposição durante toda a vida para *Daphnia*, o mais sensível organismo de água doce, mostrou que 1.000p.p.b. não tinham efeito algum. Na verdade, não se registrou nenhum caso de sistema aquático afetado por BPA.

O que também chamou atenção para uma possível ação do BPA sobre o sistema endócrino foram relatórios de Frederick Vom Saal e colaboradores na Universidade de Missouri, em Colúmbia. Eles disseram ter constatado que um pequeno número de filhotes de camundongos alimentados com baixas doses de BPA apresentou distúrbios reprodutivos. Segundo Vom Saal, a longo prazo, esses camundongos apresentaram os seguintes efeitos: as fêmeas chegaram à puberdade mais cedo e ganharam peso mais rapidamente que o normal. Também o uso de epóxi na odontologia foi questionado quando Vom Saal disse que, menos de uma hora depois de feita uma restauração, uma dose "significativa" de BPA escorrera dela. Como se usava resina de policarbonato para revestir dentes, essa foi claramente uma descoberta assustadora, mas outros testes mostraram que não havia nenhum vazamento de BPA, o que foi confirmado pela Associação Odontológica dos Estados Unidos.

Uma quantidade minúscula de BPA realmente se desprende da superfície de um recipiente de policarbonato para qualquer líquido que ele contenha, e essa quantidade pode ser tão pequena quanto 1p.p.b. Mesmo que o nível fosse várias vezes maior que esse — e há quem afirme ter encontrado 5p.p.b. —, trata-se ainda de uma quantidade ínfima. (Cinco partes por bilhão é o mesmo, numericamente, que um *segundo* em seis anos.) Um bebê alimentado com mamadeira com esse nível de BPA estaria tomando cerca de um micrograma do material por dia, quantidade muito menor que a responsável por algum efeito físico e cerca de 50 vezes inferior à dose diária considerada "segura". Na verdade, a revista *Consumer Report* parece ter errado em suas contas, e os níveis que citou eram muitas vezes mais elevados que os da dose considerada segura.

Enquanto isso, os fabricantes de BPA dizem que não há prova de que esse produto represente algum risco para a saúde humana e que ele foi cabalmente testado de acordo com os procedimentos estabelecidos pela Academia Nacional de Ciências dos Estados Unidos. O BPA não é carcinogênico nem mutagênico, e a exposição humana é várias centenas de vezes menor que aquela em que algum efeito poderia ser observado. É pouco provável que as pessoas que entram em contato com objetos feitos de policarbonato absorvam qualquer BPA, considerando-se a natureza das coisas que são feitas com esse material: CDs, DVDs, escudos como os usados pela polícia em tumultos, pontos de ônibus à prova de vândalos, ventiladores, tetos de estufas, capacetes de segurança, abajures, aparelhos de iluminação, telefones celulares, caixas de bateria, aparelhos eletrodomésticos, pára-lamas, caixas automáticas, monitores de rastreamento por satélite, painéis e pára-choques de automóveis. A demanda mundial de BPA está crescendo mais depressa que a de qualquer outro plástico, e a produção atualmente excede dois milhões de toneladas por ano.

Traços de BPA só poderiam ser introduzidos no corpo humano por meio do uso de policarbonato na fabricação de produtos como mamadeiras, embalagens para alimentos, jarras d'água e aparelhos médicos. O FDA aprovou todos esses usos e considerou segura a quantidade minúscula de BPA que poderia emigrar para os alimentos. Não se julgou também que o BPA representa alguma ameaça para o ambiente, e a Organização para a Cooperação e o Desenvolvimento Econômico (OCDE) classificou-o como rápida e totalmente biodegradável.

Mas a pesquisa que parecia mostrar que o BPA causava distúrbios endócrinos alarmou a mídia e não pôde ser ignorada. Dois organismos industriais, a Sociedade da Indústria Plástica e o Conselho Europeu da Indústria Química, patrocinaram uma investigação em grande escala. A pesquisa foi empreendida em vários laboratórios, e grandes números de ratos e camundongos dos dois sexos foram expostos a uma faixa mais ampla de doses de BPA durante períodos de tempo mais longos. Nos machos, os pesquisadores não conseguiram encontrar nenhum efeito sobre a próstata, a contagem de esperma e os testículos; nas fêmeas, não se registraram alterações no crescimento ou no desenvolvimento físico, na capacidade de conceber e parir, na prole ou no crescimento e desenvolvimento da prole. Mesmo quando receberam doses de BPA em níveis que produziram reações tóxicas, as roedoras grávidas deram à luz filhotes normais.

Uma das conclusões de toda essa atividade de pesquisa foi que é muito fácil confundir outros produtos químicos com BPA. De fato, nenhum BPA pôde ser detectado nos conteúdos de cervejas e outras bebidas vendidas em latas revestidas com resina, pelo menos a níveis maiores que 5p.p.b., o limite da detecção. Outros alimentos enlatados mostraram níveis de BPA por volta de 35p.p.b., muito menos do que se afirmara anteriormente; sua ingestão forneceria uma dose diária de BPA 500 vezes inferior ao nível de segurança sugerido pelo FDA.

Aliviada com esses achados, a Sociedade das Indústrias Plásticas declarou que não fora possível reproduzir nenhum dos efeitos observados pelos pesquisadores da Universidade de Missouri. O debate sobre a testagem de BPA como nocivo ao sistema endócrino levou a uma irada troca de cartas entre pesquisadores industriais e acadêmicos, cada lado acusando o outro de declarações enganosas, baseadas em experimentos mal planejados que haviam gerado resultados ambíguos. Quem estaria com a razão? Tendemos a simpatizar com Vom Saal: como ele é um pesquisador acadêmico, supomos que seus motivos e objetivos estão acima de qualquer suspeita. No entanto, os pesquisadores contratados pelos industriais eram sem dúvida igualmente

De olho no futuro

Há um segundo tipo de policarbonato muito diferente daquele baseado em BPA. É feito a partir de uma matéria-prima que tem dois grupos carbonatos ligados por CH_2CH_2, e dois agrupamentos contendo ligação dupla de ambos os lados. São estes que sofrem polimerização de radicais livres, um para formar cadeias longas, o outro para unir essas cadeias entre si. Essa ligação cruzada torna o policarbonato particularmente forte e ideal para lentes de óculos, porque tem um índice de refração maior que o do vidro. Isso significa que as lentes podem ser mais finas e ultraleves, resolvendo o problema dos que tinham de usar lentes que pareciam fundo de garrafa.

Sob esse aspecto, o novo policarbonato pode até ajudar a criar uma nova imagem para a química, e, assim, ajudar a atrair jovens inteligentes para estudá-la e pesquisá-la. Na verdade, eles serão extremamente necessários neste século se o bem-estar econômico do mundo tiver de se basear inteiramente em recursos renováveis.

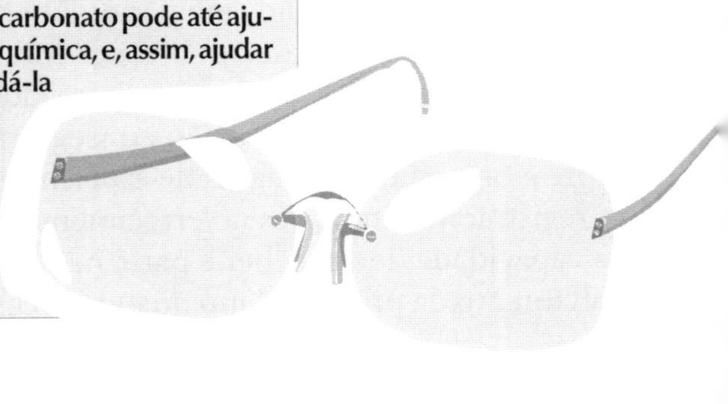

qualificados, talvez até mais engenhosos e mais tarimbados, e não há dúvida de que alguns trabalham de maneira independente.

Isso tornou difícil para as autoridades decidir em quem acreditar. Por solicitação da Agência de Proteção Ambiental, o Programa Nacional de Toxicologia dos Estados Unidos publicou um relatório preliminar em maio de 2001 assinalando que os resultados inconclusivos até então obtidos significavam que mais pesquisas eram necessárias, e que até que elas estivessem disponíveis as diretrizes atuais da APA continuariam em vigor.

Rochelle Tyl foi responsável por um grande estudo sobre bisfenol A realizado pelo Instituto de Pesquisa Triangle, na Carolina do Norte. Após analisar os efeitos de doses pequenas e grandes de BPA em três gerações sucessivas de animais de laboratório, essa pesquisa chegou à tranqüilizadora conclusão de que a substância não tem nenhum efeito sobre o sistema reprodutivo. O trabalho foi patrocinado pelo Bisphenol A Global Industry Group e recebeu a aprovação do Instituto Nacional de Ciência Ambiental da Saúde, do Programa Nacional de Toxicologia e da Agência de Proteção Ambiental dos Estados Unidos. Isso foi em 2000. Mais recentemente, em 2003, um relatório de Patricia Hunt, da Case Western Reserve University, afirmou que células-ovos de camundongos expostos a baixas concentrações de BPA desenvolveram anormalidades. Ela havia descoberto que vasilhas de policarbonato lavadas com uma solução de detergente alcalino deixam escapar pequenas quantidades de BPA, suficientes para provocar anormalidades cromossômicas.

Posfácio

A quimiofobia, suas causas e sua cura

Sendo químico, tenho uma tendência a valorizar os benefícios que a química gerou ao eliminar o medo da fome, da doença e da miséria da vida da maioria das pessoas que moram em países nos quais se desenvolveu uma indústria química vigorosa. Seria tranqüilizador ouvir aqui e ali uma expressão de gratidão pelo que foi realizado, mas quando se perguntou às pessoas no Reino Unido em quem mais confiavam, elas puseram a indústria química em último lugar, junto com os vendedores de carros usados. Tenho certeza de que o mesmo aconteceria em outros países europeus e na América do Norte. Shakespeare sabia, é claro, que uma reação como esta é típica do ser humano:

AMIENS (canta)

Sopra, sopra, vento hibernal
Não és tão áspero
Quanto a ingratidão do homem...

Congela, congela, céu inclemente,
Que não mordes tanto
Quanto favores esquecidos.
[*Como quiseres*, ato II, cena VII]

Em certa medida a própria indústria foi responsável pela péssima imagem que agora desfruta, ao poluir o ambiente e demonstrar-se incompetente em matéria de comunicação. Se a poluição não é mais um problema — os resíduos gerados pela agricultura, a mineração e a indústria metalúrgica são muito piores, e sempre foram —, o problema da comunicação permanece. Os produtos químicos são postos no pelourinho por vários grupos que se opõem à indústria química e parecem disseminar impunemente suas mensagens negativas e seus alarmes, sendo apenas debilmente refutados. Neste posfácio tentarei analisar como fazem isso e que salvaguardas poderíamos usar para assegurar que esses grupos não matem uma galinha que continua pondo alguns dos ovos de ouro sobre os quais escrevi.

Por que continua possível alarmar as pessoas por causa de minúsculos traços de contaminadores na água que tomam, na comida que comem e no ar que respiram? No Ocidente, as pessoas nunca foram mais saudáveis nem viveram vidas mais longas. Estou falando aqui sobre as condições nos países desenvolvidos, em que a indústria química está estabelecida há muito tempo e a saúde pública tem sido uma preocupação há mais de um século. Se considerarmos os materiais nocivos que estavam presentes na água, nos alimentos e no ar um século atrás, só podemos concluir que hoje o ambiente é limpo e seguro e está em contínua melhora.

Por que, então, nas décadas de 1980 e 1990, a mídia desfiou uma torrente interminável de alarmes sobre ameaças causadas por "produtos químicos" ou pela "química"? Uso aspas para mostrar que o sentido que vem se dando a essas palavras não é o que eu escolheria. A maioria das pessoas diz "produto químico" ou "química" referindo-se a algo tóxico, poluente e que deveria ser evitado como perigoso quase por definição. Como químico, uso a palavra "química" de uma forma que não envolve juízo de valor, como algo existente em qualquer substância, embora tenha passado a evitar o emprego da palavra sempre que possível por causa de suas conotações negativas.

A esta altura, tenho certeza de que muitos leitores estarão pensando: mas certamente deve haver alguma verdade em todos esses relatos sobre os perigos dos produtos químicos; do contrário, por que ouviríamos falar tanto sobre eles? As coisas que nos disseram não eram baseadas em provas *científicas*? A resposta é muitas vezes não. A ciência por trás da tão freqüentemente usada expressão "achados científicos" muitas vezes não existe. As provas que condenam vários materiais químicos são o produto final de três atividades exercidas de uma maneira bastante obscura: a coleta dos dados, sua manipulação e publicação. É hora de examinar como podemos ser enganados por essa seqüência de eventos.

A epidemiologia é um ramo respeitável do saber, tradicionalmente baseado na coleta de dados sobre doenças infecciosas que afetam grande número de pessoas na busca de pistas das causas subjacentes. (A palavra "epidemiologia" deriva de "epidemia".) Atualmente, ela continua a centrar-se nas doenças, mas passou a interessar-se por afecções não infecciosas, como câncer e cardiopatias, mapeando esses males com o objetivo de vinculá-los a outros fatores que poderiam revelar algo sobre suas causas. Muitas vezes esses supostos fatores são "substâncias químicas", sobretudo aquelas presentes nos produtos que compramos ou que se encontram em nosso ambiente imediato.

Coletar dados é uma atividade, processá-los matematicamente é outra. Erros numa coisa ou na outra podem tornar os resultados sem valor. Os epidemiologistas profissionais estão cientes de que, para que seus resultados tenham algum significado, precisam tomar cuidado para evitar as muitas armadilhas que esperam o incauto, e aprimorarem seus métodos para assegurar que essas ciladas sejam evitadas nas duas fases do processo. Muitos outros cientistas que usam métodos epidemiológicos falham quase sempre em uma delas — embora isso não os impeça de publicar seus resultados e afirmar que têm bases científicas. Os achados que chegam à mídia podem, na verdade, não ter base em ciência alguma, e muitas vezes provêm de um grupo de interesse especial com apoio popular.

A primeira armadilha consiste no fato de o grupo já ter um ponto de vista que acredita ser verdadeiro e querer prová-lo. Deixe-me dar um exemplo de como isso poderia ocorrer. Suponha que você acredite que o aumento dos casos de asma é causado pelo uso crescente de purificadores de ar em casa. Você começa perguntando aos que sofrem de asma se têm lançado mão desse tipo de produto. Depois faz a mesma pergunta a pessoas que não sofrem de asma. Se, após entrevistar cem pessoas em cada categoria, você constata que 50 das que sofrem de asma dizem ter respirado ar artificialmente perfumado, mas só 45 das que não sofrem de asma expuseram-se a esse tipo de produto, você pode anunciar que há uma relação entre asma e purificadores de ar, verificando-se um preocupante aumento de 12%[1] nos casos de asma entre as pessoas que usam esse tipo de produto. Você "provou" o que pretendia provar, que há aqui mais um caso de "química" causando doença. É claro que nenhuma revista científica de boa reputação publicaria esses resultados, mas você poderia conseguir publicá-los de alguma outra maneira.

Escreva um *press release* para anunciar esses resultados. Se você trabalhar para uma instituição respeitada, como uma universidade, é quase certo de que conseguirá chegar às manchetes, embora estas possam ser um pouco exageradas: "Relação entre purificador de ar e asma", "O caminho perfumado para a asma" — ou algo do gênero. Você poderia então solicitar a alguma agência financiadora uma grande verba para fazer a pesquisa

1 A diferença crescente é expressa como uma fração do denominador 40.

necessária sobre essa questão, que afinal tanto alarma o público. É claro que uma manipulação tão descarada da mídia jamais aconteceria, mas em alguns casos parece ser a explicação.

Evidentemente, um estudo epidemiológico deve envolver um número *significativo* de pessoas, e estas devem estar em dois grupos: as que têm as condições investigadas e as que não têm. É óbvio que os dois grupos precisam ser paralelos em termos de idade, sexo, peso, estado civil, grupo étnico, classe social, ocupação e comportamento geral (como hábitos de fumar e beber) — o que pode se revelar difícil se seus recursos forem limitados.

Mesmo que você atenda a essas condições, há ainda outras armadilhas a evitar. Elas foram claramente resumidas por Göran Pershagen, do departamento de epidemiologia do Instituto de Medicina Ambiental do Instituto Karolinska, em Estocolmo, no livro *What Risk?* Pershagen identifica três tipos de erro epidemiológico: seleção dos dados, erros com os dados e fatores ocultos que influenciam os dados. Cada um desses tipos de erro pode ocorrer de mais de uma maneira. Por exemplo, podem-se selecionar os dados de modo a favorecer a obtenção de certo resultado desejado, usando-se uma amostra de pessoas não escolhidas aleatoriamente entre a população, ou decidindo-se que alguns dados são "errados" e por isso podem ser omitidos. Quando isso acontece, tende-se a excluir os dados que não estão de acordo com o resultado esperado. A seleção de dados pode ser feita até inconscientemente, e é por isso que é tão importante que eles sejam colhidos por uma organização de levantamento com total autonomia. É claro que isso raramente acontece, por causa do gasto que envolveria.

Erros com os dados podem surgir de diversas maneiras, porém a mais óbvia resulta da necessidade de acreditar que os entrevistados estão dizendo a verdade. Infelizmente, muitas vezes não é isso que ocorre, como foi demonstrado num estudo epidemiológico sobre os efeitos da alimentação. Perguntando aos membros de várias famílias por seus hábitos alimentares e depois examinando, sem que soubessem, o conteúdo de suas latas de lixo, foi possível constatar que havia pouca correlação entre o que as pessoas diziam que comiam e o que realmente comiam. Mesmo quando diziam o que lhes parecia ser a verdade, podiam ser de fato seletivas em suas respostas. Por exemplo, a pergunta "Quantas vezes por semana você faz sexo?" gera uma resposta mais relacionada ao que as pessoas fazem durante suas duas ou três semanas de férias do que com o que fazem em seu tempo comum.

O terceiro tipo de erro é o fator oculto, que os epidemiologistas chamam de variável perturbadora. Ele pode lançar dúvida sobre estudos epidemiológicos bem construídos sob os demais aspectos, como aconteceu com as pesquisas que associavam o hábito de tomar vinho tinto a um menor risco de cardiopatia. Nesse caso o fator oculto era o viés social, e isso foi revelado em 1997 no Simpósio sobre Álcool e Doença Cardiovascular da Fundação Novartis, realizado em Londres. Mostrou-se ali que as pessoas que tomam vinho tinto tendem a ser de classe média, e que, como grupo, elas são mais longevas de todo modo, ao passo que as pessoas que raramente tomam vinho tinto tendem a ser os pobres e a ter vidas mais curtas.

A menos que seja levado a cabo sob o olho vigilante de um epidemiologista, um levantamento epidemiológico tem pouca probabilidade de ter muito valor, mas isso não detém os que querem provar uma idéia. Há vários pequenos truques que eles podem usar, e usam, ao apresentar seus resultados. A maioria deles apresenta-se sob o rótulo de "estatística". Mais uma vez, há estatísticos bem preparados, capazes de processar grandes quantidades de dados de maneiras perfeitamente sensatas, e muitas vezes extraem deles relações que não são óbvias à primeira vista. São versados em técnicas que lhes permitem deduzir a confiabilidade das conclusões que extraem e as cercam com avaliações do seu grau de confiabilidade. Estatísticos amadores, porém, não merecem crédito.

"Estatisticamente significante" é uma expressão que parece assegurar que a correlação é realmente baseada em fato. Uma regra útil é que, para que uma conclusão seja digna de consideração, devemos estar seguros de que há 95% de possibilidade de que ela não tenha sido fruto do acaso. (Isso ainda significa que uma conclusão em 20 será simplesmente errada, e esta não é uma probabilidade insignificante, mas reflete o nível de incerteza com que convivemos todos os dias, e por isso é aceitável.)

Quais são então os sinais reveladores que deveriam nos alertar para "achados" que são meros artefatos do modo como os dados foram colhidos ou apresentados?

Um sinal de alerta são os resultados apresentados na forma de gráficos sem origem. A origem é o ponto 0,0, em que não há nenhum *input* da substância que está sendo testada e, portanto, nenhum efeito sobre a população estudada. Gráficos sem origem são estratagemas de propaganda úteis para financistas que querem mostrar o desempenho recente de seus produtos de investimento e para políticos que querem mostrar melhorias ocorridas em seu mandato ou os efeitos das políticas que estão praticando. Em levantamentos epidemiológicos, a omissão da origem é a única maneira de disfarçar o fato de que algum nível de exposição à substância investigada poderia não ter absolutamente efeito algum, e que um efeito só torna-se aparente depois que certo nível é atingido.

Os que ocultam a origem tentam disfarçar o fato de que baixos níveis de exposição a certa substância podem não representar nenhum risco, embora saibamos que ela pode ser perigosa em doses maiores. O argumento usual é supor que, por ser perigosa em algum nível, uma substância não pode ser segura em *nenhum* nível, ou seja, é intrinsecamente perigosa.

O efeito tóxico do selênio prova que esse tipo de suposição é basicamente falho, como vimos no Capítulo 3. A dose realmente faz o veneno. De fato, há vários mecanismos de segurança incorporados ao corpo humano para remover componentes indesejados de nossos alimentos, como toxinas naturais. Todas as plantas contêm pesticidas poderosos para protegê-las de ataques microbianos e insetos predadores, e nós os comemos juntamente com as partes da planta que nos fornecem os ingredientes de que precisamos. De fato, temos um limiar bastante elevado de tolerância a essas substâncias químicas.

Dados epidemiológicos e estatísticos nunca devem ser aceitos como confiáveis a menos que venham com a margem de erro indicada. Esse número mais-e-menos (±) nos indica os limites superior e inferior dos pares de valores. Quanto maior o número de pessoas que participa de um levantamento, menor deveria ser a margem de erro. Ao tomar conhecimento de dados percentuais, você pode avaliar a margem de erro facilmente, contanto que lhe informem o número de pessoas em que eles se baseiam. Qualquer levantamento que não revele esse número deve ser sumariamente rejeitado.

A margem de erro é calculada como cem dividido pela raiz quadrada do número de integrantes da amostra. Se mil pessoas foram entrevistadas e os pesquisadores dizem que 50% delas são favoráveis a certa proposta, o número verdadeiro estará provavelmente entre 47 e 53%, porque a raiz quadrada de mil é 31,6, e cem dividido por 31,6 é 3,16, ou, aproximando-se para o valor do número inteiro mais próximo, 3. Assim, o resultado de 50% tem um limite de confiança entre 50% – 3% e 50% + 3%, isto é, entre 47 e 53%.

Se a amostra compreendesse somente cem pessoas, a margem de erro elevaria-se consideravelmente para ± 10%. Se o pesquisador tivesse somente 50 respostas para analisar, a variação em torno de um resultado de 50% seria ± 14%, isto é, esse resultado seria praticamente inútil, porque admitiria que o número real poderia estar em qualquer ponto entre 38 e 64%. No entanto, alguns dados precisam se basear necessariamente em números pequenos como esse. Ademais, no momento em que os dados chegam à mídia, somente o limite superior é enfatizado, mesmo que seja relativizado em frases como "até 64% das pessoas poderiam ser afetadas por. . ."

Quando ler sobre diferenças percentuais, tenha em mente que porcentagens calculadas sobre menos de cem dados são extremamente suspeitas. O sentido das porcentagens é expressar números muito grandes numa escala que possamos compreender mais facilmente. Assim, por exemplo, diz-se que 5% da população estão desempregados, ou que 20% do orçamento nacional são gastos em defesa. Não faz sentido transformar um número pequeno em porcentagem, porque estaríamos fazendo com que ele parecesse maior, embora, quando nossos "achados" são pequenos, esta seja uma maneira de fazê-los parecer importantes. Por exemplo, se são registrados oito casos de um câncer raro por ano na cidade X, onde há um incinerador que poderia estar emitindo vapores perigosos, e somente seis casos na população da cidade Y, onde não existe um incinerador desse tipo, isso poderia não parecer particularmente alarmante. Mas se você afirmar que há um risco 33%[2] maior de se contrair câncer na cidade X, sem fornecer os números reais em que o cálculo se baseou, estará expressando seu ponto de vista de uma maneira que o levará às manchetes. Nem é preciso dizer que num levantamento desse tipo as variáveis perturbadoras são tantas que anulam por completo seu valor, exceto para fins de publicidade.

O press release

É função dos editores de um jornal criar manchetes, e eles sabem que nada melhor para captar a atenção do leitor que um gancho emocional. Grupos de pressão que procuram atrair a atenção pública são hábeis em fornecer esses ganchos, muitas vezes para difundir "achados" que eles próprios geraram (a) diretamente, encomendando uma pesquisa (e influenciando nas perguntas a serem feitas), ou (b) indiretamente, financiando a pesquisa de experimentadores que sabem ser simpatizantes de sua causa.

Estas são as fontes de muitos dos alarmes que envolvem os produtos químicos, e há uma torrente interminável deles. Vêm de vários grupos de pressão: ambientalistas acusam produtos químicos de causar poluição; gurus da saúde os acusam de causar câncer; e produtores de alimentos orgânicos dizem que arruínam o solo e contaminam as culturas. Esses grupos de pressão são hábeis na arte de escrever *press releases* apelativos, e naturalmente os jornalistas em apuros os acham atraentes. Como eles são veiculados por grupos que têm amplo apoio popular, os jornalistas supõem que os achados são confiáveis. Lamentavelmente, com freqüência não o são. A história do alumínio no Capítulo 5 mostra como podem ser falaciosos.

Um argumento que apela para a razão deveria ser convincente por si mesmo, mas os anunciantes sabem há muito tempo que, para transmitir uma mensagem para o grande público, é preciso usar emoções fortes, mesmo que apenas para ser notado, que dirá para ocupar um lugar na psique nacional. O mesmo pode ser dito em relação à ciência, quer gostemos

1 Cálculo baseado sobre o número numa cidade Y. A elevação é $(2 \div 6) \times 100 = 33\%$.

disso ou não, mas os cientistas raramente recorrem a "ganchos" emocionais para chamar a atenção da mídia e do público. As pessoas podem ler que um novo medicamento representa um grande passo no tratamento de determinada doença, mas a informação será rapidamente esquecida a menos que a notícia cause uma reação visceral, evocando sentimentos como os de temor por si mesmo ou comiseração por outrem.

Os ganchos emocionais mais usados pelos que consideram os produtos químicos perigosos, e desejam mostrar que eles só trazem problemas, são de três tipos: os que se relacionam a indivíduos e suas famílias; os que dizem respeito a nós como membros de uma comunidade mais ampla; e os que sugerem que o mundo em geral está sob ameaça.

Um artifício comum do primeiro tipo é sugerir uma ameaça a um grupo altamente vulnerável com o qual somos naturalmente solidários, como bebês, lactantes e crianças pequenas. Ameaças à fertilidade também despertam nos homens o temor de se tornarem estéreis, ou, nas mulheres, de darem à luz um bebê doente. Na outra ponta da jornada da vida há o medo de morrer, e naturalmente as pessoas preocupam-se quando lêem sobre coisas que causam doenças do coração ou câncer. Finalmente, há as advertências sobre desastres globais por meio de ameaças à biodiversidade ou de mudanças na atmosfera ou nos oceanos. As expressões carregadas de ameaça dos alarmistas, como "chuva ácida", "produtos químicos tóxicos", "substâncias que alteram o sistema endócrino", "alimentos transgênico", "câncer para consumo imediato" e "fertilizantes artificiais" tornaram-se parte de nossa linguagem.

Campanhas cuidadosamente orquestradas podem convencer as pessoas a adotarem atitudes que, com base no senso comum, sabemos levar somente a desastre. Por exemplo, o movimento orgânico gostaria de eliminar todos os fertilizantes e pesticidas agroquímicos, mas isso significaria dedicar quase toda a terra fértil do planeta à produção de alimentos para os homens, ou milhões morreriam de inanição. Esses produtos químicos tornaram possível cultivar *quatro* vezes mais alimentos numa fazenda do que seria possível com métodos agrícolas orgânicos. Além disso, eles geram benefícios ambientais que raramente são mencionados. Assim, um hectare de terra pode sustentar 20 pessoas, em vez de apenas cinco, e os três outros hectares de terra podem ser deixados intactos para que nós e a vida selvagem os desfrutemos.

Em síntese: quando confrontado com notícias claramente baseadas em *press releases*, você deveria ignorar quaisquer resultados

1. apresentados na forma de gráfico, a menos que este inclua a origem;
2. que não incluam a margem de erro;

3. que se baseiem apenas numa amostra pequena, ou numa amostra cujo tamanho não é revelado;
4. que sejam apresentados somente na forma de porcentagens;
5. que apelam para nossas emoções;
6. que usam uma linguagem vaga, com palavras e expressões como "poderiam estar associados a", "acredita-se que", "parecem mostrar", ou que citam grupos vagos, como "os médicos estão convencidos de que", "atualmente os cientistas acreditam" etc.

Todos os comentários anteriores são simplesmente uma advertência para que se examinem com mais cuidado as opiniões daqueles que parecem bem-intencionados, mas podem na realidade ser quimiofóbicos disfarçados. As campanhas bem-sucedidas que eles moveram contra produtos químicos teriam parecido inacreditáveis em gerações anteriores, mas eles vêm ganhando em eficiência e influência, a ponto de mudar a lei em certos países. De fato, na Europa, logo será obrigatório testar a segurança de todos os produtos químicos, inclusive os que já foram usados de maneira segura por até uma centena de anos. Isso terá um preço não apenas monetário; além de custar a vida de milhões de animais de laboratório, poderá também custar à Europa sua indústria química, com a perda de milhões de empregos.

Numa era em que os sentimentos são considerados mais importantes que o pensamento racional, é fácil se deixar levar pela emoção, mas embora se possa desafiar a razão com a emoção, no fim nem mesmo as emoções podem desafiar as leis da química. Em *Vaidade, vitalidade, virilidade*, tentei ser tão objetivo quanto possível ao examinar os cerca de 30 produtos sobre os quais você leu, buscando apontar seus inconvenientes assim como seus benefícios, mas sei bem que alguns leitores terão se perguntado se esses produtos químicos de nosso cotidiano são realmente seguros. Você pode ter até suspeitado de que eles poderiam estar afetando sua saúde, talvez com algum efeito de longo prazo que ainda não avaliamos. Alguns podem se perguntar se deveríamos adotar sempre o princípio da precaução, isto é, havendo alguma dúvida sobre um novo produto químico, é melhor não utilizá-lo até termos certeza de que não terá nenhum efeito pernicioso.

A maioria de nós vive em áreas urbanas, em que o ar que respiramos contém alguns vapores nocivos; tomamos a água apenas filtrada, que nos dizem não ser de todo saudável; e comemos alimentos processados, que alguns rejeitam como insalubres por causa dos aditivos que contêm ou da maneira como são processados. Há um pouco de verdade, mas apenas um pouco, em todas essas alegações. Há pessoas, no entanto, que acreditam que hoje todas as coisas estão intensamente poluídas com produtos químicos artificiais, e a seriedade de sua preocupação pode ser julgada pelos grandes esforços que fazem para evitar esses produtos. Espero que *Vaidade, vitalidade, virilidade* as tenha tranqüilizado com respeito a alguns deles, ou pelo menos mostrado que, se representam algum risco, vale a pena corrê-lo, por conta do risco superado pelos benefícios que proporcionam.

Nos últimos 25 anos do século XX, muitos livros sugeriram que os aditivos alimentares eram uma importante causa de doenças humanas, sobretudo cânceres. As informações tranqüilizadoras de que essas substâncias haviam sido testadas (e consideradas seguras) eram rebatidas com sugestões de que efeitos de "longo prazo" não podiam ser avaliados dessa maneira, e que certamente o melhor seria proibi-las por completo. Quando se mostrava que traços de toxinas naturais presentes nos alimentos são carcinógenos comprovados, e que não era possível proibi-los, descartava-se esse argumento alegando que a exposição humana a eles nos dera algum tipo de proteção, presumivelmente com base na hipótese de que as pessoas suscetíveis teriam sido eliminadas por um milhão de anos de evolução. Faz algum sentido.

Mas a verdade é que, natural ou artificial, veneno é veneno, e não se demorou muito a começar a testar remédios naturais da mesma maneira que os odiados aditivos químicos. Em conseqüência, ervas como o confrei foram proibidas e divulgaram-se advertências sobre o mal que podia ser feito à saúde por muitos remédios tradicionais ou da medicina chinesa, para não mencionar o perigo de se tomar café demais, comer carne de churrasco ou frituras.

Com alguma malícia, poderíamos até tentar virar a discussão pelo avesso. Suponha que os aditivos que acrescentamos aos alimentos com a finalidade, digamos, apenas de lhes dar cor, estivessem de fato *prevenindo* ativamente doenças, talvez estimulando nosso sistema imune ou até atacando patógenos invasores. Isso parece tão provável (ou improvável) quanto a tese de que eles debilitam nosso sistema imune e/ou causam doença. Não temos prova alguma nem de uma coisa nem de outra, você pode pensar. Mas a verdade é que, quando alguns aditivos foram submetidos a testes, alguns roedores usados como cobaias apresentaram *menor número* de cânceres. (Essa descoberta não foi parar nas manchetes, é claro.) Em conseqüência, é perfeitamente possível que gorduras trans, como o ALC, na realidade protejam contra o câncer de mama, como sugerimos no Capítulo 2.

É claro que, depois que se acusa algo de ser uma ameaça, é quase impossível provar que é seguro. Provar uma negativa é tão difícil como provar que se é inocente quando acusado de um crime. Em todas as sociedades civilizadas, cabe ao acusador o ônus da prova, mas quando a emoção domina, como no tempo da caça às bruxas, a atitude oposta prevalece.

Diante disso, o que deveríamos fazer? Certamente precisamos deixar de julgar um produto químico culpado meramente porque alguém o acusou, e pelo menos pedir ao *acusador* que apresente provas da culpa. Especulação apenas não basta, embora ela tenha condenado muitas substâncias úteis no passado. A prova tradicional da dedução lógica, baseada em dados científicos significativos, é o mínimo que deveríamos esperar antes de nos lançarmos em alguma campanha pela proibição de um produto químico. É possível até que já tenhamos proibido uma substância química cujo efeito de "longo prazo" poderia ter sido o de nos proteger contra o mal de Alzheimer na velhice. Isto é muito improvável, mas logicamente não é mais insensato do que supor que produtos químicos rigorosamente testados e usados com segurança durante décadas possam conter algum perigo oculto que ainda desconhecemos.

Este posfácio é realmente minha tentativa de convencer aqueles quimiocéticos entre vocês, e talvez até levar os quimiofóbicos a fazer uma pausa para pensar. Eles vêem todos os produtos químicos como ameaças, e estão portanto condenados a viver num mundo inseguro, de medos ocultos, talvez até imaginando que uma única molécula artificial pode ser o bastante para desencadear um câncer ou uma doença do coração. Para eles, e provavelmente são muitos os que pensam assim hoje em dia, a pitada diária de substâncias químicas presente na comida, na água e no ar é a causa de todos os seus males.

Há cerca de 30 anos, têm ocorrido desenvolvimentos que solapam a abordagem científica do conhecimento: o crescimento da mídia e sua fome de notícias, que, é claro, não são maus em si, mas se tornam uma ameaça quando usados por grupos de interesses especiais, sobretudo por aqueles movimentos que se opõem à indústria química. O resultado foi uma mudança radical do modo como os benefícios da química são percebidos pelo público. Talvez todas as ciências que obtêm sucesso e avançam com excessiva rapidez estejam fadadas a provocar uma reação como essa, porque o mesmo aconteceu com a indústria nuclear e acontece atualmente com as indústrias da biotecnologia. Isso ainda está por acontecer com as indústrias eletrônicas e das comunicações, embora a possibilidade orwelliana da monitoração permanente dos movimentos de todas as pessoas possa levar em breve a uma reação nesse campo.

Gostaria de encerrar este livro com algumas idéias gerais acerca da química, para assegurar-lhes mais uma vez que sua saúde não está sendo incessantemente minada pelos produtos da indústria química.

O câncer é um risco, mas esse risco pode ser baixo a ponto de merecer ser ignorado

Os produtos químicos que causam câncer em ratos de laboratório especialmente criados têm pouca probabilidade de causar câncer em seres humanos. Muitas das drogas empregadas nas quimioterapias para o câncer seriam classificadas como "produtos químicos cancerígenos" com base em testes desse tipo, mas são utilizadas porque são tão boas em atacar cânceres primários que o risco mínimo de causarem um novo câncer não merece consideração quando se trata de salvar uma vida.

"Efeito coquetel" é algo que não existe em se tratando de produtos químicos

Os quimiofóbicos acreditam que, no ambiente mais amplo, os produtos químicos têm efeitos sinérgicos uns sobre os outros: em outras palavras, eles reforçam seus respectivos efeitos. Isso é freqüentemente denominado "efeito coquetel", por analogia com o maior poder que, segundo se acredita, as bebidas alcoólicas teriam quando misturadas (mesmo no caso do álcool, essa crença é infundada). O efeito coquetel pode acontecer, e sabemos que adoçantes artificiais combinados produzem um efeito mais forte do que quando usados isoladamente, e o mesmo se aplica a analgésicos. Mas o que é verdade quando falamos de produtos químicos relacionados que atuam sobre um grupo de receptores, quer ele esteja na língua ou no cérebro, não se aplica a produtos químicos não relacionados presentes no ambiente, sobretudo quando foram testados, e nenhum "efeito coquetel" desse tipo foi registrado. Os produtos químicos presentes no ambiente podem se somar para produzir um efeito, mas eles não *multiplicam* esse efeito.

Produtos químicos sintéticos alteram o sistema endócrino muito menos que as imitações de hormônio que as plantas produzem

É claro que há algumas drogas que têm o objetivo de agir dessa maneira — entre as quais a mais conhecida é a pílula anticoncepcional —, mas elas são especificamente projetadas para isso. Substâncias químicas que alteram o sistema endócrino (imitando ou antagonizando o estrogênio) são naturalmente abundantes no ambiente (entre elas, a soja é uma das mais potentes). As plantas produzem-nas em grande escala para se protegerem contra insetos predadores, mas seu efeito sobre seres humanos é muito pequeno. Mesmo assim, os agentes naturais que perturbam o sistema endócrino são muito mais potentes que os produtos químicos ambientais sintéticos. Por exemplo, um copo de vinho tinto contém 99,99% dos agentes perturbadores do sistema endócrino consumidos numa refeição constituída de três pratos. Aliás, ainda não está claro que o 0,01% restante se deva a resíduos de pesticidas no resto da refeição; é possível que também essa pequena porcentagem se deva a substâncias químicas naturais.

Chegamos a este mundo dotados de um maravilhoso sistema desintoxicante que nos protege diariamente contra milhares de toxinas naturais

O metabolismo humano evoluiu de tal maneira que podemos desintoxicar substâncias químicas indesejadas e potencialmente nocivas presentes nos alimentos que ingerimos, desde que não sobrecarreguemos nosso corpo com elas. As células vivas também desenvolveram maneiras rápidas de reparar qualquer dano que lhes seja causado. Quando se fala sobre produtos químicos, no entanto, o pressuposto comum é que nenhuma dose, por mínima que seja, deixa de ter efeitos nocivos. Essa idéia é errônea e sabemos que há um limiar abaixo do qual nossos mecanismos excretores são capazes de atuar com segurança.

Os métodos analíticos atuais permitem-nos detectar concentrações extremamente baixas de substâncias químicas

Alguns produtos químicos estão presentes em certos meios em quantidades tão minúsculas que têm de ser medidos em partes por trilhão (p.p.t.), o que é equivalente a um *segundo* em 30 mil anos. Os que são medidos em partes por bilhão (p.p.b.) ainda são muito poucos, pois 1p.p.b. é equivalente a um segundo em 30 anos. Mesmo uma parte por milhão (1p.p.m.) é algo muito pequeno, que corresponde a um segundo em 12 dias. Apesar disso, ainda é possível fazer com que mesmo essas quantidades ínfimas pareçam ameaçadoras. Assim, se eu estivesse empenhado em provar que o produto químico Z representa uma ameaça perigosa, em vez de dizer que ele foi medido no leite materno na proporção de apenas 0,1p.p.m., eu diria que foi medido na alarmante proporção de 100p.p.b.

Por fim, uma palavra para qualquer jovem que esteja lendo este livro e que possa estar contemplando uma carreira na química e na indústria química: junte-se a nós. A química é uma ciência que entusiasma, e o faz cada vez mais à medida que a biologia molecular e a nanotecnologia recaem em sua alçada. Em *Vaidade, vitalidade, virilidade*, tentei mostrar que os químicos podem realizar maravilhas, embora ainda não possamos fazer milagres. Os maiores desafios que o mundo enfrenta neste século consistem em continuar a desfrutar todos os produtos da indústria química, mas passando a produzi-los a partir de fontes renováveis, e em disseminar seus benefícios à população do mundo todo, não apenas à das sociedades desenvolvidas. A química é capaz de suspender a ameaça da doença, da desnutrição e da pobreza que paira sobre cada habitante deste planeta, e de fazê-lo sem saquear a Terra. Isso é viável, mas exigirá jovens inteligentes e empenhados. A química é uma ciência difícil, e os que a escolhem como profissão merecem nossa admiração, e não a desconfiança injustificada que fez tantas pessoas desistirem de estudá-la nos últimos 25 anos. Perdemos uma geração de apoio, mas o mundo não pode se dar ao luxo de perder mais uma, sob pena de uma nova Idade das Trevas estar realmente prestes a raiar.

Glossário

Ácidos e álcalis comumente encontrados

pH	Substâncias típicas	Ácido ou álcali responsável
0*	reagente químico	ácido sulfúrico concentrado
1	ácido estomacal, ácido de bateria	ácido hidroclórico diluído e ácido sulfúrico diluído, respectivamente
2	suco de limão	ácido cítrico
3	vinagre	ácido acético
4	suco de tomate	ácido ascórbico (vitamina C)
5	cerveja, água da chuva	ácido carbônico (H_2CO_3)
6	leite	ácido lático
7	sangue	condições neutras
8	água do mar	carbonato de cálcio dissolvido
9	solução de bicarbonato	carbonato de hidrogênio de sódio em água
10	leite de magnésia	hidróxido de magnésio em água
11	amoníaco doméstico	solução de amoníaco em água
12	cal de jardim	pó de hidróxido de cálcio
13	limpador de bueiro	solução de hidróxido de sódio
14	soda cáustica	solução concentrada de hidróxido de sódio

* Há alguns ácidos muito fortes com valores de pH negativos, mas não os encontramos na vida cotidiana.

Ácidos graxos. São compostos que consistem em uma cadeia de hidrocarboneto com um grupo ácido (CO_2H) no final. Para ser um ácido graxo a cadeia deve ter muitos átomos de carbono, embora alguns autores incluam até cadeias curtas de um, dois ou três carbonos nessa categoria. Os ácidos graxos mais conhecidos são o palmítico e o esteárico, com 16 e 18 carbonos respectivamente (incluindo o carbono do grupo ácido). As cadeias de carbono podem ser inteiramente ligadas com ligações simples entre os átomos de carbono ao longo delas, caso em que são chamadas de ácidos graxos *saturados*, ou podem conter uma ou mais ligações duplas, caso em que são chamadas, respectivamente, ácidos graxos monoinsaturados e poliinsaturados, respectivamente. Ver também triglicerídios.

Pode-se ver o efeito da estrutura molecular sobre as propriedades físicas comparando os pontos de fusão de três tipos de ácidos graxos de 18 carbonos: o ácido esteárico, que é saturado, funde-se a 72°, ao passo que o ácido elaídico, que tem uma ligação dupla trans na metade de sua cadeia, funde-se a 44°; já o ácido oléico, que tem uma ligação dupla cis na metade de sua cadeia, é um óleo à temperatura ambiente e quando solidificado derrete-se a 13°.

Alfa-hidroxiácido (AHA). O termo designa um arranjo molecular em que um átomo de carbono prendeu-se tanto a um grupo ácido carboxílico (CO_2H) quanto a um grupo hidróxi (OH). Uma visão alternativa de um AHA explica o nome: ela vê o ácido carboxílico como o componente-chave; o átomo de carbono preso a ele é assim chamado por causa do carbono alfa, e é nele que o grupo hidróxi se localiza. (Um beta-hidroxiácido (BHA) tem o grupo hidróxi situado a dois carbonos de distância.)

Há dois outros átomos presos ao átomo de carbono alfa, e é por isso que há muitos AHAs possíveis, embora somente alguns sejam comercialmente importantes. O AHA mais simples é o ácido glicólico, também conhecido como ácido hidroxiacético ou ácido hidroxietanóico. Sua fórmula é $HOCH_2CO_2H$, e os outros dois átomos presos ao carbono alfa são meramente átomos de hidrogênio.

O ácido lático é também uma molécula relativamente simples em que um hidrogênio e um grupo metil (CH_3) estão presos ao carbono alfa. Isso introduz, no entanto, uma dimensão extra, porque duas estruturas moleculares são possíveis; estas são imagens espelhadas uma da outra, isto é, um arranjo esquerdo e um arranjo direito — ver quiralidade. Essas duas outras formas são conhecidas como ácido D-lático e ácido L-lático, onde D representa *dexter*, "direito" em latim, e L representa *laevus*, "esquerdo". O ácido lático industrialmente produzido é em geral uma mistura das formas D e L, mas nas coisas vivas uma delas tende a dominar; o corpo humano produz sobretudo ácido lático L, que está presente no sangue, nos músculos, no fígado, nos rins e em outros órgãos.

Outros AHA naturais são mais complexos em termos dos dois grupos presos ao carbono alfa. O ácido cítrico tem mais dois grupos ácidos, na forma de CH_2CO_2H, com três agrupamentos ácidos no total. O menos comum, ácido málico, tem um grupo CH_2CO_2H e um átomo de hidrogênio preso a seu carbono alfa. O ácido mandélico tem um grupo benzeno e um átomo de hidrogênio preso a seu carbono alfa. O ácido tartárico consiste, de fato, em dois ácidos glicólicos unidos nos carbonos alfa.

Aminoácidos. São os tijolos que formam as proteínas e consistem em um átomo de carbono a que estão ligados um grupo amino (NH_2) e um grupo ácido (CO_2H), com vários outros grupos ocupando os dois outros sítios. O mais simples de todos os aminoácidos, a glicina ($NH_2CH_2CO_2H$), tem dois átomos de hidrogênio presos. Substituindo um desses hidrogênios por um grupo metil (CH_3), temos alanina, uma molécula que pode existir em duas formas que são o espelho uma da outra. A que ocorre naturalmente é a L-alanina — ver também quiralidade.

Cerca de 200 tipos de aminoácidos são encontrados na natureza, e a proteína humana tem 22. Dez deles são chamados aminoácidos essenciais porque, como o corpo não é capaz de produzi-los, são parte essencial de nossa alimentação.

Ceras. São predominantemente hidrocarbonetos; em outras palavras, consistem em moléculas com cadeias de átomos de carbono a que estão ligados apenas átomos de hidrogênio, embora eles possam ter um grupo ácido (CO_2H) ou um grupo álcool (OH) no fim da cadeia. As cadeias de hidrocarboneto são compostas de grupos CH_2 ligados entre si, e, à medida que ficam mais longas, as propriedades mudam de gases para líquidos e para sólidos céreos. São usados em pomadas, substâncias para polir e velas.

As plantas e os animais produzem ceras porque os hidrocarbonetos repelem a água e oferecem proteção contra desidratação e ataque de micróbios. É mais conveniente para a natureza fazer ceras ligando cadeias de hidrocarbonetos, e estas são formadas de ácidos graxos com cadeias longas entre 18 e 28 carbonos. Um ácido graxo típico encontrado em ceras é o ácido cretóico, que consiste em uma cadeia de hidrocarbonetos de 25 átomos de carbono com um grupo ácido (CO_2H) no final, isto é, $C_{25}H_{51}CO_2H$. Embora os ácidos graxos alimentares mais comuns, como o ácido palmítico $C_{16}H_{33}CO_2H$, sejam líquidos, também podem ser a base de uma cera quando uma segunda cadeia longa de hidrocarbonos está ligada ao grupo ácido para formar um éster.

Algumas ceras são alcoóis de cadeia longa; por exemplo, o álcool de cera de carnaúba tem 24 átomos de carbono em sua cadeia e o grupo álcool OH preso numa extremidade, isto é, $C_{24}H_{49}OH$. Os alcoóis de cadeia longa com cadeias menores são líquidos, como o álcool estearoll, $C_{17}H_{35}OH$, e o hexadecanol, $C_{16}H_{33}OH$, mas novamente isso não impede que sejam céreos se forem parte de um éster. De fato, as ceras naturais são em sua maior parte ésteres; por exemplo, a miricina da cera de abelha é um éster de ácido palmítico e tem a fórmula $C_{15}H_{31}CO_2C_{31}H_{63}$.

Compostos quaternários de amônio. São derivados do íon simples de amônio, NH_4^+. Este é uma molécula de amoníaco (NH_3) que pegou um íon hidrogênio H^+, algo que está inclinado a fazer sempre que encontra um ácido. Entre um e quatro dos hidrogênios podem ser substituídos por componentes orgânicos ligados ao nitrogênio por um átomo de carbono, e essas moléculas são conhecidas como compostos quaternários de amônio. Como teoricamente há centenas de grupos orgânicos simples que podem ser ligados assim, há milhões desses compostos, embora apenas alguns sejam comercialmente importantes (ver Capítulo 5).

EDTA. É a abreviatura de ácido etilenodiaminotetracético. Essa molécula consiste em um agrupamento nuclear de N-CH_2-CH_2-N, com dois grupos de ácido acético (-CH_2CO_2H) ligados a cada nitrogênio. Alguns desses quatro grupos ácidos podem ser neutralizados para tornar o EDTA mais solúvel.

Éster. É o nome dado ao produto formado a partir de um ácido e um álcool. Se o ácido for RCO_2H (em que R pode ser qualquer grupo orgânico) e o álcool for R'OH (onde novamente R' pode ser qualquer grupo orgânico), o éster formado a partir deles será RCO_2R'. (O outro produto da reação é H_2O.) Os ésteres geralmente têm um cheiro forte e atraente, estando na origem dos aromas de muitas frutas.

Glicerina e glicerol. São nomes para uma mesma substância química simples, comum na natureza, que constitui um importante recurso da indústria química e um subproduto da fabricação de sabão e da produção de ácidos graxos. A glicerina, cuja produção global já excede seis milhões de toneladas por ano, é usada em alimentos, cosméticos e lubrificantes, ao passo que a indústria a converte em polímeros, plastificantes e explosivos. Sua fórmula química é $C_3H_8O_3$ e ela é de fato um álcool triplo com uma cadeia de três átomos de carbono, a cada um dos quais está ligado um grupo álcool (OH), de modo que sua fórmula molecular é mais bem escrita como $CH_2(OH)CH(OH)CH_2OH$; seu nome químico sistemático é propan-1,2,3-triol. As gorduras e os óleos, chamados triglicerídios, são derivados de glicerol.

Ligação ou ponte de hidrogênio. É uma forma fraca de interação química, mas, apesar disso, desempenha um papel crucial em todos os seres vivos, determinando até mesmo a estrutura das proteínas e do próprio DNA. A ponte de hidrogênio explica por que a água é líquida e o gelo flutua. O tipo mais importante de ponte de hidrogênio é a que ocorre entre dois átomos de oxigênio, um dos quais deve ter um átomo de hidrogênio ligado. Esse hidrogênio é então atraído para um outro oxigênio e forma-se uma ponte de hidrogênio, representada na química como O-H...O, em que a linha pontilhada indica que a segunda ligação é mais longa e mais fraca. Pontes de hidrogênio podem se formar também entre átomos de nitrogênio e entre um oxigênio e um átomo de nitrogênio, e são estas que mantêm unidas as cadeias do DNA. Embora as pontes de hidrogênio sejam fracas se comparadas às ligações normais, tendo menos de um quarto da energia destas, elas são muitas, e a quantidade compensa a qualidade.

A água é o melhor exemplo do poder da ligação de hidrogênio. A H_2O é uma molécula muito leve, e se poderia esperar que fosse um gás à temperatura ambiente, como ocorre com o sulfeto de hidrogênio (H_2S), que tem duas vezes o seu peso. No entanto, a água é líquida e não ferve até atingir a temperatura relativamente alta de 100° (o H_2S ferve a menos 60°). Na água, as moléculas de H_2O formam três ligações de hidrogênio com moléculas de água circundantes, ao passo que no gelo formam quatro, e isso resulta numa estrutura de treliça mais aberta que é na verdade menos densa que o líquido. Em conseqüência, ao congelar-se a água se expande, em vez de contrair-se como a maioria dos outros líquidos, e isso significa que flutua em vez de afundar.

Ligações duplas. São mais fortes, mais curtas e mais rígidas que ligações simples, porém também mais reativas. Uma ligação simples é formada entre dois átomos quando eles partilham dois elétrons. Numa ligação dupla, eles partilham quatro elétrons. (Uma ligação tripla envolve seis elétrons.) A rigidez de uma ligação dupla significa que os átomos ou grupos presos a cada extremidade podem se localizar no mesmo lado da ligação dupla ou em lados diferentes. No primeiro caso tem-se um arranjo cis e no segundo um arranjo trans.

Nano. Como em *nano*tecnologia e *nano*escala, é baseado no nanômetro, unidade de comprimento que representa um bilionésimo do metro, isto é, 10^{-9} metro. Os átomos geralmente têm um raio de 0,1 a 0,2 nanômetro, e as dimensões do mundo das moléculas são da nanoescala. Atualmente é possível trabalhar com coisas desse tamanho, e desenvolvem-se pesquisas em todos os laboratórios de química do mundo para fazer aparelhos de tamanho nano com o objetivo final de criar nanomáquicas e até nanocomputadores.

Óleos naturais. Consistem em ácidos graxos, ésteres graxos ou ambos. Um óleo comumente usado é o óleo de rícino, extraído das sementes da mamoneira (*Ricinus communis*). Nesse caso, o principal componente é um ácido graxo bastante incomum, o óleo ricinoléico, que tem uma cadeia de 18 átomos de carbono com um grupo hidróxi no 12º carbono. Ele tem também uma ligação dupla entre os carbonos 9 e 10. Ésteres de ricinoléico são usados em todo tipo de cosmético, e o próprio ácido pode também ser modificado mediante mudanças no grupo hidróxi. A versatilidade desses derivados é tamanha que eles são usados em hidratantes, desodorantes, óleos capilares, colorantes, perfumes e até esmaltes de unha (caso em que conferem certo grau de maleabilidade ao verniz seco, evitando que rache facilmente).

A lanolina é uma mistura de ésteres à base de 36 ácidos graxos combinados com 33 cadeias longas de alcoóis.

Osmose. O termo designa a passagem de um solvente (geralmente água) por uma membrana semipermeável que separa duas soluções de concentração diferente. A membrana precisa ter poros pequenos o suficiente para dar passagem a moléculas solventes, mas não às coisas que estão dissolvidas nela. O solvente passará do lado menos concentrado para o lado mais concentrado, de modo a tornar iguais as concentrações em ambos os lados da membrana, ponto em que a osmose cessa. Aplicando-se pressão no lado mais concentrado, é possível evitar a osmose; essa pressão é chamada pressão osmótica. Se uma pressão ainda maior for aplicada, ocorrerá a osmose inversa, com o solvente retirando-se da solução mais concentrada. Esse método é usado em algumas estações de dessalinização com o intuito de produzir água doce a partir da água do mar, e requer pressões de mais de 25 atmosferas.

pH. É o termo usado para descrever acidez e alcalinidade; trata-se de fato de uma medida da concentração da espécie iônica molecular H_3O^+ (muitas vezes escrita apenas como H^+), que é o composto ativo formado por ácidos quando eles reagem com água. A concentração desse íon pode variar tão amplamente que uma escala especial, conhecida como pH, é necessária para medi-la. O pH é uma escala logarítmica em que essa concentração é expressa em termos de potências negativas de dez. Por exemplo, em água neutra, a concentração de H_3H^+ é muito baixa, apenas 10^{-7} íons por litro, e seu pH é definido como 7. No que diz respeito aos ácidos, a escala de pH é uma escala inversa: em outras palavras, quanto mais baixo o número do pH, mais forte o ácido. A acidez normal varia de 1 (a mais forte) a 7 (água neutra) e, sendo logarítmica, significa que um ácido de pH 1 tem um milhão de vezes mais H_3O^+ que água neutra de pH 7.

A escala de pH pode ser estendida também para abranger condições alcalinas de 7 a 14, em que OH^- predomina e a concentração de H_3O^+ cai por um fator adicional de um milhão. A variação total de pH de 1 a 14 representa uma diferença de acidez de um *milhão de milhão* de vezes. No entanto, materiais com que lidamos em nossa vida cotidiana abrangem a variação total.

Polimerização de radicais livres. Para promover a polimerização de moléculas duplamente ligadas é necessário acrescentar-lhes um elétron. Faz-se isso pondo-as em contato com um radical livre, ou com uma molécula que gere facilmente esses radicais. O radical livre passa seu elétron livre para a ligação dupla de um monômero, transformando com isso essa molécula num radical livre, que pode então reagir com outra molécula monômera de uma maneira que as une; mas isso ainda deixa o produto com o elétron livre, que pode então atacar um outro monômero, e assim por diante. A molécula mais simples a sofrer essa reação é o etileno (nome oficial, eteno), e o produto é o polietileno (também conhecido como polieteno ou politeno). Em termos químicos, o processo é

$CH_2{=}CH_2 + CH_2{=}CH_2 \rightarrow -CH_2-CH_2-CH_2- \rightarrow (-CH_2)_n -$

onde n pode chegar a milhões.

Depois de iniciada a polimerização, os polímeros continuam a crescer até perderem o elétron livre ou se combinarem com outro radical livre, quando os dois elétrons se unirão para formar um par de elétrons não reativo. A extensão da polimerização pode ser controlada pela quantidade de radicais livres usados como iniciadores; quanto menos numerosos forem, mais longas tenderão a ser as cadeias polímeras.

Polímeros. São moléculas em que há uma longa cadeia de átomos com a mesma unidade que se repete. O mais simples é o polietileno, em que a cadeia consiste apenas em átomos de carbono com hidrogênios ligados; em outras palavras, é -CH_2-CH_2-CH_2-, e assim por diante, *ad infinitum*, ou pelo menos cerca de um milhão de vezes. Como seu nome sugere, o polietileno é feito de muitos etilenos (o prefixo *poli* deriva do grego *polloi*, que significa "muitos"); o etileno é a molécula básica a partir da qual ele é construído e é chamada monômero (mono vem do grego *monos*, que significa "único"). O etileno é mais apropriadamente chamado eteno; tem a fórmula química CH_2=CH_2, e sua ligação dupla pode ser trocada por duas ligações simples com outros átomos de carbono, ligando-o assim a outros etilenos num processo de polimerização que produz as cadeias longas.

Os polímeros podem ser feitos de todos os tipos de monômeros, alguns sendo simplesmente derivados de etileno com um outro átomo ou grupo de átomos substituindo um ou mais de seus átomos de hidrogênio. Por exemplo, se a molécula etileno tiver um átomo de cloro ligado, o produto polímero será PVC, cloreto de polivinil. Esse nome vem do monômero CH_2=CHCl, conhecido na indústria como cloreto de vinil, a palavra vinil sendo o antigo nome para o agrupamento de átomos CH_2=CH. Se esse polímero fosse descoberto hoje, seria quase certamente chamado PCE, abreviatura de policloroeteno.

O ácido poliacrílico, mencionado no Capítulo 6, é feito do monômero de fórmula CH_2=CH-CO_2H, mas se parte do ácido tiver sido neutralizada para o sal de sódio CH2=CH-CO_2Na, o produto é chamado poliacrilato. A mistura é polimerizada pelo chamado mecanismo de radical livre, e isso requer a adição de um iniciador de radical livre. O agente de hábito usado para polimerizar ácido acrílico são íons persulfato, cuja ação é desencadeada pelo aquecimento ou pela adição de tiossulfato de sódio.

Polímeros de hidrocarbonetos. Os monômeros a partir dos quais são feitos os hidrocarbonetos elásticos são o isobutileno, o butadieno, o isopreno e o estireno. Cada uma dessas moléculas simples tem a necessária ligação dupla que lhe permite emparelhar-se para formar polímeros.

O isobutileno tem dois grupos metil (CH_3) em um dos átomos de carbono de uma ligação dupla, e o produto de sua polimerização é PBI (abreviatura de polissobutileno). O butadieno tem duas ligações duplas com átomos de hidrogênio ligados, e é expresso por CH_2=CH-CH=CH_2. Quando essas moléculas se ligam, apenas uma ligação dupla é necessária para o processo, o que significa que o polímero que se forma ainda tem ligações duplas ao longo de sua espinha dorsal

CH_2=CH-CH=CH_2 + CH_2=CH-CH=CH_2 $\rightarrow$

-CH_2-CH=CH-CH_2-CH_2-CH=CH-CH_2-

O isopreno também tem duas ligações duplas; de fato, ele é butadieno com um grupo metil ligado a um dos carbonos medianos, e seu nome químico correto é 2-metilbuta-1,3-dieno. Quando isto também se polimeriza, forma um polímero que conserva uma das ligações duplas. De fato as coisas são um pouco mais complicadas, pois o isopreno pode dar dois tipos de polímero, chamados cis-poliisopreno e trans-poliisopreno, o que depende do processo de polimerização e é definido pela maneira como a cadeia é arranjada no sítio da ligação dupla.

A forma cis é obtida quando a seiva da seringueira polimeriza e revela-se elástica e macia, ao passo que a variedade trans é obtida da seiva da árvore *Palaquium oblongifolia*, que dá a guta-percha; esta é muito mais dura porque as moléculas de polímeros trans podem se comprimir mais densamente do que as moléculas de polímeros cis.

O estireno tem um anel de benzeno preso a um dos carbonos da ligação dupla do etileno, e seu polímero, o polistireno, pode ser usado para fazer todo tipo de material plástico. Quando estireno e butadieno são polimerizados juntos, o copolímero resultante, SBR (abreviatura de borracha estireno butadieno), é elástico e encontra amplo uso — ver Capítulo 6.

Quiralidade. É o termo usado para descrever o fenômeno de estrutura molecular em que duas moléculas têm exatamente o mesmo número de átomos, arranjados e ligados exatamente da mesma maneira, mas não são idênticas porque uma é a imagem espelhada da outra. Essa situação surge sempre que há numa molécula um átomo de carbono que faz ligações com quatro diferentes átomos ou grupos. Há então uma forma esquerda e uma forma direita da molécula, mais corretamente descritas como um par de enantiômeros, ou um par quiral. O termo mais antigo para esse fenômeno era "isômeros ópticos", por causa das diferentes maneiras como interagiam com a luz, e era assim que podiam ser distinguidos.

Atualmente, os químicos usam os símbolos R e S — mais uma vez baseados em direita e esquerda, neste caso a partir das palavras latinas *rectus* e *sinister* —, os quais identificam exatamente a qual das duas formas da molécula está se referindo. A atribuição de R ou S depende, na natureza dos grupos presentes, ao passo que os termos usados anteriormente, D (de *dexter*, direito) e L (de *laevus*, esquerdo) eram simplesmente relativos um ao outro, não se podendo presumir que o D no antigo sistema será R no novo. Os termos mais antigos e há muito estabelecidos continuam ainda em uso, contudo, nas ciências da vida e nas ciências médicas.

Se parece espantoso que duas moléculas com exatamente os mesmos átomos unidos pelas mesmas ligações possam ser realmente diferentes, basta que olhemos para nossas próprias mãos para termos uma explicação. Cada mão tem um polegar, um dedo indicador, um dedo do meio, um anular e um dedo mínimo, todos ligados à palma e todos arranjados na mesma ordem. No entanto, as duas são diferentes, fato de que somos lembrados quando tentamos calçar a mão direita na luva esquerda. Assim como só a luva direita calça a mão direita, assim também só uma molécula direita encaixa-se num receptor com determinada forma.

Relações diagonais. Entre grupos adjacentes da tabela periódica, as relações diagonais levam a similaridades químicas que não seria de se esperar. Assim, o lítio é o primeiro elemento do grupo 1, e freqüentemente comporta-se mais como o magnésio, que é o segundo elemento do grupo 2, do que como o sódio, que é o segundo elemento do grupo 1. Observa-se a mesma relação entre o berílio (o primeiro elemento do grupo 2) e o alumínio (o segundo elemento do grupo 3), entre o boro (o primeiro elemento do grupo 3) e o silício (o segundo elemento do grupo 4), e assim por diante, embora o efeito desapareça gradualmente através dos grupos da tabela periódica. A explicação para as relações diagonais é que os átomos em questão são muitas vezes semelhantes em tamanho, e o tamanho muitas vezes determina o comportamento dos átomos.

Radical livre. Trata-se de uma molécula que tem um único elétron não ligado. Como tal, é extremamente reativa, porque esse elétron lhe dá o poder de atacar praticamente qualquer coisa. Podem-se usar radicais livres — para iniciar reações de polimerização, por exemplo —, mas eles geralmente devem ser evitados nos seres vivos porque podem fazer mal.

Os radicais livres atacam rapidamente ligações carbono-hidrogênio, as mais comuns de todas as ligações, presentes em quase todas as moléculas orgânicas, e removem o hidrogênio. Os radicais livres juntam-se também a ligações duplas. Às vezes, dois radicais livres se combinam, com isso emparelhando-se com os dois elétrons e formando uma molécula estável.

O corpo humano move uma guerra interminável aos radicais livres, que são formados quando usamos o oxigênio que inspiramos. Para se proteger contra os danos causados pelos radicais livres, o corpo usa as vitaminas C e E; a primeira é solúvel na água e a segunda é solúvel em gorduras, e juntas são capazes de desativar quase todos os radicais livres com que deparam em praticamente todas as partes do corpo.

Apesar disso, há alguns radicais livres relativamente estáveis, como óxido nítrico (NO), que, como a maioria dos radicais livres, tem um elétron livre, e oxigênio (O_2) que tem *dois* desses elétrons, um em cada átomo de oxigênio. Essas duas moléculas desempenham um papel importante nos seres vivos: ver o Capítulo 3 para a história do NO.

Tamponar, solução tamponada. Uma solução ácida é uma maneira de manter seu pH estável, e faz-se isso adicionando um sal do ácido envolvido. Por exemplo, carbonato de hidrogênio de sódio é acrescentado a ácido carbônico para manter seu pH estável Soluções alcalinas também podem ser tamponadas pela adição de um sal da base a uma base fraca: por exemplo, acrescentar cloreto de amônio a uma solução de hidróxido de amônio manterá seu pH estável.

Os tamponadores são particularmente importantes nos organismos vivos, que podem ser muito sensíveis a mudanças no pH. Muitos processos industriais, como os de tintura e fermentação, também exigem o uso de tamponadores, e a indústria de alimentos usa tamponadores para estabilizar a acidez.

Triglicerídio. Este o nome correto para gorduras e óleos; todos eles são derivados de glicerol, em que um grupo de ácidos graxos está ligado a cada um dos três oxigênios dos três átomos de carbono dessa molécula, desse modo formando éste-

res (ver página 234). Os ácidos graxos podem ser saturados, insaturados, poliinsaturados etc. (ver Capítulo 2 para mais detalhes), e num triglicerídio individual podem ser todos iguais ou diferentes. Conseqüentemente, há muitos triglicerídios possíveis em razão do grande número de modos como três ácidos graxos podem ser selecionados a partir de todos os que se conhecem. Por exemplo, o leite contém mais de 150 triglicerídios quimicamente distinguíveis. As plantas e os animais em geral evoluíram para produzir apenas alguns triglicerídios.
Algumas dessas moléculas de triglicerídios são *isômeras* entre si, o que significa que diferem apenas na ordem em que os ácidos graxos estão ligados aos três átomos de glicerol, C_1-C_2-C_3. Se houver três ácidos graxos diferentes ligados ao glicerol, haverá três possíveis versões dessa molécula, dependendo de que ácido graxo está ligado ao carbono mediano.

Unidades. Na química dizem respeito ao mundo molecular e, portanto, descrevem pequenas quantidades, e estas podem ser relacionadas com a linguagem cotidiana. Assim, *mili* é um prefixo que indica uma milésima parte (numericamente expressa com 10^{-3}); *micro* refere-se a um milionésimo (10^{-6}); *nano* a um bilionésimo (10^{-9}); e *pica* a um trilionésimo (10^{-12}). É difícil visualizar essas quantidades, mas em termos de peso um miligrama é mais ou menos o peso de um grão de areia, e um micrograma o peso de uma partícula de poeira. Um nanograma seria invisível ao olho humano.
Os átomos são tão pequenos que se escolheu uma unidade de peso, o *mol*, definido como o número de átomos em 12g de carbono. Numericamente, isso corresponde a $6{,}022 \times 10^{23}$ átomos, o que por vezes é chamado de número de Avogadro. O peso atômico de um elemento é o peso em gramas do número de seus átomos, e o peso molecular é o total de todos os pesos atômicos de todos os átomos de que uma molécula é composta. Essa quantidade muitas vezes é grande demais para ser útil quando se trata de soluções diluídas, e nesse caso as quantidades usadas são *milimols* (um milésimo de um mol) por litro, ou mesmo *micromols* (um milionésimo de mol) por litro.

Sugestões de leitura

Leitura genérica

ATKINS, P. *The Periodic Kingdom*. Londres: Weidenfeld & Nicolson, 1995.

BAIL, P. *Stories of the Invisible*. Oxford: Oxford University Press, 2001.

____________. *Bright Earth*. Londres: Viking, 2001.

____________. *The Ingredients*. Oxford: Oxford University Press, 2002.

BOWEN, H.J.M. *Environmental Chemistry of the Elements*. Londres: Academic Press, 1979.

BROCK, W.H. *The Fontana History of Chemistry*. Londres: Fontana, 1992.

BÜCHNER, W., R. Schliebs, G. Winter e K.H. Büchel, *Industrial Inorganic Chemistry*, Weinheim, Germany, VCH, 1989.

BUDAVARI, S. (org.). *The Merck Index*, 11ª ed. Rahway, Nova Jersey: Merck & Co., 1989.

DAINTITH, J. e D. Gjertsen (orgs.). *Oxford Dictionary of Scientists*. Oxford: Oxford University Press, 1999.

DIEM, K. e C. Lentner (orgs.). *Scientific* Tables, 7ª ed. Basiléia: Documenta Giegy, 1970.

EMSLEY, J. *Nature's Building Blocks*. Oxford: Oxford University Press, 2001.

EMSLEY, J. e P. Fell. *Was It Something You Ate?*. Oxford: Oxford University Press, 1999.

GRAY, H.B., J.D. Simon e W.C. Trogler. *Braving the Elements*. Sausalito, Califórnia: University Science Books, 1995.

HUNTER, D. *The Diseases of Occupations*, 5ª ed. Londres: Hodder and Stoughton, 1976.
KUTSKY, R.J. *Handbook of Vitamins, Minerals and Hormones*, 2ª ed. Nova York: Van Nostrand Reinhold, 1981.
LANE, N. *Oxygen*. Oxford: Oxford University Press, 2002.
LE COUTEUR, P. e J. Burreson J. *Napoleon's Buttons*. Nova York: Penguin Putnam, 2003. [*Os botões de Napoleão*. Rio de Janeiro, Jorge Zahar, no prelo.]
MARSHALL, P. *The Philosopher's Stone*. Londres: Macmillan, 2001.
MUIR, H. (org.). *Larousse Dictionary of Scientists*. Edimburgo: Larousse, 1994.
QUADBECK-SEEGER, H.-J. (org.). *World Records in Chemistry*, Weinheim, Alemanha: Wiley-VCH,1999.
SAX, N. L. e R.J. Lewis Sr. *Dangerous Properties of Industrial Materials*, 7ª ed. Nova York: Van Nostrand Reinhold, 1989.
SELINGER, B. *Chemistry in the Market Place*, 5ª ed. Sydney: Harcourt Brace Jovanovich, 1998.
________. *Why the Watermelon Won't Ripen in Your Armpit*. St. Leonards, Nova Gales do Sul: Allen & Unwin, 2000.
SNYDER, C.H. *The Extraordinary Chemistry of Ordinary Things*. Nova York: John Wiley & Sons, 1992.
STRATHERN, P, *Mendeleyev's Dream: The Quest for the Elements*. Londres: Hamish Hamilton, 2000. [*O sonho de Mendeleiev*. Rio de Janeiro, Jorge Zahar, 2002.]
WADE, A. (org.). *Martindale, the Extra* Pharmacopoeia. Londres: The Pharmaceutical Press, 1977.
WEEKS, M.E. e H.M. Leicester. Discovery *of the Elements*, 7ª ed. Easton, Pensilvânia: *Journal of the American Chemical Society*, 1968.
WILLIAMS, J.P. e J.J.R. Fraústo da Silva. *The Biological Chemistry of the Elements*. Oxford: Clarendon Press, 1991.
________. *The Natural Selection of the Chemical Elements*, Oxford, Clarendon Press, 1996.

Livros e artigos que abordam de maneira mais aprofundada os temas discutidos nos vários capítulos

Capítulo 1
Vaidade: adeus às rugas!

COTTON, F A. e G. Wilkinson. *Advanced Inorganic Chemistry*, 5ª ed. Nova York: Wiley Interscience, 1988. [Nitreto de boro]
KIMBROUGH, D.R. "The photochemistry of sunscreens", *Journal of Chemical Education*, janeiro de 1997.
PALLINGSTON, J. *Lipstick*. Londres: Simon & Schuster, 1999.
RABER, L. "Self Tanners", *Chemical and Engineering News*, 12 de junho de 2000.
RAGAS, M.C. e R. Kozlowski. *Read My Lips: A Cultural History of Lipstick*. São Francisco: Chronicle Books, 1998.
REISCH, M. "Sunscreens", *Chemical and Engineering News*, 24 de junho de 2002.

ROSCOE, H.E. e C. Schorlemmer. *A Treatise on Chemistry*. Londres: Macmillan, 1920. [Nitreto de boro]

WOODRUFF, J. *Manufacturing Chemist*, mai 1995; mai 1997; jul 1998; jun 1999; jul de 2001.

YOUNG, A. "Sunlight, the skin and sunscreens", *The Biochemist*, fev/mar 1994.

Capítulo 2

Vitalidade: tema para reflexão

ADDISCOTT, T.M., A.P. Whitmore e D.S. Powlson. *Farming, Fertilizers e the Nitrate Problem*. Wallingford, Oxon, CAB International, 1991.

AL-DABBAGH S., D. Forman, D. Bryson, L. Stratton e E.C. Doll. "Mortality of nitrate fertilizer workers", *British Journal of Industrial Medicine*, 1986, vol. 43, p.507.

BELITZ, H.-D. e W. Grosch. *Food Chemistry*. Heidelberg: Springer Verlag, 1987.

CARPENTER, K. *The History of Scurvy and Vitamin* C. Cambridge: Cambridge University Press, 1986.

COULTATE, T. *Food: The Chemistry of its Components*, 4ª ed. Cambridge: Royal Society of Chemistry, 2002.

DAVIES, M.B., J. Austin e D.A. Partridge. *Vitamin* C: *Its Chemistry and Biochemistry*. Londres: Royal Society of Chemistry, 1991.

Dietary Reference Values for Food Energy and Nutrients for the UK. Londres: Dept. of Health, HMSO, 1991.

DRUMMOND, J.C. e A. Wilbraham. *The Englishman's Food*. Londres: Cape, 1939; revisto por D. Hollingworth e publicado por Pimlico, Londres, 1994. [Excelente estudo do escorbuto ao longo das eras.]

Fatty Acids: 7th Supplement to McCance & Widdowson's The Composition of Foods. Cambridge, compilado pelo Ministério da Agricultura, Pesca e Alimentação do Reino Unido, Royal Society of Chemistry, 1998.

FORMAN, D., S. Al-Dabbagh e E.C. Doll. "Nitrates, nitrites and gastric cancer in Great Britain", *Nature*, 1985, vol. 313, p.620.

GOERTZEL, T. e B. Goertzel. *Linus Pauling*. Nova York: Basic Books, 1996.

L'HIRONDEL, J.-L. "Dietary nitrates pose no threat to human health", *Environmental Health*, capítulo 6. Londres: Butterworth-Heinemann, 1999.

L'HIRONDEL, J. e J.-L. L'Hirondel. *Nitrate and Man: Toxic, Harmless, or Beneficial?*. Wallingford, Oxon: CABI Publishing, 2002.

MARTIN, C. "TFAs — a fat lot of good?", *Chemistry in Britain*, outubro 1996, p.34.

SANDERS, T. *Dietary Fats*. Londres, 1994. [Um *briefing* de 54 páginas produzido para a Autoridade de Educação em Saúde do Reino Unido.]

SMIL, V. *Enriching the Earth: Fritz Haber, Carl Bosch and the Transformation of World Food*. Boston: Massachusetts: MIT Press, 2001.

WILSON, W.S., A.S. Ball e R.H. Hinton. (orgs.). *Managing Risks of Nitrates to Humans and the Environment*. Cambridge: Royal Society of Chemistry, 1999.

Capítulo 3
Virilidade, esterilidade e Viagra

SAINSCOUGH, E.W. e A.M. Brodie. "Nitric oxide — some old and new perspectives", *Journal of Chemical Education*, agosto de 1995, p.686.
COMBS, G.F.JR. e S.B. Combs. *The Role of Selenium in Nutrition*. Orlando, Flórida: Academic Press, 1986.
DJERASSI, C. *NO*. Athens, Geórgia: University of Georgia Press, 1998.
HARLOW, G. (org.). *The Nature of Diamonds*. Cambridge: Cambridge University Press, 1998.
LEWIS, A. *Selenium: The Facts About This Essential Mineral*. Wellingborough: Thorsons, 1982.
__________. *Selenium, The Essential Element You Might Not be Getting Enough of*. Wellingborough, RU/Rochester, EUA: Thorsons, 1982.
PASSWATER, R., *Selenium as Food & Medicine*. New Canaan, Connecticut: Keats Publishing, 1980.
RAYMAN, M.P. "The argument for increasing selenium intake", in *Proceedings of the Nutrition Society*, 2002, vol.61, p.203.
SHAMBERGER, R.J. *Biochemistry of Selenium*, Nova York: Plenum, 1983.
STONE, T. e G. Darlington. *Pills, Potions, and Poisons: How Drugs Work*. Oxford: Oxford University Press, 2000.

Capítulo 4
A guerra contra os germes

ANÔNIMO. *Dettol: Protection from Infection*, monografia da companhia sobre o produto. Hull, RV: Reckitt & Colman, 1996.
ANÔNIMO. *Understanding Germs, Hygiene & Health*, produzido por Catalyst Science Communication and Consultancy Ltd. e Chemical Industries Education Centre na Universidade de York, 1999.
THORNTON, T. *Pandora's Poison: Chlorine, Health and a New Environmental Strategy*. Boston, Massachusetts: MIT Press, 2000.
ZÜNDORF, U. *Chemistry With Chlorine: Opportunities, Risks, Perspectives*. Leverkusen, Alemanha Bayer AG Publications, 1995 — versões em alemão e inglês. [Essa é uma de muitas brochuras produzidas por companhias para o grande público, e uma das melhores.]

Capítulo 5
Está tudo na cabeça

ALDRIDGE, S. *Magic Molecules*. Cambridge: Cambridge University Press, 1998.
ALTMAN, P.,J. Cunningham, U. Dhanesha *et al.* "Disturbance of cerebral function in people exposed to drinking water contaminated with aluminium: retrospec-

tive study of Camelford water incident". *British Medical Journal*, 1999, vol. 319, p.807.

BARONDES, S.H. *Better than Prozac.* Oxford: Oxford University Press, 2003.

GRASKE, A., A. Thuvander, A. Johannisoon *et al.* "Influence of aluminium on the immune system: an experimental study on volunteers". *Biometals*, 2000, vol.13, p.123.

HALL, M. *Target Depression*. Londres, brochura da Associação Britânica de Indústrias Farmacêuticas, 1999.

HENRY, J. (org.). BMA *Guide to Medicines & Drugs*. Londres: Dorling Kindersley, 1993.

HUGHES, J.T. *Aluminium and Your Health*. Cirencester, Glos.: Rimes House Publishing, 1992.

JOHNSON, F.N. (org.). *Depression and Mania: Modern Lithium Therapy*. Oxford: IRL Press, 1987.

LANDSBERG, J.P., B. McDonald e F. Watts. "Absence of aluminium in neuritic plaque cores in Alzheimer's disease": *Nature*, 1992, vol. 360, p. 65.

MAKJANIC, J. e F. Watt, "Nuclear microscopy in Alzheimer's disease". *Nuclear Instruments and Methods in Physics Research B*, 1999, vol.150, p.167.

MALETZKY, B. e P.H. Blachly. *The Use of Lithium in Psychiatry*. Londres: Butterworths, 1971.

SCHRAUZER G.N. e K.F. Klippel (orgs.). *Lithium in Biology and Medicine.* Weinheim, Alemanha: Wiley-VCH, 1991.

TIMBRELL, J.A. *Introduction* to *Toxicology*. Londres: Taylor & Francis, 1989.

TWORT, A.C., F.M. Law, F.W. Crowley e D.D. Ratnayaka. "Storage, sedimentation, clarification and filtration", capítulo 7 de *Water Supply*, 4ª ed. Londres, Edward Arnold, 1994.

Capítulo 6
Polímeros disfarçados

COLBORN, T., D. Dumanoski e J. Myers. *Our Stolen Future*. Nova York: Dutton, Penguin Books, 1996.

DIMOND, S.S. *et al.* "Evaluation of reproductive organ development in the male offspring of female wistar rats exposed to bisphenol A in the drinking water", e "Evaluation of reproducing organ development in CF-1 mice after prenatal exposure to bisphenol A". Estes artigos podem ser acessados via Internet em:
<www.bisphenol-a.org/evaluation_of_reproductive_organ2.htm>
<www.bisphenol-a.org/evaluation_of_reproductive_organ2.htm>

EDGAR, W.M. e D.M. O'Mullane (orgs.). *Saliva and Health*, 2ª ed. Londres: British Dental Association, 1999.

HOWDESHELL, K.L., A.K. Hotchkiss, F.S. Vom Saal *et al.* "Exposure to bisphenol A advances puberty". *Nature*, 1999, vol.401, p.763. [Outros artigos de Vom Saal podem ser acessados em <http://www.missouri.edu>.]

LOBOS, J. H., T.K. Leib e T.M. Su. "Biodegradation of bisphenol A and other bisphenols by a gram-negative aerobic bacteria". *Applied and Environmental Microbiology*, 1992, vol.58. p.1.823.

PULGAR, R., M.F. Olea-Serrano, A. Novillo-Fertrell *et al.* "Determination of bisphenol A and related aromatic compounds released from bis-GMA-based composites and sealants by HPLC". *Environmental Health Perspectives*, 2000, vol. 108, p.21. [O artigo contém 63 referências, muitas delas a estudos de BPA.]

READ, J. "On the road". *Chemistry in Britain*, agosto de 1998. [Discute também orimulsão.]

VOIRAL, F. *The Evolution of Chewing Gum*. Basiléia, Suíça: Xyrofin Ltd, 1985. [Brochura destinada a promover o adoçante alternativo xilitol, mas útil fonte de dados sobre a goma de mascar, seus ingredientes e manufatura.]

Posfácio
A quimiofobia, suas causas e sua cura

ALLABY, M. *Facing the Future*. Londres: Bloomsbury, 1995.

BATE, R. (org.). *What risk? Science, Politics and Public Health*. Oxford: Butterworth Heinemann, 1997.

HENDERSON, M. *Living with Risk*. The British Medical Association e John Wiley & Sons, Chichester. RU, 1987.

MICHAELIS, A.R. "Stop: Chemiphobia". *Interdisciplinary Science Reviews*, 1996, vol.21, p.130.

MILLOY, S J. *Junk Science Judo*. Washington, DC: Cato Institute, 2001.

PAULOS, J. A. *A Mathematician Reads the Newspapers*. Londres: Penguin, 1996.

Índice remissivo

B

C

D

E

F

G

H

I

J

K

L

M

N

Este livro foi composto em Berling e
Optima, por Futura, e impresso por
Geográfica em março de 2006.